山东省"乡村记忆"工程系列丛书

山东省"乡村记忆"工程政策法规选编

丛书总主编　谢治秀
本 书 主 编　由少平
本书副主编　倪国圣　兰玉富　高宜生
　　　　　　张成利　马运凤

中国建筑工业出版社

图书在版编目（CIP）数据

山东省"乡村记忆"工程政策法规选编/由少平本书主编. —北京：中国建筑工业出版社，2016.6
（山东省"乡村记忆"工程系列丛书）
ISBN 978-7-112-19505-3

Ⅰ.①山… Ⅱ.①由… Ⅲ.①农村文化-保护政策-汇编-山东省②农村文化-保护-法规-汇编-山东省 Ⅳ.① G127.52② D927.522.169

中国版本图书馆CIP数据核字（2016）第133827号

　　本书是"乡村记忆"工程系列丛书的第一部，收录了国家和山东省已经下发的有关文件和技术标准。内容分为四个部分：第一篇政策篇，收录了国家有关部门和山东省关于加强传统村落保护、"乡村记忆"工程、乡村建设规划、促进非国有博物馆发展方面的相关文件；第二篇法规篇，收录了文物保护工程管理、城乡规划、历史文化名城名镇名村、非物质文化遗产、博物馆、文物保护、美丽乡村建设等有关的法律法规；第三篇技术篇，收录了山东省"乡村记忆"工程技术导则（试行）、村庄整治技术规范、传统村落评价认定指标体系（试行）（2012）、历史文化名城名镇名村保护规划编制要求（试行）、传统村落保护发展规划编制基本要求（试行）、村庄整治规划编制办法、山东省新型农村社区建设技术导则（试行）等；第四篇为附录，收录了《关于公布第一批"乡村记忆"工程文化遗产名单的通知》。

责任编辑：李东禧　唐　旭　杨　晓
责任校对：李美娜　张　颖

山东省"乡村记忆"工程系列丛书
山东省"乡村记忆"工程政策法规选编
丛书总主编　谢治秀
本　书　主　编　由少平
本书副主编　倪国圣　兰玉富　高宜生　张成利　马运凤

*

中国建筑工业出版社出版、发行（北京西郊百万庄）
各地新华书店、建筑书店经销
北京锋尚制版有限公司制版
环球东方（北京）印务有限公司印刷

*

开本：787×1092毫米　1/16　印张：17　字数：382千字
2016年7月第一版　　2016年7月第一次印刷
定价：58.00元
ISBN 978-7-112-19505-3
（28752）

版权所有　翻印必究
如有印装质量问题，可寄本社退换
（邮政编码 100037）

前 言

乡村文化遗产是我国五千年农业文明国家社会历史发展的结晶，蕴藏着丰厚的历史文化信息和自然生态景观资源，是我国农耕文明、历史文化、自然遗产的"活化石"和"博物馆"，是中华优秀传统文化的重要载体和中华民族共有精神家园的根脉。

党的十八大以来，习近平总书记从传承弘扬中华优秀传统文化、实现中华民族伟大复兴中国梦的战略高度，对加强乡村文化遗产保护做出了一系列重要论述。2013年中央城镇化工作会议上，习近平总书记强调：在城镇建设过程中，要实事求是确定城市定位，科学规划和务实行动，避免走弯路；要体现尊重自然、顺应自然、天人合一的理念，依托现有山水脉络等独特风光，让城市融入大自然，让居民望得见山、看得见水、记得住乡愁；要融入现代元素，更要保护和弘扬传统优秀文化，延续城市历史文脉；要在每一个细节中融入让群众生活更舒适的理念；在促进城乡一体化发展中，要注意保留村庄原始风貌，慎砍树、不填湖、少拆房，尽可能在原有村庄形态上改善居民生活条件。几年来，在中央农村工作会议和视察浙江、湖北、云南、陕西、吉林等多个不同场合，习近平总书记多次系统地阐释了乡村文化遗产保护的基本理念：新农村建设应将规划放在首位，在其建设过程中要保持其原有的历史风貌，走符合农村实际的路子，遵循乡村自身发展规律，充分体现农村特点，留得住青山绿水，记得住乡愁；在城镇化进程不断加快的趋势下，要实现城乡一体化的发展，不能大拆大建，把钱花在必要的事情上，从实际出发，补农村的短板，扬农村的长处，注意乡土味道，保护好古村落，不能使之成为荒芜之地、记忆中的故园；要保护好历史文化遗产、民族文化风格、传统风貌，不随意占用和损坏，也不以保护为名大拆大建，正确处理文化遗产保护、管理与传承、利用的关系。

为深入学习贯彻习近平总书记系列重要论述精神，进一步加强乡村文化遗产保护工作，山东省文物局于2014年在全国率先提出并组织实施了"乡村记忆"工程。该工程受到了山东省委、省政府的高度重视，被列入山东省委常委会工作要点和山东省人民政府工作报告，省政府印发了实施意见，成立由省委宣传部、省文物局等九部门联席会议推进机制，在全省启动实施。作为"记得住乡愁、留得住乡情"的载体，"乡村记忆"工程旨在探索创新乡村文化遗产保护模式，破解新型城镇化建设、新农村建设中的乡村文化遗产保护"困局"，使宝贵的乡村传统文化和乡土建筑这些"无形"和"有形"的文化遗产以"原真性、整体性、活态性"的形态保护好、展示好的基础上实现科学利用，传承弘扬中华优秀传统文化。工程根据不同地区传统文化资源情况及现实条件，主要是在遗产资源富集的村镇和社区，通过因地制宜的保护和利用传统文化村镇、街区及其传统建筑等乡土建筑遗产；收集、整理、登录、保护、展示富有地域特色的、反映民间社会生活及其变迁的乡村器物与印记；记录、传承富有地域特色的乡村生产习惯、节庆习俗、农事节事活动、生产技艺等非物质文化遗产，支持培养其遗产传承人；组织整理乡村志，编撰村史、村志、口头记忆和视频记录，建设乡村记忆博物馆；保护、传承地域传统文化与自然生态特色等保护举措，整体提升山东乡土文化遗产保护和传承水平，继而与时代发展相协调，构建传统村镇、街区永续发展和有效提升广大人民群众的生活品质，建成一批各具特色、美丽宜居的"乡村记忆"工程示范单位。

自启动实施以来，"乡村记忆"工程克服基础薄弱、没有先例可循等诸多困难，开展了普查摸底、专题调研、试点论证等多项工作，邹城上九山村、周村李家疃、荣成东楮岛等一批工程试点单位保护利用工作已初见成效，并于2015年公布了全省第一批300个"乡村记忆"工程文化遗产名单。同时，在工程的推进过程中，也暴露了诸多工作层面的问题，如对传统村落的概念范围与认定标准还没有形成统一的认识；对传统村落遗产的稀缺性、重要性认识不足、保护乏力；农村规划无序性和土地政策不完善导致拆旧建新的"自主性破坏"、"自建性破坏"，新农村建设中"求新求洋"与"旧村改造"决策误导的"建设性破坏"等问题十分突出，一些传统村落过度商业化开发的"旅游性破坏"也有蔓延之势；政出多门，法规不健全、政策制度弊端、产权不清给传统村落保护带来困难等。有鉴于此，山东省文物局协同国家乡土文化遗产保护研究重点科研基地，集中收录了正在实施的各种政策和技术性探索成果，以期形成相对明晰的技术规范，编著了《山东省"乡村记忆"工程政策法规选编》一书。

本书是"乡村记忆"工程系列丛书的第一部，收录了国家和省已经下发的有关文件和技术标准。内容分为四个部分：第一篇政策篇，收录了国家有关部门和山东省关于加强传统村落保护、"乡村记忆"工程、乡村建设规划、促进非国有博物馆发展方面的相关文件；第二篇法规篇，收录了文物保护工程管理、城乡规划、历史文化名城名镇名村、非物质文化遗产、博物馆、文物保护、美丽乡村建设等有关的法律法规；第三篇技术篇，收录了山东省"乡村记忆"工程技术导则（试行）、村庄整治技术规范、传统村落评价认定指标体系（试行）（2012）、历史文化名城名镇名村保护规划编制要求（试行）、传统村落保护发展规划编制基本要求（试行）、村庄整治规划编制办法、山东省新型农村社区建设技术导则（试行）等；第四篇为附录，收录了《关于公布第一批"乡村记忆"工程文化遗产名单的通知》。

作为乡土遗产保护、利用和管理的工具书，希望本系列丛书的编辑出版，能够为政府有关部门、研究机构、乡土保护和研究工作者、传统村落的管理者在乡土遗产保护的实际工作中解决无处查阅有关文件和研究文章的困难，也为研究和管理工作者提供一个交流的平台。

目 录

第一篇 政策篇

住房城乡建设部 文化部 国家文物局 财政部关于开展传统村落调查的通知   2
住房城乡建设部 文化部 财政部关于加强传统村落保护发展工作的指导意见   9
住房城乡建设部 文化部 财政部关于公布第一批列入中国传统村落名录村落名单的
   通知   12
住房城乡建设部 文化部 财政部关于做好2013年中国传统村落保护发展工作的通知   23
住房城乡建设部关于公布第一批全国村庄规划示范名单的通知   25
住房城乡建设部关于印发《乡村建设规划许可实施意见》的通知   27
住房城乡建设部 文化部 国家文物局 财政部关于切实加强中国传统村落保护的指导
   意见   30
住房城乡建设部 文化部 国家文物局 财政部关于公布2014年第一批列入中央财政支持
   范围的中国传统村落名单的通知   37
住房城乡建设部 文化部 国家文物局关于做好中国传统村落保护项目实施工作的意见   44
住房城乡建设部等部门关于做好2015年中国传统村落保护工作的通知   47

关于在全省开展"乡村记忆"工程普查的通知   49
关于实施"乡村记忆工程"的通知   63
中共山东省委 山东省人民政府关于改进和完善城乡规划工作的意见   67
山东省人民政府办公厅关于促进非国有博物馆发展的意见   72

第二篇 法规篇

文物保护工程管理办法   76
中华人民共和国城乡规划法   80
历史文化名城名镇名村保护条例   90
中华人民共和国非物质文化遗产法   97
博物馆条例   102
中华人民共和国文物保护法   107

美丽乡村建设指南 118
山东省历史文化名城保护条例 128
山东省文物保护条例 133
山东省城乡规划条例 141
山东省城镇化发展纲要（2012—2020年） 152

第三篇 技术篇

山东"乡村记忆"工程技术导则（试行） 166

村庄整治技术规范 181
传统村落评价认定指标体系（试行）（2012） 213
历史文化名城名镇名村保护规划编制要求（试行） 216
传统村落保护发展规划编制基本要求（试行） 228
村庄整治规划编制办法 231
山东省新型农村社区建设技术导则（试行） 235

第四篇 附录

关于公布第一批"乡村记忆"工程文化遗产名单的通知 260

第一篇
政策篇

住房城乡建设部 文化部 国家文物局 财政部关于开展传统村落调查的通知

（建村【2012】58号）

各省、自治区、直辖市住房城乡建设厅（委、农委）、文化厅（局）、文物局、财政厅（局）：

为贯彻落实温家宝总理在中央文史馆成立60周年座谈会关于"古村落的保护就是工业化、城镇化过程中对于物质遗产、非物质遗产以及传统文化的保护"的讲话精神和加强保护工作的指示，摸清我国传统村落底数，加强传统村落保护和改善，住房城乡建设部、文化部、国家文物局、财政部决定开展传统村落调查。现通知如下：

一、调查目的和意义

我国传统文化的根基在农村，传统村落保留着丰富多彩的文化遗产，是承载和体现中华民族传统文明的重要载体。由于保护体系不完善，同时随着工业化、城镇化和农业现代化的快速发展，一些传统村落消失或遭到破坏，保护传统村落迫在眉睫。开展传统村落调查，全面掌握我国传统村落的数量、种类、分布、价值及其生存状态，是认定传统村落保护名录的重要基础，是构建科学有效的保护体系的重要依据，是摸清并记录我国传统文化家底的重要工作。

二、调查对象

传统村落是指村落形成较早，拥有较丰富的传统资源，具有一定历史、文化、科学、艺术、社会、经济价值，应予以保护的村落。符合以下条件之一的村落列为调查对象：

（一）传统建筑风貌完整

历史建筑、乡土建筑、文物古迹等建筑集中连片分布或总量超过村庄建筑总量的1/3，较完整体现一定历史时期的传统风貌。

（二）选址和格局保持传统特色

村落选址具有传统特色和地方代表性，利用自然环境条件，与维系生产生活密切相关，反映特定历史文化背景。

村落格局鲜明体现有代表性的传统文化，鲜明体现有代表性的传统生产和生活方式，且村落整体格局保存良好。

（三）非物质文化遗产活态传承

该传统村落中拥有较为丰富的非物质文化遗产资源、民族或地域特色鲜明，或拥有省级以上非物质文化遗产代表性项目，传承形式良好，至今仍以活态延续。

传统村落调查不搞村村普查，要依据上述条件，充分利用全国第三次文物普查、第一次非物质文化遗产调查、历史文化名村和特色景观旅游名村的申报材料等现有资料，确定需要调查的村落。要积极发动社会团体、学校院所、专家学者等社会各方面力量提供符合条件的村落信息。

三、调查内容

调查内容包括村落基本信息、村落传统建筑、村落选址和格局、村落承载的非物质文化遗产、村落人居环境现状等，具体见《传统村落调查登记表》（附件）。

调查对象原则上以行政村为单元，根据条件也可以自然村为单元。

四、调查组织

住房城乡建设部会同文化部、国家文物局、财政部负责全国传统村落调查的组织、指导和监督。建立全国传统村落信息管理系统，组织调查质量抽查，汇总全国调查结果。

省级住房城乡建设会同文化、文物、财政部门对本行政区的传统村落调查负总责。制定本行政区的调查实施工作方案，汇总本省（自治区、直辖市）登记表文本，成立调查质量检查小组进行质量审核和验收。

县级住房城乡建设会同文化、文物、财政部门负责组织进行入村调查，按"一村一表"要求如实完整填写登记表，拍摄相应照片和提供有关图件，提出传统村落保护意见，并将登记表信息录入全国传统村落管理信息系统。

五、调查时间

县级住房城乡建设等部门应于2012年6月30日之前完成调查登记表的填写、录入全国传统村落管理信息系统、并将登记表文本报省级住房城乡建设等部门汇总；省级住房城乡建设等部门在2012年7月15日之前完成质量审核和验收工作，并将汇总结果报住房城乡建设部、文化部、国家文物局、财政部。

六、其他事宜

此次传统村落调查经费原则上由地方解决。

附件：传统村落调查登记表

中华人民共和国住房和城乡建设部
中华人民共和国文化部
国家文物局
中华人民共和国财政部
2012年4月16日

附件：传统村落调查登记表

编号：第　　号

传统村落调查登记表

村落名称：　　　　　　　（本村属于：自然村、行政村）
所属镇（乡）：
所属县（区、市、旗）：
所属市（地区、州、盟）：
所属省（自治区、直辖市）：
调查负责单位（盖章）：
调查负责人签字：
调查负责人联系电话：
填表日期：　　年　月　日

（一）村落基本信息

村落形成年代	□元代以前 □明代 □清代 □民国时期 □建国以后	村落形成原因	
村域面积	平方公里	村庄占地面积	亩
户籍人口	人	地形地貌特征	
常住人口	人		
村集体年收入	万元	村民人均年收入	元
主要民族	族	列出产值较高的2-3个主要产业	

村落是否列入各级保护或示范名录	列入历史文化名村： □国家级 □省级 列入特色景观旅游名村： □国家级 □省级 列入少数民族特色村寨试点示范： □是 □否 其他，请注明名称及由哪一级认定公布： _____
保护规划及保护利用状况	保护规划	□有，规划名称是：_____ 规划批准单位是：_____ □无规划
	保护利用状况 （可多选）	□闲置废弃 □照常使用，没有特别的保护措施 □发展旅游和服务业 □以博物馆的方式进行保护 □其他，具体为：_____

（二）村落传统建筑

	建筑名称 （见注释）	建筑年代	建筑规模 （平方米）	各级文物保护单位及数量	认定为历史建筑的数量
基本信息				国家级： 处 省级： 处 市级： 处 县级： 处 第三次全国文物普查新发现不可移动文物数量： 处 文保单位是否为古建筑群： □是 □否	市级政府认定： 处 县级政府认定： 处
	注：建筑名称填写民居、祠堂、庙宇、书院、牌坊等，以及乡土建筑名称，如徽派民居、××故居、吊脚楼、土楼、窑洞等。如传统建筑较多，可按表格内容另加附页。				
	全部传统建筑占村庄建筑总面积的比例：（ %）				
村落简介	内容要求：简述村落整体风貌特征，传统建筑集中连片分布和保存的情况，主要传统建筑建造工艺特点和文化内涵。（空白不足可另加附页）				
图纸及照片	要求：提供村落平面布置图，并标明传统建筑位置，提供反映村落整体风貌保持情况的照片，提供传统建筑集中连片分布照片，提供各类重要代表性建筑主体和细部（如建筑材料和工艺）照片，作为本栏附页。每张照片需注明拍摄对象和时间。				

注：传统建筑是指历史建筑、乡土建筑、文物古迹等类建筑。
如村落无传统建筑可不填写此栏。

（三）村落选址和格局

对村落选址、格局有重要影响的历史环境要素及数量			注：历史环境要素名称填写古河道、古树、古井、传统公共空间等。
名称：	数量：	处（个、座）	
名称：	数量：	处（个、座）	
名称：	数量：	处（个、座）	
名称：	数量：	处（个、座）	
名称：	数量：	处（个、座）	

选址和格局简介	要求：概述村落选址特色和形成背景，村落格局特征（如空间、路网、水系、寨墙等），重要历史环境要素分布，以及村落整体风貌保存情况。
照片及图纸	要求：提供反映村落与周边环境协调性、体现村落选址特色和文化的照片或图纸，提供反映街巷格局和公共空间布局照片或图纸，提供各类重要历史环境要素照片，作为本栏附页。每张照片要注明拍摄对象和时间。

注：如村落无保持传统特色的选址和格局可不填此栏。

（四）村落承载的非物质文化遗产

基本信息	名称	
	级别	□国家级 □省级
	类型	□民间文学 □传统音乐 □传统舞蹈 □传统戏剧 □曲艺 □民俗 □传统体育、游艺与杂技 □传统美术 □传统技艺 □传统医药
	是否确定传承人	□是 □否
	项目存续情况	□传承良好 □传承一般，无专门管理 □濒危状态
	与村落依存程度	□必须依托村落存在 □不需依托村落存在
	活动规模	□10人以下 □10至30人 □30人以上 □全村参与
	传承时间	□连续100年以上 □连续50年以上
非物质文化遗产简介	要求：概述非物质文化遗产的产生和发展，至今是否仍以活态方式传承，与村落的密切关系，传承活动内容与形式。	
照片	要求：提供反映活动场景和活动空间的照片，提供重要传承活动器具、传承人照片，作为本栏附页。每张照片需注明拍摄对象和时间。	

注：如村落无非物质文化遗产可不填写此栏。
如有多项非物质文化遗产，可复制本表，作为续表，逐项登记。

（五）村落人居环境现状

基础资料	居住在传统建筑的居民数量：			人
	现有设施状况 （有即可勾选）	□入户自来水 □垃圾收集设施 □排水设施 □入户煤气 □公交站点 □卫生室 □有线电视 □消防设施 □已改造电网		
	村内道路	已建成　　年	公共照明	□全村有 □局部地段有 □无
		上次维修为　　年前		
		路面：□沥青或水泥路 □土路 □传统石、砖路 □其他		
	污水处理设施	□村内集中处理 □单户或多户分散处理 □无处理	厕所	□公用 □分户
				□旱厕 □水冲厕所
	垃圾处理方式	□卫生填埋 □简易填埋 □直接焚烧 □送往镇（县）处理		

续表

村落环境状况简介	要求：简介村庄内部和周边环境现状。
照片	要求：对村落自然环境、居民居住条件、给水、排水、道路、垃圾收集处理和污水处理设施等现状拍照记录，作为本栏附页，并注明拍摄对象和拍摄时间。

（六）传统村落保护意见

村民保护意见	村委会盖章：　　日期：　年　月　日
县级保护意见	盖章：　　日期：　年　月　日
省级意见	盖章：　　日期：　年　月　日
专家意见	专家组长签名：　　日期：　年　月　日

住房城乡建设部 文化部 财政部关于加强传统村落保护发展工作的指导意见

（ 建村【2012】184号 ）

各省、自治区、直辖市住房城乡建设厅（建委、农委）、文化厅（局）、财政厅（局），计划单列市建委（建设局）、文化局、财政局：

为贯彻落实党的十八大关于建设优秀传统文化传承体系、弘扬中华优秀传统文化的精神，促进传统村落的保护、传承和利用，建设美丽中国，住房城乡建设部、文化部、财政部（以下称三部门）就加强传统村落保护发展工作提出如下意见。

一、充分认识传统村落保护发展的重要性和必要性

传统村落是指拥有物质形态和非物质形态文化遗产，具有较高的历史、文化、科学、艺术、社会、经济价值的村落。传统村落承载着中华传统文化的精华，是农耕文明不可再生的文化遗产。传统村落凝聚着中华民族精神，是维系华夏子孙文化认同的纽带。传统村落保留着民族文化的多样性，是繁荣发展民族文化的根基。但随着工业化、城镇化的快速发展，传统村落衰落、消失的现象日益加剧，加强传统村落保护发展刻不容缓。

新时期加强传统村落保护发展，保护和传承前人留下的历史文化遗产，体现了国家和广大人民群众的文化自觉，有利于增强国家和民族的文化自信；加强传统村落保护发展，延续各民族独特鲜明的文化传统，有利于保持中华文化的完整多样；加强传统村落保护发展，保持农村特色和提升农村魅力，为农村地区注入新的经济活力，有利于促进农村经济、社会、文化的协调可持续发展。

二、明确基本原则和任务

保护发展传统村落要坚持规划先行、统筹指导，整体保护、兼顾发展，活态传承、合理利用，政府引导、村民参与的原则。

保护发展传统村落的任务是：不断完善传统村落调查；建立国家和地方的传统村落名录；建立保护发展管理制度和技术支撑体系；制定保护发展政策措施；培养保护发展人才队伍；开展宣传教育和培训。

三、继续做好传统村落调查

各地住房城乡建设、文化、财政部门要按照三部门要求，对已登记的传统村落进行

补充调查，完善村落信息档案。同时，进一步调查发现拥有传统建筑、传统选址格局、丰富非物质文化遗产的村落，特别要加强对少数民族地区、空白地区的再调查，并发动专家和社会各界推荐，不断丰富传统村落资料信息。

四、建立传统村落名录制度

三部门根据《传统村落评价认定指标体系（试行）》，按照省级推荐、专家委员会审定、社会公示等程序，将符合国家级传统村落认定条件的村落公布列入中国传统村落名录。各地住房城乡建设、文化、财政部门要抓紧制定本地区传统村落认定标准，开展本行政区传统村落评审认定，在三部门的指导下建立地方传统村落名录。各级传统村落名录分批公布。

五、推动保护发展规划编制实施

各级传统村落必须编制保护发展规划。规划要确定保护对象及其保护措施，划定保护范围和控制区，明确控制要求；安排村庄基础设施和公共服务设施建设和整治项目；明确传统要素资源利用方式；提出传承发展传统生产生活的措施。

各地住房城乡建设、文化、财政部门要建立保护发展规划的专家审查制度，提高规划编制的质量；建立巡查制度，保障保护发展规划的实施；坚持批前公示，方便公众参与；规划成果要长期公开，接受公众监督；加强规划编制与实施管理的人员机构经费保障，做到专人负责。

六、保护传承文化遗产

传统村落保护应保持文化遗产的真实性、完整性和可持续性。尊重传统建筑风貌，不改变传统建筑形式，对确定保护的濒危建筑物、构筑物应及时抢救修缮，对于影响传统村落整体风貌的建筑应予以整治。尊重传统选址格局及与周边景观环境的依存关系，注重整体保护，禁止各类破坏活动和行为，已构成破坏的，应予以恢复。尊重村民作为文化遗产所有者的主体地位，鼓励村民按照传统习惯开展乡社文化活动，并保护与之相关的空间场所、物质载体以及生产生活资料。因重大原因确需迁并的传统村落，须经省级住房城乡建设、文化、财政部门同意，并报中央三部门备案。

七、改善村落生产生活条件

正确处理传统村落保护和村民改善生活意愿之间的关系，在符合保护规划要求的前提下，优先安排传统村落的基础设施和公共服务设施建设项目，积极引导居民开展传统建筑节能改造和功能提升，改善居住条件，提高人居环境品质。正确处理传统村落保护和发展之间的关系，深入挖掘和发挥传统文化遗产资源价值，在延续传统生产生活方式的基础上，适度发展特色产业，增加村民收入。正确处理保护与利用之间的关系，针对不同类型的资源提出合理的利用方式和措施，纠正无序和盲目建设，禁止大拆大建。

八、加强支持和指导

加大对传统村落保护发展项目的支持,鼓励社会力量参与传统村落的保护发展,多渠道筹措保护发展资金,建立政府推动、社会参与的协同保护发展机制。村庄整治等建设项目要向传统村落倾斜。各地住房城乡建设部门要会同文化、财政部门建立传统村落保护发展工作协调机制,成立专家指导委员会负责开展基础研究,提供总体技术指导和战略决策咨询,开展现场指导和培训。要建立村民参与机制,在制订保护发展规划、实施保护利用等项目时,应充分尊重村民意愿。

九、加强监督管理

各级传统村落应设置保护标志,建立保护档案,未经批准不得对传统村落进行迁并。三部门建立传统村落动态监测信息系统,收录村落基本情况、保护规划、建设项目等信息,对传统村落的保护状况和规划实施进行跟踪监测。

加强传统村落保护发展工作监督,对违反保护要求或因保护工作不力、造成传统文化遗产资源破坏的,提出警告并进行通报批评;对在开发活动过程中造成传统建筑、选址和格局、历史风貌破坏性影响的,发出濒危警示,并取消名录认定和项目支持,情节严重的,会同有关部门依法查处。

十、落实各级责任

传统村落保护发展实行分级管理。三部门制定全国传统村落保护发展纲要,认定公布中国传统村落名录,制定保护发展政策和支持措施,编制保护发展技术导则,对全国传统村落保护发展进行监督管理。省级住房城乡建设、文化、财政部门认定公布省级传统村落名录,编制本行政区传统村落保护发展技术指南,对本行政区传统村落保护发展进行监督管理。市、县级住房城乡建设、文化、财政部门认定公布市、县级传统村落,负责组织和指导本行政区内各级传统村落保护发展规划的制定,监督规划实施和建设项目的落实。

十一、加强宣传教育

各地要通过电视、广播、报刊、网络等媒体,展示传统村落的魅力,提高群众对传统文化资源的认知和了解,增强全民保护传统村落的自觉性。充分利用农村广播、壁画板报、宣传册等多种形式,向广大群众宣传传统村落保护的基本知识。举办传统村落保护的专业培训,加强技术和管理人才队伍的培养,为传统村落保护发展提供充足的人才储备。

中华人民共和国住房和城乡建设部
中华人民共和国文化部
中华人民共和国财政部
2012年12月12日

住房城乡建设部 文化部 财政部关于公布第一批列入中国传统村落名录村落名单的通知

(建村【2012】189号)

各省、自治区、直辖市住房城乡建设厅（建委、农委）、文化厅（局）、财政厅（局），计划单列市建委（建设局）、文化局、财政局：

根据《住房城乡建设部等部门关于印发传统村落评价认定指标体系（试行）的通知》（建村[2012]125号），在各地初步评价推荐的基础上，经传统村落保护和发展专家委员会评审认定并公示，住房城乡建设部、文化部、财政部（以下称三部门）决定将北京市房山区南窖乡水峪村等646个村落（名单见附件）列入中国传统村落名录，现予以公布。

请按照三部门印发的《关于加强传统村落保护发展工作的指导意见》（建村[2012]184号），做好传统村落保护发展工作。各地要继续做好传统村落调查申报，对经评审认定具有重要保护价值的村落，三部门将分批列入中国传统村落名录。对已列入名录的村落的保护发展工作，三部门将予以监督指导。

附件：第一批列入中国传统村落名录的村落名单

中华人民共和国住房和城乡建设部
中华人民共和国文化部
中华人民共和国财政部
2012年12月17日

附件：第一批列入中国传统村落名录的村落名单

北京市（9个）
房山区南窖乡水峪村
门头沟区龙泉镇琉璃渠村
门头沟区龙泉镇三家店村
门头沟区斋堂镇爨底下村
门头沟区斋堂镇黄岭西村
门头沟区斋堂镇灵水村
门头沟区雁翅镇苇子水村
顺义区龙湾屯镇焦庄户村
延庆县八达岭镇岔道村

天津市（1个）
蓟县渔阳镇西井峪村

河北省（32个）
石家庄市井陉县南障城镇大梁江村
石家庄市井陉县南障城镇吕家村
石家庄市井陉县于家乡于家村
石家庄市井陉县南峪镇地都村
石家庄市井陉县天长镇梁家村
石家庄市井陉县天长镇宋古城村
石家庄市井陉县天长镇小龙窝村
石家庄市鹿泉市白鹿泉乡水峪村
邯郸市磁县贾壁乡北贾壁村
邯郸市磁县陶泉乡北岔口村
邯郸市磁县陶泉乡花驼村
邯郸市磁县陶泉乡南王庄村
邯郸市涉县固新镇固新村
邯郸市涉县偏城镇偏城村
邯郸市涉县关防乡宋家村
邯郸市涉县河南店镇赤岸村
邯郸市涉县井店镇王金庄村
邯郸市武安市伯延镇伯延村
邯郸市武安市冶陶镇安子岭村
邯郸市武安市冶陶镇固义村
邯郸市武安市冶陶镇冶陶村
邯郸市武安市邑城镇白府村
邢台市内丘县南赛乡神头村
邢台市邢台县路罗镇英谈村
保定市清苑县冉庄镇冉庄村
张家口市怀来县鸡鸣驿乡鸡鸣驿村
张家口市蔚县南留庄镇南留庄村
张家口市蔚县涌泉庄乡北方城村
张家口市蔚县暖泉镇北官堡村
张家口市蔚县暖泉镇西古堡村
张家口市蔚县宋家庄镇上苏庄村
张家口市阳原县浮图讲乡开阳村

山西省（48个）
太原市晋源区晋源街道店头村
大同市天镇县新平堡镇新平堡村
大同市灵丘县红石塄乡觉山村
阳泉市郊区义井镇小河村
阳泉市郊区义井镇大阳泉村
长治市长治县八义镇八义村
长治市长治县贾掌镇西岭村
长治市平顺县石城镇东庄村
长治市平顺县石城镇岳家寨村
晋城市高平市河西镇苏庄村
晋城市高平市原村乡良户村
晋城市高平市马村镇大周村
晋城市高平市米山镇米西村
晋城市陵川县西河底镇积善村
晋城市泽州县晋庙铺镇拦车村
晋城市泽州县北义城镇西黄石村
晋城市沁水县嘉峰镇窦庄村
晋城市沁水县土沃乡西文兴村
晋城市沁水县郑村镇湘峪村
晋城市阳城县北留镇郭峪村
晋城市阳城县北留镇皇城村
晋城市阳城县润城镇上庄村
晋中市榆次区东赵乡后沟村
晋中市介休市龙凤镇张壁村
晋中市灵石县两渡镇冷泉村
晋中市灵石县夏门镇夏门村
晋中市平遥县岳壁乡梁村
晋中市太谷县北洸乡北洸村
运城市万荣县高村乡阎景村
运城市新绛县泽掌镇光村
运城市永济市蒲州镇西厢村
忻州市宁武县涔山乡王化沟村
忻州市繁峙县神堂堡乡茨沟营村
忻州市繁峙县杏园乡公主村
忻州市繁峙县横涧乡平型关村
忻州市河曲县旧县乡旧县村
忻州市岢岚县大涧乡寺沟会村

忻州市岢岚县宋家沟乡北方沟村
忻州市偏关县万家寨镇万家寨村
临汾市襄汾县新城镇丁村
临汾市襄汾县汾城镇西中黄村
临汾市襄汾县陶寺乡陶寺村
临汾市汾西县僧念镇师家沟村
吕梁市交口县双池镇西庄村
吕梁市临县碛口镇李家山村
吕梁市临县碛口镇西湾村
吕梁市柳林县柳林镇贺昌村
吕梁市柳林县三交镇三交村

内蒙古自治区（3个）
包头市土默特右旗美岱召镇美岱召村
包头市石拐区五当召镇五当召村
乌兰察布市丰镇市隆盛庄镇隆盛庄村

黑龙江省（2个）
齐齐哈尔市富裕县友谊达斡尔族满族柯尔克孜族乡宁年村富宁屯
齐齐哈尔市富裕县友谊达斡尔族满族柯尔克孜族乡三家子村

上海市（5个）
闵行区马桥镇彭渡村
闵行区浦江镇革新村
宝山区罗店镇东南弄村
浦东新区康桥镇沔青村
松江区泗泾镇下塘村

江苏省（3个）
无锡市惠山区玉祁镇礼社村
苏州市吴中区东山镇陆巷古村
苏州市吴中区金庭镇明月湾村

浙江省（43个）
杭州市富阳市龙门镇龙门村

杭州市建德市大慈岩镇新叶村
杭州市桐庐县江南镇深奥村
宁波市奉化市溪口镇岩头村
宁波市象山县石浦镇东门渔村
宁波市余姚市大岚镇柿林村
宁波市余姚市梨洲街道金冠村
宁波市余姚市鹿亭乡中村
宁波市宁海县茶院乡许民村
温州市苍南县矾山镇福德湾村
温州市苍南县桥墩镇碗窑村
温州市乐清市仙溪镇南阁村
温州市永嘉县岩头镇芙蓉村
温州市永嘉县岩坦镇屿北村
湖州市南浔区和孚镇荻港村
绍兴市嵊州市金庭镇华堂村
绍兴市诸暨市东白湖镇斯宅村
绍兴市绍兴县稽东镇冢斜村
金华市金东区傅村镇山头下村
金华市磐安县尖山镇管头村
金华市磐安县双溪乡梓誉村
金华市浦江县白马镇嵩溪村
金华市浦江县虞宅乡新光村
金华市浦江县郑宅镇郑宅镇区
金华市婺城区汤溪镇寺平村
金华市武义县大溪口乡山下鲍村
金华市武义县熟溪街道郭洞村
金华市武义县俞源乡俞源村
金华市永康市前仓镇后吴村
衢州市龙游县石佛乡三门源村
衢州市江山市大陈乡大陈村
舟山市岱山县东沙镇东沙村
台州市仙居县田市镇李宅村
台州市仙居县白塔镇高迁村
丽水市缙云县新建镇河阳村
丽水市景宁县大际乡西一村
丽水市龙泉市城北乡上田村
丽水市龙泉市兰巨乡官浦垟村

丽水市龙泉市西街街道宫头村
丽水市龙泉市小梅镇大窑村
丽水市龙泉市小梅镇金村村
丽水市遂昌县焦滩乡独山村
丽水市庆元县濛州街道大济村

安徽省（25个）
安庆市太湖县汤泉乡金鹰村蔡畈古民居
安庆市太湖县汤泉乡龙潭寨古民居
黄山市黄山区永丰乡永丰村
黄山市徽州区呈坎镇呈坎村
黄山市徽州区呈坎镇灵山村
黄山市徽州区潜口镇潜口村
黄山市徽州区潜口镇唐模村
黄山市祁门县闪里镇坑口村
黄山市休宁县万安镇万安老街
黄山市休宁县商山镇黄村
黄山市黟县宏村镇宏村
黄山市黟县宏村镇卢村
黄山市黟县宏村镇屏山村
黄山市黟县碧阳镇关麓村
黄山市黟县碧阳镇南屏村
黄山市黟县西递镇西递村
黄山市歙县徽城镇渔梁村
黄山市歙县郑村镇棠樾村
池州市东至县花园乡南溪古寨
池州市贵池区墩上街道渚湖姜村
池州市贵池区棠溪镇石门高村
宣城市泾县桃花潭镇查济村
宣城市泾县榔桥镇黄田村
宣城市旌德县白地镇江村
宣城市绩溪县瀛洲镇龙川村

福建省（48个）
福州市马尾区亭江镇闽安村
福州市长乐市航城街道琴江村
三明市清流县赖坊乡赖安村

三明市大田县济阳乡济阳村
三明市建宁县溪源乡上坪村
三明市将乐县万全乡良地村
三明市明溪县胡坊镇肖家山村
三明市明溪县夏阳乡御帘村
三明市尤溪县台溪乡盖竹村
三明市尤溪县台溪乡书京村
三明市尤溪县西滨镇厚丰村
三明市尤溪县新阳镇双鲤村
三明市尤溪县洋中镇桂峰村
三明市泰宁县新桥乡大源村
泉州市晋江市金井镇福全村
泉州市永春县岵山镇茂霞村
漳州市平和县大溪镇庄上村
漳州市平和县霞寨镇钟腾村
漳州市南靖县书洋镇田螺坑村
南平市武夷山市武夷街道下梅村
南平市武夷山市兴田镇城村
南平市顺昌县大干镇上湖村
龙岩市连城县庙前镇芷溪村
龙岩市连城县宣和乡培田村
龙岩市连城县莒溪镇壁洲村
龙岩市连城县四堡乡务阁村
龙岩市长汀县馆前镇坪埔村
龙岩市长汀县三洲镇三洲村
龙岩市长汀县红山乡苏竹村
龙岩市上杭县太拔乡院田村
龙岩市新罗区适中镇中心村
龙岩市永定县湖坑镇洪坑村
龙岩市漳平市双洋镇东洋村
宁德市福安市溪潭镇廉村
宁德市福鼎市磻溪镇仙蒲村
宁德市福鼎市店下镇巽城村
宁德市福鼎市管阳镇西昆村
宁德市福鼎市太姥山镇潋城村
宁德市古田县吉巷乡长洋村
宁德市古田县平湖镇富达村

宁德市古田县杉洋镇杉洋村
宁德市屏南县长桥镇柏源村
宁德市屏南县长桥镇长桥村
宁德市屏南县双溪镇双溪社区
宁德市屏南县棠口乡棠口村
宁德市屏南县棠口乡漈头村
宁德市屏南县甘棠乡漈下村
宁德市霞浦县溪南镇半月里村

抚州市乐安县牛田镇流坑村
抚州市金溪县双塘镇竹桥村
上饶市婺源县江湾镇江湾村
上饶市婺源县江湾镇汪口村
上饶市婺源县思口镇延村
上饶市婺源县沱川乡理坑村
上饶市婺源县浙源乡虹关村

江西省（33个）

南昌市进贤县温圳镇杨溪村委李家村
南昌市进贤县文港镇晏家村
南昌市安义县石鼻镇罗田村
景德镇市浮梁县江村乡严台村
景德镇市浮梁县勒功乡沧溪村
景德镇市浮梁县浮梁镇旧城村
景德镇市浮梁县瑶里镇高岭村
景德镇市浮梁县瑶里镇绕南村
景德镇市浮梁县峙滩乡英溪村
赣州市赣县白鹭乡白鹭村
赣州市安远县镇岗乡老围村
赣州市龙南县杨村镇杨村村燕翼围
赣州市龙南县关西镇关西村
吉安市井冈山市鹅岭乡塘南村
吉安市青原区富田镇陂下村
吉安市青原区富田镇横坑村
吉安市青原区文陂乡渼陂村
吉安市吉州区兴桥镇钓源村
吉安市安福县金田乡柘溪村
吉安市安福县洋门乡上街村
吉安市安福县洲湖镇塘边村
吉安市吉水县金滩镇燕坊村
宜春市高安市新街镇贾家村
宜春市宜丰县天宝乡天宝村
抚州市广昌县驿前镇驿前村
抚州市乐安县湖坪乡湖坪村

山东省（10个）

济南市章丘市官庄镇朱家峪村
青岛市崂山区王哥庄街道青山渔村
青岛市即墨市丰城镇雄崖所村
淄博市周村区王村镇李家疃村
淄博市淄川区太河镇梦泉村
淄博市淄川区太河镇上端士村
枣庄市山亭区山城街道兴隆庄村
潍坊市寒亭区寒亭街道西杨家埠村
泰安市岱岳区大汶口镇山西街村
威海市荣成市宁津街道东楮岛村

河南省（16个）

洛阳市孟津县小浪底镇乔庄村
洛阳市汝阳县蔡店乡杜康村
平顶山市宝丰县杨庄镇马街村
平顶山市郏县堂街镇临沣寨（村）
平顶山市郏县李口镇张店村
平顶山市郏县渣园乡渣园村
平顶山市郏县冢头镇西寨村
新乡市卫辉市狮豹头乡小店河村
濮阳市清丰县双庙乡单拐村
漯河市郾城区裴城镇裴城村
三门峡市陕县西张村镇庙上村
南阳市邓州市杏山旅游管理区杏山村
南阳市内乡县乍曲乡吴垭村
信阳市光山县文殊乡东岳村
信阳市罗山县铁铺乡何家冲村

信阳市新县八里畈镇神留桥村丁李湾村

湖北省（28个）

武汉市黄陂区木兰乡双泉村大余湾
武汉市黄陂区李家集街道泥人王村
黄石市阳新县浮屠镇玉塓村
黄石市阳新县排市镇下容村阚家塘
十堰市竹溪县中峰镇甘家岭村
宜昌市长阳土家族自治县高家堰镇向日岭村六组
襄阳市枣阳市新市镇前湾村
荆门市钟祥市客店镇赵泉河村
孝感市大悟县芳畈镇白果树湾村
孝感市大悟县宣化镇铁店村八字沟
黄冈市红安县华家河镇祝楼村祝家楼垸
黄冈市麻城市歧亭镇丫头山村
黄冈市武穴市梅川镇同心村李垅垸
咸宁市赤壁市赵李桥镇羊楼洞村
恩施土家族苗族自治州恩施市崔家坝镇滚龙坝村
恩施土家族苗族自治州恩施市白果乡金龙坝村
恩施土家族苗族自治州鹤峰县铁炉白族乡铁炉村
恩施土家族苗族自治州鹤峰县铁炉白族乡细杉村
恩施土家族苗族自治州鹤峰县五里乡五里村
恩施土家族苗族自治州鹤峰县中营乡三家台蒙古族村
恩施土家族苗族自治州来凤县百福司镇新安村
恩施土家族苗族自治州来凤县大河镇冷水溪村
恩施土家族苗族自治州利川市凉雾乡海洋村
恩施土家族苗族自治州咸丰县大路坝区蛇盘溪村
恩施土家族苗族自治州咸丰县甲马池镇马家沟村王母洞
恩施土家族苗族自治州咸丰县清坪镇中寨坝村郑家坝
恩施土家族苗族自治州宣恩县椒园镇庆阳坝村
恩施土家族苗族自治州宣恩县沙道沟镇两河口村

湖南省（30个）

衡阳市常宁市庙前镇中田村
邵阳市隆回县虎形山瑶族乡崇木凼村
岳阳市岳阳县张谷英镇张谷英村
张家界市永定区王家坪乡石堰坪村
益阳市安化县东坪镇黄沙坪老街
益阳市安化县马路镇马路溪村
郴州市永兴县高亭乡板梁村
永州市零陵区富家桥镇干岩头村
永州市江永县夏层铺镇上甘棠村
永州市祁阳县潘市镇龙溪村
永州市双牌县理家坪乡坦田村
怀化市辰溪县上蒲溪瑶族乡五宝田村
怀化市会同县高椅乡高椅村
湘西土家族苗族自治州保靖县夯沙乡夯沙村
湘西土家族苗族自治州保靖县碗米坡镇首八峒村
湘西土家族苗族自治州凤凰县阿拉营镇舒家塘村
湘西土家族苗族自治州凤凰县都里乡拉毫村
湘西土家族苗族自治州凤凰县麻冲乡老洞村
湘西土家族苗族自治州古丈县高峰乡岩排溪村
湘西土家族苗族自治州古丈县红石林镇老司岩村
湘西土家族苗族自治州古丈县默戎镇龙鼻村
湘西土家族苗族自治州花垣县边城镇磨老村
湘西土家族苗族自治州花垣县排碧乡板栗村
湘西土家族苗族自治州吉首市矮寨镇德夯村
湘西土家族苗族自治州吉首市矮寨镇中黄村
湘西土家族苗族自治州龙山县苗儿滩镇六合村
湘西土家族苗族自治州龙山县苗儿滩镇惹巴

拉村
湘西土家族苗族自治州永顺县大坝乡双凤村
湘西土家族苗族自治州永顺县灵溪镇老司城村
湘西土家族苗族自治州永顺县小溪乡小溪村

广东省（40个）
广州市番禺区石楼镇大岭村
韶关市仁化县石塘镇石塘村
深圳市龙岗区大鹏镇鹏城村
汕头市澄海区隆都镇前美村
佛山市南海区西樵镇松塘村
佛山市三水区乐平镇大旗头村
佛山市顺德区北滘镇碧江村
江门市开平市塘口镇自力村
江门市恩平市圣堂镇歇马村
湛江市雷州市白沙镇邦塘村
湛江市雷州市龙门镇潮溪村
湛江市雷州市南兴镇东林村
湛江市遂溪县建新镇苏二村
肇庆市端州区黄岗街道白石村
肇庆市封开县罗董镇杨池古村
肇庆市广宁县北市镇大屋村
惠州市博罗县龙华镇旭日村
惠州市惠城区横沥镇墨园村
梅州市梅县水车镇茶山村
梅州市梅县南口镇侨乡村
梅州市梅县桃尧镇桃源村
梅州市梅县雁洋镇桥溪村
梅州市梅县雁洋镇石楼村
梅州市梅县雁洋镇松坪村
梅州市丰顺县埔寨镇埔北村
梅州市蕉岭县南礤镇石寨村
梅州市兴宁市罗岗镇柿子枰村
汕尾市陆丰市大安镇石寨村
河源市和平县林寨镇林寨古村
清远市佛冈县龙山镇上岳古围村
清远市佛冈县高岗镇社岗下村
清远市连南瑶族自治县三排镇南岗古排
清远市连南瑶族自治县三排镇三排村
东莞市企石镇江边村
东莞市茶山镇南社村
东莞市石排镇塘尾村
中山市南朗镇翠亨村
潮州市潮安县古巷镇古一村象埔寨
潮州市潮安县龙湖镇龙湖古寨
云浮市云城区腰古镇水东村

广西壮族自治区（39个）
南宁市江南区江西镇扬美村
柳州市融水苗族自治县拱洞乡平卯村
柳州市融水苗族自治县四荣乡东田村
柳州市融水苗族自治县四荣乡荣地村
柳州市三江侗族自治县丹洲镇丹洲村
柳州市三江侗族自治县独峒乡高定村
柳州市三江侗族自治县林溪乡高友村
桂林市龙胜各族自治县和平乡龙脊村
桂林市灌阳县洞井瑶族乡洞井村
桂林市灌阳县水车乡官庄村
桂林市灌阳县新街乡江口村
桂林市荔浦县马岭镇永明村小青山屯
桂林市临桂县四塘乡横山村
桂林市灵川县潮田乡太平村
桂林市灵川县大圩镇熊村
桂林市灵川县定江镇路西村
桂林市灵川县灵田乡长岗岭村
桂林市灵川县灵田乡迪塘村
桂林市灵川县青狮潭镇老寨村
桂林市灵川县青狮潭镇江头村
桂林市灵川县三街镇溶流上村
桂林市平乐县沙子镇沙子村
桂林市兴安县白石乡水源头村
桂林市兴安县漠川乡榜上村

桂林市阳朔县白沙镇旧县村
桂林市阳朔县兴坪镇渔村
钦州市灵山县佛子镇大芦村
玉林市北流市民乐镇萝村
玉林市玉州区城北街道高山村
百色市隆林各族自治县金钟山乡平流屯
百色市那坡县城厢镇达腊屯
百色市西林县马蚌乡浪吉村那岩屯
贺州市钟山县燕塘镇玉坡村
贺州市富川瑶族自治县朝东镇秀水村
贺州市富川瑶族自治县朝东镇福溪村
贺州市富川瑶族自治县新华乡虎马岭村
贺州市平桂管理区鹅塘镇芦岗村
贺州市钟山县回龙镇龙道村
来宾市象州县罗秀镇纳禄村

海南省（7个）
海口市龙华区新坡镇文山村
海口市龙华区遵谭镇东谭村
海口市琼山区国兴街道上丹村
三亚市崖城镇保平村
文昌市会文镇十八行村
东方市江边乡白查村
定安县龙湖镇高林村

重庆市（14个）
涪陵区大顺乡大顺村
涪陵区青羊镇安镇村
九龙坡区走马镇椒园村
綦江县东溪镇永乐村
忠县花桥镇东岩古村
忠县新生镇钟坝村
石柱土家族自治县金岭乡银杏村
石柱土家族自治县石家乡黄龙村
石柱土家族自治县悦崃镇新城村
秀山土家族苗族自治县梅江镇民族村

酉阳土家族苗族自治县苍岭镇大河口村
酉阳土家族苗族自治县酉水河镇河湾村
酉阳土家族苗族自治县酉水河镇后溪村
酉阳土家族苗族自治县南腰界乡南界村

四川省（20个）
成都市邛崃市平乐镇花楸村
攀枝花市仁和区平地镇迤沙拉村
泸州市泸县兆雅镇新溪村
泸州市叙永县分水镇木格倒苗族村
遂宁市射洪县青堤乡光华村
南充市阆中市老观镇老龙村
南充市阆中市天宫乡天宫院村
巴中市巴州区青木镇黄桷树村
雅安市宝兴县硗碛乡夹拉村委和平藏寨
雅安市石棉县蟹螺藏族乡蟹螺堡子
雅安市雨城区上里镇五家村
阿坝藏族羌族自治州理县桃坪乡桃坪村
阿坝藏族羌族自治州马尔康县沙尔宗乡丛恩村
阿坝藏族羌族自治州茂县黑虎乡小河坝村鹰嘴河组
阿坝藏族羌族自治州汶川县雁门乡萝卜寨村
甘孜藏族自治州得荣县子庚乡八子斯热村
甘孜藏族自治州炉霍县更知乡修贡村
甘孜藏族自治州炉霍县泥巴乡古西村
甘孜藏族自治州炉霍县新都镇七湾村
甘孜藏族自治州丹巴县梭坡乡莫洛村

贵州省（90个）
贵阳市花溪区高坡苗族乡批林村
贵阳市花溪区石板镇镇山村大寨
贵阳市开阳县禾丰布依族苗族乡马头村
遵义市赤水市丙安乡丙安村
遵义市务川仡佬族苗族自治县大坪镇龙潭村
遵义市凤冈县绥阳镇玛瑙村

安顺市西秀区大西桥镇古昌村
安顺市西秀区大西桥镇石板房村
安顺市西秀区大西桥镇鲍屯村
安顺市西秀区七眼桥镇云山村
铜仁市德江县楠杆土家族乡兴隆社区上坝自然寨
铜仁市江口县太平土家族苗族乡云舍村
铜仁市石阡县白沙镇马桑坪村
铜仁市石阡县白沙镇箱子坪村
铜仁市石阡县国荣乡楼上村
铜仁市石阡县国荣乡葛容村高桥自然村
铜仁市石阡县河坝场乡小高王村
铜仁市石阡县聚凤仡佬族侗族乡黄泥坳村
铜仁市石阡县聚凤仡佬族侗族乡廖家屯村
铜仁市石阡县聚凤仡佬族侗族乡瓮水屯村
铜仁市石阡县石固仡佬族侗族乡公鹅坳村
铜仁市石阡县五德镇大寨村
黔西南布依族苗族自治州兴仁县巴铃镇百卡村卡嘎布依寨
黔东南苗族侗族自治州从江县往洞乡增冲村
黔东南苗族侗族自治州从江县往洞乡则里村
黔东南苗族侗族自治州从江县丙妹镇岜沙村
黔东南苗族侗族自治州从江县谷坪乡银潭村
黔东南苗族侗族自治州从江县下江镇高仟村
黔东南苗族侗族自治州丹寨县扬武乡排莫村
黔东南苗族侗族自治州剑河县南哨乡翁座村
黔东南苗族侗族自治州锦屏县隆里乡隆里所村
黔东南苗族侗族自治州锦屏县河口乡文斗村
黔东南苗族侗族自治州雷山县郎德镇上郎德村
黔东南苗族侗族自治州雷山县郎德镇下郎德村
黔东南苗族侗族自治州雷山县郎德镇南猛村
黔东南苗族侗族自治州雷山县西江镇控拜村
黔东南苗族侗族自治州黎平县坝寨乡坝寨村
黔东南苗族侗族自治州黎平县坝寨乡蝉寨村
黔东南苗族侗族自治州黎平县坝寨乡高场村
黔东南苗族侗族自治州黎平县坝寨乡高兴村
黔东南苗族侗族自治州黎平县坝寨乡青寨村
黔东南苗族侗族自治州黎平县大稼乡邓蒙村
黔东南苗族侗族自治州黎平县德顺乡平甫村
黔东南苗族侗族自治州黎平县地坪乡岑扣村
黔东南苗族侗族自治州黎平县地坪乡高青村
黔东南苗族侗族自治州黎平县地坪乡滚大村
黔东南苗族侗族自治州黎平县洪州镇归欧村
黔东南苗族侗族自治州黎平县洪州镇九江村
黔东南苗族侗族自治州黎平县洪州镇平架村
黔东南苗族侗族自治州黎平县洪州镇三团村
黔东南苗族侗族自治州黎平县九潮镇高寅村
黔东南苗族侗族自治州黎平县九潮镇贡寨村
黔东南苗族侗族自治州黎平县九潮镇吝洞村
黔东南苗族侗族自治州黎平县雷洞瑶族水族乡金城村
黔东南苗族侗族自治州黎平县茅贡乡蚕洞村
黔东南苗族侗族自治州黎平县茅贡乡冲寨
黔东南苗族侗族自治州黎平县茅贡乡登岑村
黔东南苗族侗族自治州黎平县茅贡乡地扪村
黔东南苗族侗族自治州黎平县茅贡乡高近村
黔东南苗族侗族自治州黎平县茅贡乡流芳村
黔东南苗族侗族自治州黎平县茅贡乡寨头村
黔东南苗族侗族自治州黎平县孟彦镇芒岭村
黔东南苗族侗族自治州黎平县尚重镇高冷村
黔东南苗族侗族自治州黎平县尚重镇纪登村
黔东南苗族侗族自治州黎平县尚重镇绍洞村
黔东南苗族侗族自治州黎平县尚重镇育洞村
黔东南苗族侗族自治州黎平县尚重镇朱冠村
黔东南苗族侗族自治州黎平县双江乡黄岗村
黔东南苗族侗族自治州黎平县岩洞镇述洞村
黔东南苗族侗族自治州黎平县岩洞镇岩洞村
黔东南苗族侗族自治州黎平县岩洞镇宰拱村
黔东南苗族侗族自治州黎平县岩洞镇竹坪村
黔东南苗族侗族自治州黎平县永从乡豆洞村
黔东南苗族侗族自治州黎平县肇兴乡肇兴中寨村

黔东南苗族侗族自治州黎平县肇兴乡纪堂村
黔东南苗族侗族自治州黎平县肇兴乡纪堂上寨村
黔东南苗族侗族自治州黎平县肇兴乡堂安村
黔东南苗族侗族自治州黎平县肇兴乡肇兴村
黔东南苗族侗族自治州榕江县平江乡滚仲村
黔东南苗族侗族自治州榕江县兴华乡八蒙村
黔东南苗族侗族自治州榕江县兴华乡摆贝村
黔东南苗族侗族自治州榕江县栽麻乡大利村
黔东南苗族侗族自治州榕江县栽麻乡宰荡村
黔南布依族苗族自治州荔波县瑶山民族乡董蒙村
黔南布依族苗族自治州荔波县永康民族乡太吉村
黔南布依族苗族自治州荔波县永康民族乡尧古村
黔南布依族苗族自治州平塘县卡蒲毛南族乡场河村交懂组
黔南布依族苗族自治州三都水族自治县坝街乡坝辉村
黔南布依族苗族自治州三都水族自治县都江镇怎雷村
黔南布依族苗族自治州三都水族自治县拉揽乡排烧村

云南省（62个）
曲靖市会泽县娜姑镇白雾村
曲靖市罗平县鲁布革布依族苗族乡罗斯村委腊者村
玉溪市元江县青龙厂镇它克村
保山市隆阳区板桥镇板桥村
保山市施甸县姚关镇山邑村
保山市腾冲县固东镇和平村
保山市腾冲县固东镇顺利村
保山市腾冲县和顺镇水碓村
昭通市威信县水田乡湾子苗寨村

丽江市古城区大东乡大东行政村
丽江市古城区金山乡贵峰村
丽江市古城区金山乡漾西村
丽江市古城区七河乡共和西关村
丽江市宁蒗县永宁乡落水村
丽江市永胜县期纳镇谷宇村
丽江市永胜县期纳镇清水村
丽江市玉龙县白沙乡白沙村
丽江市玉龙县宝山乡石头城村
丽江市玉龙县石头乡桃园村
普洱市江城县整董镇城子三寨村
普洱市景东县大街乡三营村
普洱市景东县文井镇清凉村梁家组
普洱市澜沧县酒井哈尼族乡勐根村老达保组
普洱市墨江县联珠镇碧溪古镇村
普洱市墨江县那哈乡牛红村委勐嘎村
普洱市宁洱县同心乡那柯里村
普洱市思茅区龙潭乡龙潭村南本小组
临沧市沧源县勐角乡翁丁村
临沧市凤庆县鲁史镇鲁史古集村
临沧市凤庆县鲁史镇沿河村
临沧市临翔区博尚镇大勐准委会勐准组（村）
临沧市临翔区博尚镇碗窑村碗窑组
临沧市临翔区博尚镇永和村委上永和村
临沧市临翔区平村乡那玉村委东岗村
临沧市临翔区章驮乡勐旺村委勐旺大寨
楚雄彝族自治州姚安县光禄镇西关村
红河哈尼族彝族自治州建水县官厅镇苍台村
红河哈尼族彝族自治州建水县西庄镇团山村
红河哈尼族彝族自治州泸西县永宁乡城子村
红河哈尼族彝族自治州弥勒县西三镇可邑村
红河哈尼族彝族自治州弥勒县西三镇腻黑村
红河哈尼族彝族自治州石屏县宝秀镇郑营村
文山壮族苗族自治州麻栗坡县董干镇新寨村委城寨村
西双版纳傣族自治州景洪市基诺族乡洛特老

寨村
西双版纳傣族自治州景洪市勐罕镇曼春满村
西双版纳傣族自治州勐腊县易武乡十字街村
大理白族自治州大理市太邑乡者么村委大村
大理白族自治州大理市喜洲镇喜州村
大理白族自治州大理市喜洲镇周城村
大理白族自治州剑川县金华镇剑川古城
大理白族自治州剑川县沙溪镇寺登村
大理白族自治州祥云县禾甸镇大营庄村
大理白族自治州祥云县禾甸镇旧邑村
大理白族自治州祥云县云南驿镇云南驿村
大理白族自治州永平县博南镇曲硐村
大理白族自治州永平县博南镇花桥村
大理白族自治州永平县杉阳镇杉阳村
大理白族自治州云龙县宝丰乡宝丰村
大理白族自治州云龙县检槽乡师井村大村
大理白族自治州云龙县诺邓镇诺邓古村
大理白族自治州巍山县永建镇东莲花村
德宏傣族景颇族自治州陇川县户撒乡曼东村

西藏自治区（5个）
昌都地区芒康县纳西民族乡上盐井村
昌都地区左贡县东坝乡军拥村
日喀则地区吉隆县贡当乡汝村
日喀则地区吉隆县吉隆镇帮兴村
林芝地区工布江达县错高乡错高村

陕西省（5个）
铜川市耀州区孙塬镇孙塬村
渭南市韩城市西庄镇党家村
榆林市绥德县白家硷乡贺一村
榆林市佳县佳芦镇神泉村
榆林市米脂县杨家沟镇杨家沟村

甘肃省（7个）
兰州市西固区河口乡河口村
兰州市永登县连城镇连城村
兰州市榆中县青城镇城河村
白银市景泰县寺滩乡永泰村
天水市麦积区麦积镇街亭村
天水市麦积区新阳镇胡家大庄村
陇南市文县石鸡坝乡哈南村

青海省（13个）
海东地区互助县丹麻镇索卜滩村
海东地区互助县丹麻镇哇麻村
海东地区互助县东沟乡大庄村
海东地区互助县五十镇北庄村
海东地区互助县五十镇寺滩村
海东地区互助县五十镇土观村
海东地区循化县街子乡孟达山村
黄南藏族自治州同仁县保安镇城内村
黄南藏族自治州同仁县隆务镇吾屯下庄村
黄南藏族自治州同仁县年都乎乡年都乎村
黄南藏族自治州同仁县年都乎乡郭麻日村
黄南藏族自治州同仁县曲库乎乡江什加村
玉树藏族自治州玉树县仲达乡电达村

宁夏回族自治区（4个）
固原市隆德县城关镇红崖村一组
固原市隆德县奠安乡梁堡村一组
中卫市沙坡头区迎水桥镇北长滩村
中卫市沙坡头区香山乡南长滩村

新疆维吾尔自治区（4个）
吐鲁番地区鄯善县吐峪沟乡麻扎村
哈密地区哈密市回城乡阿勒屯村
哈密地区哈密市五堡镇博斯坦村
伊犁哈萨克自治州特克斯县喀拉达拉镇琼库什台村

住房城乡建设部 文化部 财政部关于做好2013年中国传统村落保护发展工作的通知

(建村【2013】102号)

各省、自治区、直辖市住房城乡建设厅(建委、农委)、文化厅(局)、财政厅(局),计划单列市建委(建设局)、文化局、财政局:

为贯彻落实《中共中央 国务院关于加快发展现代农业进一步增强农村发展活力的若干意见》(中发〔2013〕1号)关于加大力度保护传统村落和民居的精神,现就做好2013年中国传统村落保护发展工作通知如下。

一、工作目标与原则

2013年中国传统村落保护发展工作的目标是做好基础性工作。通过科学调查,掌握传统村落现状,建立中国传统村落档案;完成保护发展规划编制。

做好2013年中国传统村落保护发展工作,要坚持以下原则:

打好基础,循序渐进开展工作。做好中国传统村落档案建立、保护发展规划编制等基础性工作,循序渐进稳步开展传统风貌保护修复、人居环境改善、产业提升发展等工作,逐步建立中国传统村落保护发展长效机制。

保护为主,建立规划协调实施机制。以保护发展规划统筹确定传统建筑修复整治、产业发展等建设项目内容及时序,协调规范村落内开发建设活动。

探索模式,逐步改善生产生活条件。积极探索并完善保护发展技术模式和管理体制,逐步配套完善村落基础设施和公共服务,增强村落发展活力。

政府引导,建立全社会保护责任机制。建立公众参与的保护发展责任机制,政府支持保护发展规划编制、基础设施和公共服务配套,引导传统建筑修复,引导社会各界积极参与,村集体和当地居民承担相应的保护责任。

二、建立中国传统村落档案

省级住房城乡建设、文化、财政部门(以下简称省级部门)要尽快组织对第一批已列入中国传统村落名录村落的科学调查,完成中国传统村落档案的制作。科学调查应严格按照中国传统村落档案制作要求(见附件)进行。科学调查完成后,按"一村一档"建立中国传统村落档案。档案成果以纸质和电子文件形式制作,两种文件的数据要完全一致。省级部门应将档案成果于2013年10月底前上报住房城乡建设部。

三、完成保护发展规划编制

省级部门要抓紧组织第一批列入中国传统村落名录但尚未编制规划的村落的保护发展规划编制。保护发展规划的基本内容、成果和深度首先要符合《住房城乡建设部关于做好2013年全国村庄规划试点工作的通知》（建村〔2013〕35号）关于村庄规划编制的一般要求，在此基础上重点做好各类传统资源的特征分析、分级分类确定保护对象和保护范围、根据不同类传统资源的保护需求制定保护要求和保护传承措施等规划内容的编制，妥善处理好改善村民生产生活条件与保持村落整体风貌、延续传统生活的关系，并明确保护发展规划的实施机制。其中，确定保护对象和保护范围要符合有关法律法规的规定，集中反映村落保护价值的重点地段要达到修建性详细规划深度，典型传统建筑的修复整治要达到建筑设计方案深度。省级部门要在2013年年底前完成规划审查并将成果报住房城乡建设部备案。

四、明确保护发展工作责任

住房城乡建设部、文化部、财政部负责全国传统村落保护发展工作的组织领导，建立中国传统村落档案管理信息系统，指导、督促省级部门做好科学调查、档案建立、保护发展规划编制等工作，并组织工作检查和质量抽查。

省级部门负责本地区传统村落保护发展工作，组织开展传统村落科学调查和档案建立工作，并进行逐村验收，提出规划编制单位选择条件和推荐单位名录，审查保护发展规划。

县级住房城乡建设、文化、财政部门负责本地区传统村落科学调查、档案建立、保护发展规划编制的具体组织实施，其中保护发展规划编制要在省级部门提出的推荐单位名录中公开择优确定编制单位。传统村落所在乡镇政府要配备专门的工作人员，配合县级部门做好传统村落保护发展各项工作。

中华人民共和国住房和城乡建设部
中华人民共和国文化部
中华人民共和国财政部
2013年7月1日

住房城乡建设部关于公布第一批全国村庄规划示范名单的通知

(建村【2013】163号)

各相关省、自治区住房城乡建设厅,北京市农委、天津市建交委、上海市规划和国土资源管理局、重庆市规划局、青岛市建委:

按照《关于做好2013年全国村庄规划试点工作的通知》(建村函〔2013〕35号)要求,我部组织全国31个省(市、区)开展了村庄规划试点工作。经村庄规划试点验收和示范遴选,确定北京市北沟村等28个村庄规划为第一批全国村庄规划示范,现予公布。

各地按照村庄规划示范要点,深入试点村庄调研,针对问题及农村实际、村民需求确定规划内容;以村庄整治为重点,明确了公共项目的实施方案和村民建房的管控要求,提出了乡村风貌保护和传统文化传承的措施,制定了符合当地实际的产业发展策略或农民增收措施;保障村民参与规划编制全过程,规划成果通俗易懂,主要项目规划编制深度可直接指导实施,在解决村庄规划照搬城市模式、脱离农村实际的问题上迈进一大步。我部将总结试点经验,编制村庄规划示范案例集、村庄整治规划编制办法和不同类型村庄规划编制指南,组织培训和宣传推广。各地要组织规划编制单位和基层管理部门学习示范经验,结合本地情况探索符合农村实际、更加实用的村庄规划理念和方法,不断提高村庄规划编制质量。同时做好明年村庄规划试点准备工作。

附件:第一批全国村庄规划示范名单

中华人民共和国住房和城乡建设部
2013年11月20日

附件:第一批全国村庄规划示范名单

北京市怀柔区渤海镇北沟村村庄规划
河北省保定市阜平县龙泉关镇黑崖沟村村庄规划
内蒙古自治区赤峰市敖汉旗四家子乡热水汤村村庄规划
辽宁省抚顺市清原县南口前镇王家堡村村庄规划
上海市奉贤区四团镇拾村村村庄规划

江苏省无锡市宜兴市湖㳇镇张阳村村庄规划

浙江省杭州市桐庐县江南镇环溪村村庄规划

浙江省杭州市富阳市洞桥镇大溪村美丽乡村建设规划

浙江省杭州市淳安县界首乡鳌山村美丽乡村建设规划

浙江省湖州市德清县洛舍镇东衡村村庄规划

浙江省湖州市南浔区菱湖镇射中村中心村建设规划

浙江省宁波市慈溪市龙山镇方家河头村建设规划

安徽省安庆市岳西县响肠镇请水寨村村庄规划

安徽省六安市金寨县麻埠镇响洪甸村村庄规划

福建省莆田市城厢区华亭镇园头村村庄规划

福建省龙岩市连城县宣和乡培田村村庄规划

江西省吉安市峡江县湖州村历史文化名村保护规划

山东省青岛市即墨县金口镇凤凰村村庄规划

山东省临沂市蒙山旅游区柏林镇富泉村村庄规划

河南省信阳市光山县净居寺名胜管理区扬帆村村庄规划

湖北省黄冈市罗田县九资河镇官基坪村村庄规划

广东省广州市白云区太和镇白山村村庄规划

重庆市南川区大观镇金龙村村庄规划

四川省遂宁市大英县蓬莱镇泉水村村庄规划

四川省凉山州西昌市安哈镇长板桥村村庄规划

云南省大理州大理市喜洲镇桃源村村庄规划

陕西省渭南市富平县淡村镇荆川村村庄规划

新疆维吾尔自治区喀什地区巴楚县多来提巴格乡塔格吾斯塘村村庄规划

住房城乡建设部关于印发《乡村建设规划许可实施意见》的通知

（建村【2014】21号）

各省、自治区住房和城乡建设厅，直辖市规划局（委），新疆生产建设兵团建设局：

《城乡规划法》对乡村建设规划许可作出了规定。为明确乡村建设规划许可实施的范围、内容，规范程序，加强乡村建设规划许可，我部制定了《乡村建设规划许可实施意见》，现印发给你们，请遵照执行。执行过程中有何问题和建议，请及时反馈住房城乡建设部村镇建设司。

附件：《乡村建设规划许可实施意见》

中华人民共和国住房和城乡建设部
2014年1月21日

附件：乡村建设规划许可实施意见

为贯彻落实《中华人民共和国城乡规划法》，加强乡村建设规划许可管理工作，规范乡村建设行为，提出以下意见。

一、乡村建设规划许可的原则

（一）强化管理。按照先规划、后许可、再建设的要求，依法加强管理，规范乡村建设秩序，维护村民公共利益，保持乡村风貌。

（二）高效便民。以服务农民为目标，简化程序，明确时限，提高工作效率，做好事前、事中、事后服务，提高服务质量。

（三）因地制宜。结合实际制定乡村建设规划许可实施细则，建立切实可行的管理机制，明确适宜的乡村建设规划许可内容和深度。

二、乡村建设规划许可的适用范围

在乡、村庄规划区内，进行农村村民住宅、乡镇企业、乡村公共设施和公益事业建设，依法应当申请乡村建设规划许可的,应按本实施意见要求,申请办理乡村建设规划许可证。

确需占用农用地进行农村村民住宅、乡镇企业、乡村公共设施和公益事业建设的,依照《中华人民共和国土地管理法》有关规定办理农用地转批手续后,应按本实施意见要求,申请办理乡村建设规划许可证。

在乡、村庄规划区内使用原有宅基地进行农村村民住宅建设的,各省、自治区、直辖市可参照本实施意见,制定规划管理办法。

乡村建设规划许可证的核发应当依据经依法批准的城乡规划。

城乡各项建设活动必须符合城乡规划要求。城乡规划主管部门不得在城乡规划确定的建设用地范围以外作出乡村建设规划许可。

乡镇企业是指乡、村庄内的各类企业。乡村公共设施和公益事业包括垃圾收集处理、供水、排水、供电、供气、道路、通信、广播电视、公厕等基础设施和学校、卫生院、文化站、幼儿园、福利院等公共服务设施。

三、乡村建设规划许可的内容

乡村建设规划许可的内容应包括对地块位置、用地范围、用地性质、建筑面积、建筑高度等的要求。根据管理实际需要,乡村建设规划许可的内容也可以包括对建筑风格、外观形象、色彩、建筑安全等的要求。

各地可根据实际情况,对不同类型乡村建设的规划许可内容和深度提出具体要求。要重点加强对建设活动较多、位于城郊及公路沿线、需要加强保护的乡村地区的乡村建设规划许可管理。

四、乡村建设规划许可的主体

乡村建设规划许可的申请主体为个人或建设单位。

乡、镇人民政府负责接收个人或建设单位的申请材料,报送乡村建设规划许可申请。城市、县人民政府城乡规划主管部门负责受理、审查乡村建设规划许可申请,作出乡村建设规划许可决定,核发乡村建设规划许可证。

城市、县人民政府城乡规划主管部门在其法定职责范围内,依照法律、法规、规章的规定,可以委托乡、镇人民政府实施乡村建设规划许可。

五、乡村建设规划许可的申请

进行农村村民住宅建设的,村民应向乡、镇人民政府提出乡村建设规划许可的书面申请,申请材料应包括:

1. 国土部门书面意见。
2. 房屋用地四至图及房屋设计方案或简要设计说明。
3. 经村民会议讨论同意、村委会签署的意见。
4. 其他应当提供的材料。

进行乡镇企业、乡村公共设施和公益事业建设的,个人或建设单位应向乡、镇人民政府提出乡村建设规划许可的书面申请，申请材料应包括：

1. 国土部门书面意见。
2. 建设项目用地范围地形图（1：500或1：1000）、建设工程设计方案等。
3. 经村民会议讨论同意、村委会签署的意见。
4. 其他应当提供的材料。

乡、镇人民政府应自申请材料齐全之日起十个工作日内将申请材料报送城市、县人民政府城乡规划主管部门。

市、县人民政府城乡规划主管部门和乡、镇人民政府应对个人或建设单位做好规划设计要求咨询服务，并提供通用设计、标准设计供选用。乡镇企业、乡村公共设施和公益事业的建设工程设计方案应由具有相应资质的设计单位进行设计，或选用通用设计、标准设计。

六、乡村建设规划许可的审查和决定

市、县人民政府城乡规划主管部门应自受理乡村建设规划许可申请之日起二十个工作日内进行审查并作出决定。对符合法定条件、标准的，应依法作出准与许可的书面决定，并向申请人核发乡村建设规划许可证。对不符合法定条件、标准的，应依法作出不予许可的书面决定，并说明理由。

七、乡村建设规划许可的变更

个人或建设单位应按照乡村建设规划许可证的规定进行建设，不得随意变更。确需变更的，被许可人应向作出乡村建设规划许可决定的行政机关提出申请，依法办理变更手续。

因乡村建设规划许可所依据的法律、法规、规章修改或废止，或准予乡村建设规划许可所依据的客观情况发生重大变化的，为了公共利益的需要，可依法变更或撤回已经生效的乡村建设规划许可证。由此给被许可人造成财产损失的，应依法给予补偿。

八、乡村建设规划许可的保障措施

加强组织领导。各级城乡规划主管部门要增强责任感和紧迫感，将乡村建设规划许可管理工作列入村镇建设的重要内容。制定切实可行的乡村建设规划许可管理机制，明确职责，落实责任。探索完善乡村建设管理机制，有条件的地方可开展规划核实工作。

加强宣传教育。各级城乡规划主管部门要加大乡村规划建设管理人员的业务指导和培训力度，推进乡镇建设管理员队伍建设，有条件的地方要落实村级规划建设协管责任人。要通过各种形式宣传普及乡村建设规划许可工作，发挥乡镇人民政府和村民自治组织的作用，提高村民遵守规划的意识。

加强监督检查。各级城乡规划主管部门要加强监督检查，对未依法取得乡村建设规划许可证或未按照乡村建设规划许可证的规定进行建设的，由乡、镇人民政府责令停止建设、限期改正。逾期不改正的，可以拆除。不符合城乡规划要求、未依法取得乡村建设规划许可证的，不得办理房屋产权证。城市、县人民政府城乡规划主管部门未按规定受理申请、核发乡村建设规划许可证的，应依法追究有关责任人员的责任。

住房城乡建设部 文化部 国家文物局 财政部关于切实加强中国传统村落保护的指导意见

(建村【2014】61号)

各省、自治区、直辖市住房和城乡建设厅(建委、北京市农委)、文化厅(局)、文物局、财政厅(局):

传统村落传承着中华民族的历史记忆、生产生活智慧、文化艺术结晶和民族地域特色,维系着中华文明的根,寄托着中华各族儿女的乡愁。但是,近一个时期以来,传统村落遭到破坏的状况日益严峻,加强传统村落保护迫在眉睫。为贯彻落实党中央、国务院关于保护和弘扬优秀传统文化的精神,加大传统村落保护力度,现提出以下意见:

一、指导思想、基本原则和主要目标

(一)指导思想。以党的十八大、十八届三中全会精神为指导,深入贯彻落实中央城镇化工作会议、中央农村工作会议、全国改善农村人居环境工作会议精神,遵循科学规划、整体保护、传承发展、注重民生、稳步推进、重在管理的方针,加强传统村落保护,改善人居环境,实现传统村落的可持续发展。

(二)基本原则。坚持因地制宜,防止千篇一律;坚持规划先行,禁止无序建设;坚持保护优先,禁止过度开发;坚持民生为本,反对形式主义;坚持精工细作,严防粗制滥造;坚持民主决策,避免大包大揽。

(三)主要目标。通过中央、地方、村民和社会的共同努力,用三年时间,使列入中国传统村落名录的村落(以下简称中国传统村落)文化遗产得到基本保护,具备基本的生产生活条件、基本的防灾安全保障、基本的保护管理机制,逐步增强传统村落保护发展的综合能力。

二、主要任务

(一)保护文化遗产。保护村落的传统选址、格局、风貌以及自然和田园景观等整体空间形态与环境。全面保护文物古迹、历史建筑、传统民居等传统建筑,重点修复传统建筑集中连片区。保护古路桥涵垣、古井塘树藤等历史环境要素。保护非物质文化遗产以及与其相关的实物和场所。

(二)改善基础设施和公共环境。整治和完善村内道路、供水、垃圾和污水治理等基础设施。完善消防、防灾避险等必要的安全设施。整治文化遗产周边、公共场地、河塘沟渠等公共环境。

（三）合理利用文化遗产。挖掘社会、情感价值，延续和拓展使用功能。挖掘历史科学艺术价值，开展研究和教育实践活动。挖掘经济价值，发展传统特色产业和旅游。

（四）建立保护管理机制。建立健全法律法规，落实责任义务，制定保护发展规划，出台支持政策，鼓励村民和公众参与，建立档案和信息管理系统，实施预警和退出机制。

三、基本要求

（一）保持传统村落的完整性。注重村落空间的完整性，保持建筑、村落以及周边环境的整体空间形态和内在关系，避免"插花"混建和新旧村不协调。注重村落历史的完整性，保护各个时期的历史记忆，防止盲目塑造特定时期的风貌。注重村落价值的完整性，挖掘和保护传统村落的历史、文化、艺术、科学、经济、社会等价值，防止片面追求经济价值。

（二）保持传统村落的真实性。注重文化遗产存在的真实性，杜绝无中生有、照搬抄袭。注重文化遗产形态的真实性，避免填塘、拉直道路等改变历史格局和风貌的行为，禁止没有依据的重建和仿制。注重文化遗产内涵的真实性，防止一味娱乐化等现象。注重村民生产生活的真实性，合理控制商业开发面积比例，严禁以保护利用为由将村民全部迁出。

（三）保持传统村落的延续性。注重经济发展的延续性，提高村民收入，让村民享受现代文明成果，实现安居乐业。注重传统文化的延续性，传承优秀的传统价值观、传统习俗和传统技艺。注重生态环境的延续性，尊重人与自然和谐相处的生产生活方式，严禁以牺牲生态环境为代价过度开发。

四、保护措施

（一）完善名录。继续开展补充调查，摸清传统村落底数，抓紧将有重要价值的村落列入中国传统村落名录。做好村落文化遗产详细调查，按照"一村一档"要求建立中国传统村落档案。统一设置中国传统村落的保护标志，实行挂牌保护。

（二）制定保护发展规划。各地要按照《城乡规划法》以及《传统村落保护发展规划编制基本要求》（建村〔2013〕130号）抓紧编制和审批传统村落保护发展规划。规划审批前应通过住房城乡建设部、文化部、国家文物局、财政部（以下简称四部局）组织的技术审查。涉及文物保护单位的，要编制文物保护规划并履行相关程序后纳入保护发展规划。涉及非物质文化遗产代表性项目保护单位的，要由保护单位制定保护措施，报经评定该项目的文化主管部门同意后，纳入保护发展规划。

（三）加强建设管理。规划区内新建、修缮和改造等建设活动，要经乡镇人民政府初审后报县级住房和城乡建设部门同意，并取得乡村建设规划许可，涉及文物保护单位的应征得文物行政部门的同意。严禁拆并中国传统村落。保护发展规划未经批准前，影响整体风貌和传统建筑的建设活动一律暂停。涉及文物保护单位区划内相关建设及文物迁移的，应依法履行报批手续。传统建筑工匠应持证上岗，修缮文物建筑的应同时取得文物保护工程施工专业人员资格证书。

（四）加大资金投入。中央财政考虑传统村落的保护紧迫性、现有条件和规模等差异，在明确各级政府事权和支出责任的基础上，统筹农村环境保护、"一事一议"财政奖补及美丽乡村建设、国家重点文物保护、中央补助地方文化体育与传媒事业发展、非物质文化遗产保护等专项资金，分年度支持中国传统村落保护发展。支持范围包括传统建筑保护利用示范、防灾减灾设施建设、历史环境要素修复、卫生等基础设施完善和公共环境整治、文物保护、国家级非物质文化遗产代表性项目保护。调动中央和地方两个积极性，鼓励地方各级财政在中央补助基础上加大投入力度。引导社会力量通过捐资捐赠、投资、入股、租赁等方式参与保护。探索建立传统建筑认领保护制度。

（五）做好技术指导。四部局制定全国传统村落保护发展规划，组织保护技术开发研究、示范和技术指南编制工作，组织培训和宣传教育。省级住房和城乡建设、文化、文物、财政部门（以下简称省级四部门）做好本地区的技术指导工作，成立省级专家组并报四部局备案。每个中国传统村落要确定一名省级专家组成员，参与村内建设项目决策，现场指导传统建筑保护修缮等。

五、组织领导和监督管理

（一）明确责任义务。四部局按照职责分工共同开展传统村落保护工作，公布中国传统村落名录，制定保护发展政策和支持措施，组织、指导和监督保护发展规划的编制和实施、非物质文化遗产保护和传承、文物保护和利用，会同有关部门审核、下达中央财政补助资金。

省级四部门负责本地区的传统村落保护发展工作，编制本地区传统村落保护发展规划，制定支持措施。地市级人民政府负责编制本地区传统村落保护整体实施方案，制定支持措施，建立健全项目库。县级人民政府对本地区的传统村落保护发展负主要责任，负责传统村落保护项目的具体实施。乡镇人民政府要配备专门工作人员，配合做好监督管理。

村集体要根据保护发展规划，将保护要求纳入村规民约，发挥村民民主参与、民主决策、民主管理、民主监督的主体作用。村两委主要负责人要承担村落保护管理的具体工作，应成为保护发展规划编制组主要成员。传统建筑所有者和使用者应当按规划要求进行维护和修缮。

（二）建立保护管理信息系统。四部局建立中国传统村落保护管理信息系统，登记村落各类文化遗产的数量、分布、现状等情况，记录文化遗产保护利用、村内基础设施整治等项目的实施情况。推动建立健全项目库，为传统村落保护项目选择、组织实施、考核验收和监督管理奠定基础。

（三）加强监督检查。四部局组织保护工作的年度检查和不定期抽查，通报检查结果并抄送省级人民政府。省级四部门要组织开展本地区的检查，并于每年2月底前将上年度检查报告报送四部局。四部局将利用中国传统村落保护管理信息系统和中国传统村落网站公开重要信息，鼓励社会监督。项目实施主体应公开项目内容、合同和投资额等，保障村民参与规划、建设、管理和监督的权利。

（四）建立退出机制。村落文化遗产发生较严重破坏时，省级四部门应向村落所在县级人民政府提出濒危警示通报。破坏情况严重并经四部局认定不再符合中国传统村落入选条件的，四部局将该村落从中国传统村落名录予以除名并进行通报。

六、中央补助资金申请、核定与拨付

中央补助资金申请原则上以地级市为单位。省级四部门汇总初审后向四部局提供如下申请材料：申请文件、各地级市整体实施方案（编制要求见附件1）、本地区项目需求汇总表（格式见附件2）、传统村落保护发展规划。相关专项资金管理办法有明确要求的，应当同时按照要求另行上报。2014年申请中央补助的地区，省级四部门应于5月20日前完成报送工作。

四部局根据各地申请材料，研究确定纳入支持的村落范围，结合有关专项资金年度预算安排和项目库的情况，核定各地补助资金额度，并按照原专项资金管理办法下达资金。各地要按照资金原支持方向使用资金，将中央补助资金用好用实用出成效。

附件：1. 地级市传统村落保护整体实施方案编制要求
　　　2. 项目需求表格式

中华人民共和国住房和城乡建设部
中华人民共和国文化部
国家文物局　中华人民共和国财政部
2014年4月25日

附件1：地级市传统村落保护整体实施方案编制要求

1. 整体实施方案要根据本地区自身条件，结合中央财政支持范围和方向，实事求是确定本地区3年中国传统村落保护的目标、任务，不提过高要求。

2. 整体实施方案要在各村落提交的保护发展规划基础上，汇总本地区项目需求，主要汇总各村落提出的传统建筑修缮示范、基础设施和公共环境改善、历史环境要素修复、防灾安全保障、文物和非物质文化遗产保护利用等方面可实施的具体项目，要包括项目内容、任务总量以及预算等。

3. 整体实施方案要提出组织实施方式和支持措施，明确保护责任主体以及各级责任与分工，提出地方政府财政资金安排。

4. 整体实施方案要提出保护监督管理制度，包括保护发展规划实施的监督管理办法、项目实施情况检查制度等。

5. 整体实施方案要图文并茂，文字要准确、简练。

附件2：项目需求表格式

2-1 ××村项目需求表格式

主要任务类型	项目序号	项目名称	三年总任务	分年度任务			三年资金筹措方案（单位：万元）				
				2014	2015	2016	合计	中央补助资金申请额	各级地方政府投入	村集体和村民投入	其他社会投入
传统建筑保护利用示范	1-1										
	…										
防灾安全保障	2-1										
	…										
历史环境要素修复	3-1										
	…										
基础设施和环境改善	4-1										
	…										
文物和非物质文化遗产保护利用	5-1										
	…										
村级合计	——	——	——	——	——	——					

村级联系人：　　　单位：　　　固定电话：　　　手机：　　　E-mail：　　　QQ：

注：1. 三年总任务和分年度任务要包括任务内容、规模、数量等关键信息，描述要清晰简练。
一、主要任务参考项目说明。其中，传统建筑保护利用示范项目：包括历史建筑、未列入各级文物保护单位的公共建筑及代表性传统民居的修缮示范，每个村落选择1-3处代表性传统民居开展室内现代化改造和外立面整治示范；防灾安全保障项目：包括消防、防洪、地质灾害防治等防灾减灾设施建设；历史环境要素修复项目：包括未列入各级文物保护单位的历史环境要素的修缮；基础设施和公共环境改善项目：村内道路、村庄供水、公共照明、垃圾污水治理等市政公用设施建设，重要文化遗产周边、公共空间、坑塘河道等公共环境整治；文物和非物质文化遗产保护利用项目：包括各级文物保护单位的修缮与陈列展示，非物质文化遗产保护与传承。
二、此表加盖村委会公章。

2-2 ××县（市、区、旗）项目需求汇总表格式

××县（市、区）	主要任务类型	项目序号	项目名称	项目总任务	三年资金筹措方案（单位：万元）				
					合计	中央补助资金申请额	各级地方政府投入	村集体和村民投入	其他社会投入
××村	传统建筑保护利用示范	1-1							
		…							
	防灾安全保障	2-1							
		…							
	…								
村级小计		——	——	——	——				

续表

××县（市、区）	主要任务类型	项目序号	项目名称	项目总任务	三年资金筹措方案（单位：万元）				
					合计	中央补助资金申请额	各级地方政府投入	村集体和村民投入	其他社会投入
××村	传统建筑保护利用示范	1-1							
	...								
	防灾安全保障	2-1							
		...							
村级小计		——	——	——	——				
县级合计		——	——	——	——				

县级联系人：　　　单位：　　　固定电话：　　　手机：　　　E-mail：　　　QQ：

注：此表经县级住房城乡建设、文化、文物、财政部门同意后，作为县级四部门申请文件的附件。

2-3 ××市（地、州、盟）项目需求汇总表格式

名称	主要任务类型	项目序号	项目名称	项目总任务	三年资金筹措方案（单位：万元）				
					合计	中央补助资金申请额	各级地方政府投入	村集体和村民投入	其他社会投入
××县（市、区）									
××村	传统建筑保护利用示范	1-1							
	防灾安全保障	2-1							
	...	...							
××村	传统建筑保护利用示范	1-1							
	防灾安全保障	2-1							
	...	...							
县级小计		——	——	——	——				
××县（市、区）									
××村	传统建筑保护利用示范	1-1							
	防灾安全保障	2-1							
	...	...							
××村	传统建筑保护利用示范	1-1							
	防灾安全保障	2-1							
	...	...							
县级小计		——	——	——	——				
地级合计		——	——	——	——				

地级市联系人：　　　单位：　　　固定电话：　　　手机：　　　E-mail：　　　QQ：

注：此表经地级市住房城乡建设、文化、文物、财政部门同意后，作为地级市四部门申请文件的附件。

2-4 ××省（自治区、直辖市）项目需求汇总表格式

城市名称	村落名称	主要任务名称	项目序号	项目名称	项目总任务	三年资金筹措方案（单位：万元）				
						合计	中央补助资金申请额	各级地方政府投入	村集体和村民投入	其他社会投入
××市（州、盟）										
××县（市、区）	××村	传统建筑保护利用示范	1-1							
		防灾安全保障	2-1							
		...	...							
××县（市、区）	××村	传统建筑保护利用示范	1-1							
		防灾安全保障	2-1							
		...	...							
地级小计	——	——	——	——	——					
××市（州、盟）										
××县（市、区）	××村	传统建筑保护利用示范	1-1							
		防灾安全保障	2-1							
		...	...							
××县（市、区）	××村	传统建筑保护利用示范	1-1							
		防灾安全保障	2-1							
		...	...							
地级小计	——	——	——	——	——					
省级合计	——	——	——	——	——					

省级联系人：　　　单位：　　　　固定电话：　　　　手机：　　　　E-mail：　　　QQ：

注：此表经省级住房城乡建设、文化、文物、财政部门同意后，作为省级四部门申请文件的附件。

住房城乡建设部 文化部 国家文物局 财政部关于公布2014年第一批列入中央财政支持范围的中国传统村落名单的通知

（建村【2014】106号）

各省、自治区、直辖市住房城乡建设厅（建委，北京市农委）、文化厅（局）、文物局、财政厅（局）：

根据住房城乡建设部、文化部、国家文物局、财政部《关于切实加强中国传统村落保护的指导意见》（建村〔2014〕61号），我们组织专家对各地推荐上报的中国传统村落进行了技术审查，确定北京市门头沟区龙泉镇琉璃渠村等327个中国传统村落列入2014年第一批中央财政支持范围（名单见附件）。

请你们严格按照建村〔2014〕61号文件要求，认真做好中国传统村落各类项目的组织实施工作。

附件：2014年第一批列入中央财政支持范围的中国传统村落名单

中华人民共和国住房和城乡建设部
中华人民共和国文化部
国家文物局
中华人民共和国财政部
2014年7月16日

附件：2014年第一批列入中央财政支持范围的中国传统村落名单

北京市（5个）
门头沟区龙泉镇琉璃渠村
门头沟区龙泉镇三家店村
门头沟区斋堂镇爨底下村
房山区南窖乡水峪村
顺义区龙湾屯镇焦庄户村

天津市（1个）
蓟县渔阳镇西井峪村

河北省（12个）
石家庄市井陉县天长镇宋古城村
石家庄市井陉县天长镇小龙窝村

石家庄市井陉县南障城镇大梁江村
石家庄市井陉县于家乡于家村
石家庄市平山县杨家桥乡大坪村
石家庄市平山县杨家桥乡大庄村
邯郸市涉县关防乡宋家村
邢台市邢台县路罗镇英谈村
保定市顺平县腰山镇南腰山村
张家口市蔚县暖泉镇北官堡村
张家口市蔚县暖泉镇西古堡村
张家口市怀来县鸡鸣驿乡鸡鸣驿村

山西省（16个）
太原市晋源区晋源街道店头村
大同市灵丘县红石塄乡觉山村
阳泉市郊区义井镇小河村
阳泉市郊区义井镇大阳泉村
阳泉市郊区平坦镇官沟村
晋城市沁水县嘉峰镇窦庄村
晋城市沁水县郑村镇湘峪村
晋城市泽州县晋庙铺镇天井关村
晋城市泽州县北义城镇西黄石村
晋城市高平市河西镇苏庄村
晋城市高平市马村镇大周村
晋城市高平市原村乡良户村
晋中市祁县贾令镇谷恋村
晋中市灵石县夏门镇夏门村
晋中市介休市龙凤镇张壁村
忻州市河曲县旧县乡旧县村

内蒙古自治区（3个）
包头市土默特右旗美岱召镇美岱召村
呼伦贝尔市额尔古纳市奇乾乡奇乾村
乌兰察布市丰镇市隆盛庄镇隆盛庄村

吉林省（2个）
通化市通化县东来乡鹿圈子村

白山市抚松县漫江镇锦江木屋村

黑龙江省（3个）
齐齐哈尔市富裕县友谊达斡尔族满族柯尔克孜族乡宁年村富宁屯
齐齐哈尔市富裕县友谊达斡尔族满族柯尔克孜族乡三家子村
黑河市爱辉区新生乡新生村

江苏省（4个）
苏州市吴中区东山镇陆巷古村
苏州市吴中区东山镇三山村
苏州市吴中区金庭镇明月湾村
苏州市吴中区金庭镇东村村

浙江省（15个）
杭州市桐庐县凤川街道翙岗村
杭州市建德市大慈岩镇新叶村
宁波市宁海县茶院乡许民村
温州市永嘉县岩头镇芙蓉村
温州市苍南县桥墩镇碗窑村
绍兴市绍兴县稽东镇冢斜村
绍兴市诸暨市东白湖镇斯宅村
绍兴市嵊州市竹溪乡竹溪村
衢州市龙游县石佛乡三门源村
衢州江山市石门镇清漾村
台州市黄岩区屿头乡布袋坑村
台州市三门县横渡镇东屏村
台州市天台县平桥镇张思村
台州市仙居县白塔镇高迁村
丽水市龙泉市城北乡上田村

安徽省（28个）
安庆市岳西县响肠镇响肠村
安庆市岳西县响肠镇请水寨村
黄山市黄山区永丰乡永丰村

黄山市徽州区呈坎镇呈坎村
黄山市徽州区呈坎镇灵山村
黄山市歙县徽城镇渔梁村
黄山市歙县郑村镇棠樾村
黄山市歙县许村镇许村村
黄山市歙县雄村乡卖花渔村
黄山市歙县雄村乡雄村村
黄山市休宁县万安镇万安老街
黄山市休宁县溪口镇花桥村木梨硔
黄山市休宁县商山镇黄村
黄山市休宁县陈霞乡里庄村
黄山市黟县碧阳镇古黄村
黄山市黟县宏村镇宏村
黄山市黟县宏村镇卢村
黄山市黟县宏村镇塔川村
黄山市黟县西递镇西递村
黄山市祁门县闪里镇坑口村
池州市贵池区墩上街道渚湖姜村
池州市贵池区棠溪镇石门高村
池州市东至县东流镇菊江村东流老街
池州市东至县花园乡南溪古寨
池州市石台县大演乡严家古村
宣城市泾县桃花潭镇查济村
宣城市泾县榔桥镇黄田村
宣城市绩溪县瀛洲镇龙川村

福建省（16个）
福州市马尾区亭江镇闽安村
福州市长乐市航城街道琴江村
三明市明溪县夏阳乡御帘村
三明市尤溪县洋中镇桂峰村
三明市将乐县万全乡良地村
三明市永安市燕西街道吉山村
三明市永安市青水乡沧海畲族村
泉州市永春县岵山镇茂霞村
漳州市平和县霞寨镇钟腾村

南平市浦城县水北街镇观前村
南平市武夷山市武夷街道下梅村
龙岩市新罗区适中镇中心村
龙岩市新罗区万安镇竹贯村
龙岩市连城县宣和乡培田村
宁德市福鼎市店下镇巽城村
宁德市福鼎市磻溪镇仙蒲村

江西省（18个）
南昌市安义县石鼻镇罗田村
南昌市进贤县文港镇曾湾村
景德镇市浮梁县浮梁镇旧城村
景德镇市浮梁县瑶里镇高岭村
景德镇市浮梁县勒功乡沧溪村
萍乡市莲花县路口镇湖塘村
新余市分宜县分宜镇介桥村
鹰潭市贵溪市耳口乡曾家村
赣州市赣县白鹭乡白鹭村
赣州市瑞金市九堡镇密溪村
吉安市青原区文陂乡渼陂村
吉安市安福县洲湖镇塘边村
宜春市宜丰县天宝乡天宝村
宜春市高安市新街镇贾家村
抚州市金溪县双塘镇竹桥村
上饶市婺源县江湾镇汪口村
上饶市婺源县浙源乡虹关村
上饶市婺源县沱川乡理坑村

山东省（6个）
淄博市淄川区太河镇梦泉村
淄博市淄川区太河镇上端士村
淄博市周村区王村镇李家疃村
烟台市招远市辛庄镇高家庄子村
泰安市岱岳区大汶口镇山西街村
威海市荣成市宁津街道东楮岛村

河南省（14个）

洛阳市孟津县小浪底镇乔庄村
洛阳市汝阳县蔡店乡杜康村
平顶山市宝丰县杨庄镇马街村
平顶山市郏县堂街镇临沣寨（村）
平顶山市郏县李口镇张店村
平顶山市郏县渣园乡渣园村
新乡市卫辉市狮豹头乡小店河村
濮阳市清丰县双庙乡单拐村
漯河市郾城区裴城镇裴城村
三门峡市陕县西张村镇庙上村
南阳市内乡县乍曲乡吴垭村
南阳市邓州市杏山旅游管理区杏山村
信阳市罗山县铁铺乡何家冲村
信阳市新县八里畈镇神留桥村丁李湾村

湖北省（18个）

武汉市黄陂区李家集街道泥人王村
武汉市黄陂区木兰乡双泉村大余湾
黄石市阳新县浮屠镇玉塆村
襄阳市枣阳市新市镇前湾村
孝感市大悟县宣化镇铁店村八字沟
黄冈市红安县华家河镇祝楼村祝家楼垸
黄冈市罗田县九资河镇官基坪村罗家大垸
咸宁市赤壁市赵李桥镇羊楼洞村
恩施土家族苗族自治州利川市谋道镇鱼木村
恩施土家族苗族自治州利川市凉雾乡海洋村
恩施土家族苗族自治州咸丰县甲马池镇马家沟村王母洞
恩施土家族苗族自治州咸丰县清坪镇中寨坝村郑家坝
恩施土家族苗族自治州咸丰县大路坝区蛇盘溪村
恩施土家族苗族自治州来凤县百福司镇新安村
恩施土家族苗族自治州来凤县大河镇冷水溪村
恩施土家族苗族自治州鹤峰县铁炉白族乡铁炉村
恩施土家族苗族自治州鹤峰县铁炉白族乡细杉村
恩施土家族苗族自治州鹤峰县五里乡五里村

湖南省（19个）

岳阳市岳阳县张谷英镇张谷英村
张家界市永定区王家坪乡石堰坪村
益阳市安化县马路镇马路溪村
郴州市桂阳县龙潭街道办事处溪里魏家村
郴州市桂阳县太和镇地界村
郴州市桂阳县洋市镇庙下村
郴州市桂阳县莲塘镇大湾村
郴州市桂阳县荷叶镇鑑塘村上王家村
郴州市永兴县高亭乡板梁村
永州市江永县夏层铺镇上甘棠村
怀化市辰溪县上蒲溪瑶族乡五宝田村
怀化市会同县高椅乡高椅村
湘西土家族苗族自治州凤凰县都里乡拉毫村
湘西土家族苗族自治州凤凰县麻冲乡老洞村
湘西土家族苗族自治州花垣县边城镇磨老村
湘西土家族苗族自治州花垣县排碧乡板栗村
湘西土家族苗族自治州永顺县灵溪镇老司城村
湘西土家族苗族自治州永顺县大坝乡双凤村
湘西土家族苗族自治州龙山县苗儿滩镇惹巴拉村

广东省（10个）

湛江市遂溪县建新镇苏二村
湛江市雷州市白沙镇邦塘村
湛江市雷州市南兴镇东林村
湛江市雷州市龙门镇潮溪村

惠州市博罗县龙华镇旭日村
梅州市梅县雁洋镇石楼村
梅州市丰顺县埔寨镇埔北村
河源市和平县林寨镇林寨古村
清远市连南瑶族自治县三排镇南岗古排
东莞市石排镇塘尾村

广西壮族自治区（23个）
桂林市临桂县四塘乡横山村
桂林市灵川县大圩镇熊村
桂林市灵川县定江镇路西村
桂林市灵川县三街镇溶流上村
桂林市灵川县青狮潭镇老寨村
桂林市灵川县青狮潭镇江头村
桂林市灵川县潮田乡太平村
桂林市灵川县灵田乡长岗岭村
桂林市灵川县灵田乡迪塘村
桂林市兴安县漠川乡榜上村
桂林市兴安县白石乡水源头村
桂林市灌阳县新街乡江口村
桂林市灌阳县水车乡官庄村
桂林市龙胜各族自治县和平乡龙脊村
桂林市平乐县张家镇榕津村
钦州市灵山县佛子镇大芦村
玉林市玉州区城北街道高山村
贺州市钟山县回龙镇龙道村
贺州市钟山县石龙镇松桂村
贺州市钟山县燕塘镇玉坡村
贺州市钟山县清塘镇英家村英家街
贺州市富川瑶族自治县朝东镇秀水村
贺州市富川瑶族自治县朝东镇福溪村

海南省（3个）
三亚市崖城镇保平村
文昌市会文镇十八行村
定安县龙湖镇高林村

重庆市（8个）
涪陵区大顺乡大顺村
綦江县东溪镇永乐村
忠县新生镇钟坝村
秀山土家族苗族自治县梅江镇民族村
酉阳土家族苗族自治县酉水河镇河湾村
酉阳土家族苗族自治县酉水河镇后溪村
酉阳土家族苗族自治县苍岭镇大河口村
酉阳土家族苗族自治县南腰界乡南界村

四川省（14个）
攀枝花市仁和区平地镇迤沙拉村
泸州市泸县兆雅镇新溪村
泸州市泸县方洞镇石牌坊村
泸州市叙永县分水镇木格倒苗族村
泸州市古蔺县二郎镇红军街社区
遂宁市射洪县青堤乡光华村
雅安市雨城区上里镇五家村
雅安市石棉县蟹螺藏族乡蟹螺堡子
雅安市宝兴县硗碛乡夹拉村委和平藏寨
巴中市巴州区青木镇黄桷树村
阿坝藏族羌族自治州汶川县雁门乡萝卜寨村
阿坝藏族羌族自治州理县桃坪乡桃坪村
阿坝藏族羌族自治州茂县黑虎乡小河坝村鹰嘴河组
甘孜藏族自治州得荣县子庚乡八子斯热村

贵州省（16个）
遵义市凤冈县绥阳镇玛瑙村
安顺市西秀区大西桥镇鲍屯村
安顺市西秀区七眼桥镇云山村
黔东南苗族侗族自治州黎平县岩洞镇述洞村
黔东南苗族侗族自治州黎平县茅贡乡地扪村
黔东南苗族侗族自治州黎平县肇兴乡肇兴中寨村
黔东南苗族侗族自治州黎平县肇兴乡堂安村

黔东南苗族侗族自治州黎平县肇兴乡肇兴村
黔东南苗族侗族自治州黎平县肇兴镇肇兴上寨村
黔东南苗族侗族自治州榕江县栽麻乡大利村
黔东南苗族侗族自治州从江县下江镇高仟村
黔东南苗族侗族自治州从江县谷坪乡银潭村
黔东南苗族侗族自治州雷山县西江镇控拜村
黔东南苗族侗族自治州雷山县郎德镇上郎德村
黔南布依族苗族自治州三都水族自治县都江镇怎雷村
黔南布依族苗族自治州三都水族自治县拉揽乡排烧村

云南省（38个）

曲靖市罗平县鲁布革布依族苗族乡罗斯村委腊者村
玉溪市元江县青龙厂镇它克村
保山市隆阳区板桥镇板桥村
丽江市古城区金山乡漾西村
丽江市古城区大东乡大东行政村
丽江市玉龙县白沙乡白沙村
丽江市玉龙县石头乡桃园村
丽江市玉龙县宝山乡石头城村
丽江市永胜县期纳镇谷宇村
丽江市永胜县期纳镇清水村
丽江市宁蒗县永宁乡落水村
普洱市思茅区龙潭乡龙潭村南本小组
普洱市墨江县联珠镇碧溪古镇村
普洱市墨江县那哈乡牛红村委勐嘎村
普洱市景东县文井镇清凉村梁家组
普洱市澜沧县酒井哈尼族乡勐根村老达保组
普洱市澜沧县惠民民族乡景迈村糯干组
普洱市澜沧县惠民民族乡芒景村
临沧市临翔区博尚镇碗窑村碗窑组
临沧市临翔区南美乡南美村委会南楞田自然村
临沧市凤庆县鲁史镇鲁史古集村
临沧市沧源县勐角乡翁丁村
楚雄彝族自治州姚安县光禄镇西关村
红河哈尼族彝族自治州建水县西庄镇团山村
红河哈尼族彝族自治州弥勒县西三镇可邑村
红河哈尼族彝族自治州弥勒县西三镇腻黑村
红河哈尼族彝族自治州泸西县永宁乡城子村
文山壮族苗族自治州麻栗坡县董干镇新寨村委城寨村
西双版纳傣族自治州景洪市勐罕镇曼春满村
西双版纳傣族自治州景洪市基诺族乡洛特老寨村
西双版纳傣族自治州勐腊县易武乡十字街村
大理白族自治州大理市喜洲镇喜州村
大理白族自治州祥云县禾甸镇旧邑村
大理白族自治州永平县杉阳镇杉阳村
大理白族自治州云龙县诺邓镇诺邓古村
大理白族自治州云龙县宝丰乡宝丰村
大理白族自治州剑川县金华镇剑川古城
大理白族自治州剑川县沙溪镇寺登村

西藏自治区（2个）

日喀则地区吉隆县吉隆镇帮兴村
林芝地区工布江达县错高乡错高村

陕西省（9个）

铜川市耀州区孙塬镇孙塬村
咸阳市三原县新兴镇柏社村
渭南市合阳县坊镇灵泉村
渭南市澄城县尧头镇尧头村
渭南市富平县城关镇莲湖村
渭南市韩城市西庄镇党家村
榆林市绥德县白家硷乡贺一村
榆林市佳县佳芦镇神泉村
榆林市佳县佳芦镇张庄村

甘肃省（4个）

兰州市西固区河口乡河口村
兰州市永登县连城镇连城村
兰州市榆中县青城镇城河村
天水市麦积区新阳镇胡家大庄村

青海省（15个）

海东地区互助县丹麻镇索卜滩村
海东地区互助县丹麻镇哇麻村
海东地区互助县五十镇北庄村
海东地区互助县五十镇寺滩村
海东地区互助县五十镇土观村
海东地区互助土族自治县五十镇五十村
海东地区互助县东沟乡大庄村
海东地区互助土族自治县红崖子沟乡张家村
海东地区循化县清水乡大庄村

黄南藏族自治州同仁县隆务镇吾屯下庄村
黄南藏族自治州同仁县保安镇城内村
黄南藏族自治州同仁县扎毛乡牙什当村
黄南藏族自治州同仁县曲库乎乡江什加村
黄南藏族自治州同仁县年都乎乡年都乎村
黄南藏族自治州同仁县年都乎乡郭麻日村

宁夏回族自治区（3个）

固原市隆德县奠安乡梁堡村一组
中卫市沙坡头区迎水桥镇北长滩村
中卫市沙坡头区香山乡南长滩村

新疆维吾尔自治区（2个）

吐鲁番地区鄯善县吐峪沟乡麻扎村
伊犁哈萨克自治州特克斯县喀拉达拉镇琼库什台村

住房城乡建设部 文化部 国家文物局关于做好中国传统村落保护项目实施工作的意见

(建村【2014】135号)

各省、自治区、直辖市住房城乡建设厅(建委)、文化厅(局)、文物局,北京市农委:

根据住房城乡建设部、文化部、国家文物局、财政部(以下简称四部局)《关于切实加强中国传统村落保护的指导意见》(建村[2014]61号),为防止出现盲目建设、过度开发、改造失当等修建性破坏现象,积极稳妥推进中国传统村落保护项目的实施,现提出以下意见:

一、做好规划实施准备。各地要按照《城乡规划法》的规定,抓紧做好已通过四部局技术审查的中国传统村落保护发展规划审批工作,批准后的规划成果要及时在政府网站和当地村落公开。规划确定的项目清单,既要有保护方面的内容,也要有建设发展方面的内容,要符合实际、有操作性,让居民得到实惠。项目实施方案要符合规划确定的建设用地规划条件,涉及文物保护单位的,其文物保护方案需经文物部门审定。四部局将适时组织专家现场抽查规划实施准备情况。

二、挂牌保护文化遗产。规划确定的各类保护对象要实行挂牌保护。严禁拆并中国传统村落,破坏各类保护对象。四部局负责统一设计中国传统村落保护形象标志,县级住房城乡建设、文化、文物部门制作中国传统村落和村内各类保护对象的标识牌,在村口和保护对象的显要处挂出。各级文物保护单位、历史建筑按有关法律法规要求作出标志说明、进行挂牌。

三、严格执行乡村建设规划许可制度。中国传统村落各类项目必须符合保护发展规划要求。保护发展规划范围内的建设项目必须严格按照法定程序执行乡村建设规划许可。乡村建设规划许可应根据保护发展规划确定的传统格局、建筑风格、外观形象、建筑材料、色彩等规划条件核发。涉及文物保护单位的保护范围和建设控制地带的建设项目,须依法履行许可程序。对传统格局、历史风貌及其所依存的整体环境造成破坏的建设项目,不得核发乡村建设规划许可。未经许可建设的各类违章建筑应予拆除。

四、确定驻村专家和村级联络员。中国传统村落各类项目的建设要在专家指导下实施。省级住房城乡建设、文化、文物部门要尽快会同县级有关部门确定驻村专家。重要节点和传统建筑的修缮改造方案未经专家签字同意不得实施;已经批准的文物保护单位保护修缮方案,若做重大修改,应按原程序重新报批。驻村专家要在项目实施前期及期间入村督导，每年驻村时间累计不少于2个月。中国传统村落必须指定1名以上村级联络员。村级联络员应为本村常住居民，热心文化遗产保护，能使用计算机、网络、数码相机、手机等工具，负责宣传保护政策、反映项目实施进展等工作。省级住房城乡建设部门汇总驻村专家、村级联络员名单及联系方式报四部局备案。

五、建立本地传统建筑工匠队伍。传统建筑的修缮应采用传统工艺并由传统建筑工匠承担。传统村落所在地的市县要发现并培育本地传统建筑工匠，聘请优秀传统建筑工匠对本地工匠进行培训。整理并保存传统建筑建造过程的完整记录，总结传统建造技术的优缺点，结合现代技术进行改良提升。

六、稳妥开展传统建筑保护修缮。要优先保护村落内濒危的文物保护单位、历史建筑等文化遗产。重要文化遗产核心保护范围内严重影响整体风貌的建筑可适当拆除，新建建筑要在风貌上与原有建筑保持协调一致。核心保护范围外的风貌不协调建筑可适当进行外观改造，不宜大规模拆除。一般性的传统建筑修缮和改造要谨慎推进，每个中国传统村落可先选择1-3处代表性传统建筑（民居）进行示范改造，在保持传统风貌和建筑形式不变的前提下对室内设施进行现代化提升，避免不经试点示范就盲目大规模推进。传统民居的外观改造要运用传统工艺、使用乡土材料。涉及文物保护单位的保护修缮，应符合文物部门的相关规定。

七、加强公共设施和公共环境整治项目管控。各类公共设施建设和公共环境整治项目不得破坏传统格局，要符合传统村落风貌控制要求，符合规划对设施尺度和规模的控制要求，减少不必要的浪费。污水管线、供水管线和电线改造要与道路改造统筹实施，有条件的可以一次性三线入地。有闲置传统建筑可利用时，村落公共服务设施应优先利用闲置传统建筑，不提倡新建博物馆、陈列室、卫生室、超市等公共类项目。要保持村落整体景观节点传统风貌，严禁进行不符合实际的村口改造，不得将大广场、大型游憩设施、大型旅游设施等生硬嫁接到传统村落。

八、严格控制旅游和商业开发项目。旅游、休闲度假等是传统村落保护利用的重要途径，但要坚持适度有序。各地要从村落经济、交通、资源等条件出发，正确处理资源承载力、村民接受度、经济承受度与村落文化遗产保护间的关系，反复论证旅游和商业开发类项目的可行性，反对不顾现实条件一味发展旅游，反对整村开发和过度商业化。已经实施旅游等项目的村落，要加强村落活态保护，严格控制商业开发的面积，尽量避免和减少对原住居民日常生活的干扰，更不得将村民整体或多数迁出由商业企业统一承包经营，不得不加区分地将沿街民居一律改建商铺，要让传统村落见人见物见生活。

九、建立专家巡查督导机制。未来3年传统村落保护项目实施期间，四部局将组织传统村落保护发展专家委员会及工作组专家分片区巡查传统村落各类项目。专家将依据保护发展规划督导各类项目的实施，提出整改意见，并向四部局及时反馈实施和整治工作情况。

十、探索多渠道、多类型的支持措施。各地要积极探索推动补助、无息贷款、贴息贷款等多种方式综合支持传统民居保护和基础设施建设。县级人民政府要整合各类涉农资金向中国传统村落倾斜。积极探索传统民居产权制度改革,支持开展传统民居产权制度改革试点。鼓励本土能人、企业家回乡及相关社会力量通过捐资、投资、租赁等多渠道参与中国传统村落保护。

十一、完善组织和人员保障。传统村落所在的县(市、区)人民政府要明确1名领导挂帅,统筹协调各项工作,整合资源;乡镇人民政府要明确1名具备一定专业知识和素养的领导具体管理实施项目;县(市、区)相关部门要明确1名建筑、规划或文物保护等专业的驻村专家,对项目实施进行技术指导,鼓励建筑、美术、文化遗产保护等专业的大学生、规划师、建筑师等作为志愿者积极参与;传统村落要聘请1名实践经验丰富的带班工匠主持项目实施。

十二、加强项目实施的检查与监督。传统村落保护项目信息将通过中国传统村落保护项目管理信息系统公开。村委会和项目实施主体应及时在村内公开每个项目的信息,包括项目规模、内容、施工方、合同和投资额等信息。项目实施期间,村级联络员要根据项目进展情况,将工程进度节点照片和重大事项照片及时上传到管理信息系统。四部局将通过中国传统村落网站公开举报电话、邮箱和微信平台,接受公众对各类破坏行为的举报。各地要鼓励社会监督,建立明查和暗访制度,对违反保护发展规划的各类建设和开发行为,发现一起处理一起。省级住房城乡建设、文化、文物、财政部门要组织开展年度工作检查,于每年2月底前将上年度传统村落保护项目实施情况报送四部局。

中华人民共和国住房和城乡建设部
中华人民共和国文化部
国家文物局
2014年9月5日

住房城乡建设部等部门关于做好2015年中国传统村落保护工作的通知

(建村【2015】91号)

各省、自治区、直辖市住房城乡建设厅（建委）、文化厅（局）、文物局、财政厅（局）、国土资源厅（局）、农业（农牧、农村经济）厅（局、委），旅游委（局）：

为贯彻落实2015年中央一号文件关于完善传统村落名录和开展传统民居调查、落实传统村落和民居保护规划等要求，做好2015年中国传统村落保护工作，现就有关事宜通知如下：

一、做好中国传统村落纳入中央财政支持范围申请

中央财政支持中国传统村落保护，2015年重点将前两批列入中国传统村落名录、以前年度尚未获得中央财政补助资金的村落纳入支持范围。省级住房城乡建设、文化、文物、财政、国土资源、农业、旅游部门（以下简称省级住房城乡建设等部门）应按照《关于切实加强中国传统村落保护的指导意见》（建村［2014］61号）要求，于2015年7月10日前将申请纳入中央财政支持范围的文件连同村落档案、规划和项目需求表报至住房城乡建设部、文化部、国家文物局、财政部、国土资源部、农业部、国家旅游局（以下简称7部门）。有关项目应在相关资金补助范围内，并经资金管理部门同意。相关资金管理办法有明确要求的，应当同时按要求另行上报。

二、继续开展传统村落补充调查

各地要按照《关于做好2013年传统村落补充调查和推荐上报工作的通知》（建村［2013］20号）要求，继续抓紧开展传统村落补充调查，着重调查前三批中国传统村落名录尚未覆盖的地域和民族，并在传统村落调查信息系统（village.mohurd.gov.cn）登记信息，重点是完善村落全貌、主要街巷、重要传统建筑的照片和文字说明。省级住房城乡建设等部门应于2015年8月底前将拟推荐上报的补充调查村落名单连同村落调查登记表报送7部门。

三、建立地方传统村落名录

省级住房城乡建设等部门要参照《传统村落评价认定指标体系（试行）》（建村［2012］125号），抓紧制定本地区传统村落认定标准，开展省级传统村落评审认定，建立省级传

统村落名录，有条件的市县也要建立市县级传统村落名录，尽快将有一定保护价值、尚未列入中国传统村落名录的村落列入地方传统村落名录。省级住房城乡建设部门要汇总本地区地方传统村落名录及村落基本信息，于每年12月底报送住房城乡建设部。

四、抓好中国传统村落保护项目的实施和日常监管

省级住房城乡建设等部门要按照《关于做好中国传统村落保护项目实施工作的意见》（建村〔2014〕135号），依据已经批准的保护发展规划，做好传统村落保护项目实施工作。要抓紧建立挂牌保护制度，严格执行乡村建设规划许可；尽快指定中国传统村落的省级驻村专家和村级联络人，明确负责项目组织实施的具体责任人，建立传统建筑工匠队伍；完善传统村落保护项目实施管理机制，按照建设项目工程管理、资金管理办法等规定，规范建立项目设计、施工、验收机制。

省级住房城乡建设等部门在分配中央财政资金、落实中央财政补助项目等工作完成后，尽快汇总获中央财政支持村落的项目清单报送住房城乡建设部、文化部、国家文物局、财政部，项目清单包括项目名称、规模、实施内容、中央财政下拨金额等信息。住房城乡建设部将开通中国传统村落保护项目管理信息系统（115.28.77.49），对获得中央财政补助项目实施情况进行日常监管，并为相关部门提供链接平台，各级住房城乡建设部门可从信息系统下载用户名、密码和用户手册，并负责为同级相关部门开通用户。省级住房城乡建设部门统一负责已获中央财政补助项目的信息录入工作。对获得中央财政补助的项目，村级联络人要分别在项目实施前、中、后至少各拍摄一张清晰的照片并上传至项目管理信息系统，有条件的地方村级联络人要在每周和每个重要施工节点对每个项目实施情况各拍摄并上传一次照片，直至项目完成。各级地方住房城乡建设等部门、省级驻村专家要通过项目管理信息系统，了解中央财政补助项目实施情况，对项目实施存在问题及时提出纠正意见，并向7部门报告相关情况。

五、开展中国传统村落保护项目实施情况专项督查

从今年起，住房城乡建设部、文化部、国家文物局、财政部等部门每年将对前一年度获中央财政支持的传统村落保护项目实施情况进行专项督查。省级住房城乡建设等部门应做好自查工作。督查内容主要是管理和技术指导是否有效，项目实施是否符合规划、是否存在建设性破坏、是否起到保护作用，项目设计水平和施工质量如何，以及资金分配和使用管理是否规范等。2015年专项督查有关要求另行通知。

<table>
<tr><td>中华人民共和国住房和城乡建设部</td><td>中华人民共和国文化部国家文物局</td></tr>
<tr><td>中华人民共和国财政部</td><td>中华人民共和国</td></tr>
<tr><td>国土资源部</td><td>中华人民共和国农业部</td></tr>
<tr><td>中华人民共和国国家旅游局</td><td>2015年6月23日</td></tr>
</table>

关于在全省开展"乡村记忆"工程普查的通知

(鲁文【2014】30号)

各市市委宣传部,市文物局、市文广新局:

"乡村记忆"工程是我省为贯彻落实中央和省委关于新型城镇化和新农村建设的部署要求,进一步加强我省城乡建设中文化遗产领域保护的一项重大工程,涉及面广,关注度高,专业性强,持续时间长。为了规范、有序、高质量地完成此项工程,摸清我省具有传统文化特色的乡村数量,加强乡村传统文化遗产的保护和利用,决定在全省范围开展"乡村记忆"工程普查及报送工作,现就有关工作通知如下:

一、普查的目的和意义

"乡村记忆"工程普查的主要目的是为了摸清我省具有传统文化特色乡村遗产的数量、种类、分布、价值及其存在状态等基本信息,为下步"乡村记忆"工程编制保护规划、保护方案提供基础资料,使我省传统乡村文化遗产及其生态环境和社会环境在快速发展的城镇化、新农村建设中得到有效保护,把我省宝贵的乡土传统文化和乡土建筑这些"无形"和"有形"的文化遗产以"真实性、整体性、活态性"的形态保护好、展示好。

自"乡村记忆"工程启动以来,社会各界反映良好,引发了全社会的共鸣。开展"乡村记忆"工程普查工作,不仅能够更好地全面掌握第一手资料,为准确判断"乡村记忆"工程保护形势、科学制定保护政策和规划提供依据,而且能使更多面临迅速消失的乡村文化遗产得到及时发现和切实保护。这对于贯彻落实科学发展观,提高我省文化遗产保护工作的整体水平,全面提升全民文化遗产保护意识,促进经济社会全面、协调和可持续发展,建设经济文化强省,具有十分重要的意义。各地、各有关部门要充分认识"乡村记忆"工程普查工作的重要性、紧迫性和艰巨性,通力协作,密切配合,各司其职,各负其责,广泛动员社会各界和广大人民群众共同关注、积极参与,努力拓展普查的广度和深度,扩大普查的影响范围,将普查工作推向深入。

二、普查的范围和内容

(一)普查的范围。"乡村记忆"工程初步确定主要有四种类型,符合下列四种类型之一的被列为这次普查的范围。

第一,传统乡村文化(风貌)村落、街区。传统乡村文化(风貌)村落、街区应当具有以下特点：1. 有一定的历史悠久性；有一定数量、形成风貌的传统乡土建筑、街区，较完整地体现了特定地域的传统风貌；2. 选址和格局具有显著的地方特色；3. 有一定影响的非物质文化遗产；4. 产生过具有一定影响的历史、现代名人；5. 有独特的农业、手工业遗产和传统技艺。

第二，乡村（社区）博物馆。乡村（社区）博物馆指，生态博物馆：利用传统建筑举办的民俗、工艺、生产生活等展示展览；新型社区专门建设的社区民俗博物馆；乡村建设的非遗展示、体验中心；以个人藏品为主兴建的民俗博物馆；以传统农业产品为主的农业展示体验中心。

第三，传统乡村文化乡镇。包括有三个以上传统乡村文化、传统风貌保留较好的村落、街区或者有三个以上乡村（社区）民俗博物馆即可申报传统乡村文化乡镇。乡镇驻地应当具有环境特点、布局因循自然地理形胜、有地方建筑特色；有保留较好的传统风貌街区；有一处以上乡村（社区）民俗博物馆或非遗展示体验中心，或有当地独特的风俗节庆。

第四，传统民居。在传统村落普查的基础上，列明传统民居的数量以及名称。传统民居包括保存传统风貌较完整的单体民居院落；公布为各级文物保护单位的民居；村落中的公共设施，包括庙宇、祠堂、桥涵、古井、街道、寨门及圩墙等；古树名木；名人故居；单体农业遗产，包括水利设施、围堰、仓储等。

（二）普查的内容。本次普查的主要内容包括"乡村记忆"工程确定的四种类型里面涉及的不可移动的物质文化遗产、可移动的物质文化遗产、非物质文化遗产等。另外普查资料还应包括图书、照片、录音影像资料等。

"乡村记忆"工程普查，要依据上述条件，充分利用全国第三次文物普查、传统村落调查、第一次非物质文化遗产调查、历史文化名村和特色景观旅游名村的申报材料等现有资料，确定需要调查的村落。要积极发动社会团体、学校院所、专家学者等社会各方面力量提供符合条件的村落信息。

三、普查的时间安排

1. 宣传发动阶段（2014年5月）。充分利用各类宣传媒体，大力宣传"乡村记忆"工程普查工作的重要意义，提高广大干部群众的认识，激发广大干部群众的参与热情，营造良好舆论氛围。

2. 实地普查阶段（2014年5月—6月）。宣传发动的同时，即开展实地普查工作。以县域为基本单位，组织专业普查人员逐个民居、逐个村落、逐个街区、逐个乡镇进行实地勘察，收集相关资料，核实有关信息。工作中要确保不遗漏、全覆盖，确保摸清家底。

3. 整理上报阶段（2014年6月—9月）。各市要组织专业人员，对收集上报的资料，认真进行梳理，整理编辑，科学分类，按通知要求整理，9月底前完成上报工作。

4. 检查验收阶段（2014年9月—10月）。检查按照县自查、市复查、省抽查的方式进行。同时省里派出专家组，逐市对"乡村记忆"工程普查工作进行验收。

5. 总结公布阶段（2014年11月）。汇总"乡村记忆"工程普查数据、建设"乡村记忆"工程普查数据库、公布"乡村记忆"工程普查成果、进行工作总结。

四、"乡村记忆"工程推荐、申报、认定、公布

1. 2014年6月底前，完成推荐第一批"乡村记忆"名镇、名村、名街和"乡村记忆"博物馆的申报、认定、公布。

2. 2014年10月底，推荐第二批"乡村记忆"名镇、名村、名街和"乡村记忆"博物馆的申报、认定、公布。

3. "乡村记忆"工程普查登记表同时作为推荐文件的附件。

五、普查的组织和实施

普查工作在省九部门组成的"乡村记忆"工程联席会议领导下进行。联席会议将不定期召开会议，听取工作汇报，安排部署工作，协调解决重大问题。联席会议办公室设在省文物局，办公室负责编制全省"乡村记忆"工程普查工作简报、制定具体的技术标准，做好日常工作的组织协调。"乡村记忆"工程专家组负责普查技术、认定、评估等工作。市、县要按照统一部署，切实加强对普查工作的领导和组织，成立相应议事协调机构和相应的专家咨询指导机构。普查以县域为单位，应抽调专业强、素质高的专业人员组成普查组，确保普查取得实效。

六、普查的经费

各市、县要安排专门工作经费，确保普查工作顺利进行。省里采取以奖代补的方式给予一定补助。

附件：1. "乡村记忆"工程普查登记表
      2. "乡村记忆"工程普查登记表著录说明

中共山东省委宣传部 山东省文物局
2014年5月30日

附件1:"乡村记忆"工程普查登记表

编号:

"乡村记忆"工程普查登记表

名　称
市
县（区、市）
调查人（签字）_____日期
审定人（签字）_____日期
抽查人（签字）_____日期

山东省文物局"乡村记忆"工程办公室　制

"乡村记忆"工程普查登记表

名称					
地址及位置					
面积	分布范围面积	公顷	重点保护区面积	公顷	
	建筑占地面积	公顷	风貌协调区面积	公顷	
类别	○传统文化乡镇　○传统文化村落（街区）　○传统民居　○乡村博物馆				
保存状况	现状评估	○完好　　　○较好　　　○一般			
	现状描述				
历史沿革					
环境状况	自然环境				
	人文环境				

"乡村记忆"工程普查登记表

基本情况概述		
空间形态与建筑格局描述		
特色内涵	主要构成内容	
	传统文化、传统工艺	
存在的问题		
价值评估		

"乡村记忆"工程普查登记表

	序号	名称	版本	保存人	存放地	
重要的历史文献						
保护、研究与利用情况						
保护机构与保障机制						
普查组建议						
审核意见						
抽查结论						

图纸编号：

图纸册页

序　号：

名　称			
图　号		比　例	
绘制人		绘制时间	

照片册页

序　号:

名　称		照片号		底片号	
摄影者		拍摄时间		拍摄方位	
文字说明					

"乡村记忆"工程普查汇总表

序号	名称	类别	年代	地址及位置	保护级别	普查登记表编号	

附件2："乡村记忆"工程普查登记表著录说明

"乡村记忆"工程普查登记表著录说明

1 适用范围

1.1 本填表说明适用于《"乡村记忆"工程普查登记表》的填写。每一处传统文化乡镇、村落、街区、民居、博物馆填写一份登记表。

1.2 本填表说明适用于传统文化乡镇、村落、街区、民居、博物馆。

2 封面

2.1 编号

地市行政区划代码（4位数字）+类别（1位数字）+乡村文化遗产点顺序号（4位数字）。用阿拉伯数字表示，中间以分隔符号"-"隔开。

示例：3701-1-0001

地市行政区划代码：参照GBT2260-2002《中华人民共和国行政区划代码》。类别：传统文化乡镇为1；传统文化村落为2；传统文化街区为3；传统民居为4；乡村博物馆为5。乡村文化遗产点顺序号：地市行政区划内的乡村文化遗产点的顺序号，从0001起依次标注，不得有空号。

3 登记表

3.1 名称

普查按以下标准定名：

3.1.1 传统文化乡镇：市、县（市、区）名+乡（镇）名或市名+区名+镇名

示例1：蒙阴县垛庄

示例2：泰安市岱岳区大汶口

3.1.2 传统文化村落：市、县（市、区）+村名或市名+区名+村名

示例1：章丘市朱家峪

示例2：淄博市周村区李家疃

3.1.3 传统文化街区：市、县（市、区）+街名或市名+区名+街名

示例1：青州市昭德古街

示例2：聊城市阳谷县七级运河

3.1.4 传统民居：市、县（市、区）+最小行政区域名或村名+古建筑群

示例1：临沭县朱村传统民居

示例2：烟台市孟格庄传统民居

3.2 地址及位置：省+设区市+县（市、区）+乡镇（街道）+村（街、巷）

3.3　面积

3.3.1　分布面积

填写传统文化乡镇、村落、街区、民居、博物馆的分布范围面积。

3.3.2　建筑占地面积

文物建筑、历史建构筑物、遗址遗存的占地面积的总和；院落建筑以围墙范围面积计；单体建筑以台基面积计；遗址遗存以分布面积计。

3.3.3　重点保护区面积：

填写保护规划确定的重点保护区面积；尚未编制保护规划的采用GPS航迹法测定的核心区域面积。

3.3.4　风貌协调区面积：

填写保护规划确定的传统风貌协调区面积；尚未编制保护规划的采用GPS航迹法测定的历史建成区面积。

3.4　类别

单选，选项画"√"或填黑。

3.5　保存状况

3.5.1　现状评估

单选，选项画"√"或填黑。

完好：空间形态、建筑格局完整，地形地貌及街巷格局保持原貌；新建筑少于15%，且体量、高度、风格、色彩与历史风貌、自然环境相协调；

较好：空间形态、建筑格局较完整，地形地貌及街巷格局基本保持原貌；新建筑少于30%，且体量、高度、风格、色彩与历史风貌、自然环境基本协调；

一般：地形地貌及街巷格局有一定程度的改变，仍能反映原有的格局与功能，未造成实质性破坏；新建筑少于50%，且体量、高度、风格、色彩未对历史风貌、自然环境产生严重影响；

3.5.2　现状描述

传统文化乡镇、村落、街区、民居、博物馆的传统格局、历史风貌保存状况的概括性描述。

3.6　历史沿革

填写传统文化乡镇、村落、街区、民居、博物馆的形成和发展状况、行政区划变迁沿革、重要的历史事件、历史名人等内容。

3.7　环境状况

3.7.1　自然环境

对气候、地貌、地质、水文、植被、土壤、特殊自然景观等情况的择要描述。

3.7.2　人文环境

对居民状况、产业状况、交通状况、重要人文景等情况的择要描述。

3.8 空间形态与建筑格局描述

由地形地貌、山体水系自然环境与传统街道结构、建筑构成的，具有地方文化特色的古镇、古村落的物质空间环境体系；传统商业建筑群体、与之配套的公共设施、街道陈设等构成的业态功能体系；历史传统建筑在空间布局方面的合理性和居住模式的适用性。

3.9 特色内涵

3.9.1 主要构成内容

乡村文化遗产：寺院、祠庙、祠堂、府第、宅院、书院、会馆、桥梁、塔幢、戏台、寨墙、园林、亭榭、驿道、牌坊、古井、名人故居、风景名胜、摩崖石刻、水利设施、文化景观（村口、水口等）、传统作坊和店铺遗存、重要历史事件发生地；古树名木等。

3.9.2 传统文化、传统工艺

填写具有地方特色的名人典故、传统工艺、传统手工业、地方戏剧、民风民俗、节庆习俗、特色物产、传统小吃、独特的生产生活方式等内容。

3.10 存在的问题

传统文化乡镇、村落、街区、民居、博物馆保护、管理、利用方面存在的现实问题和实际困难。

3.11 价值评估

从格局、风貌的真实性、完整性和物质、非物质文化遗产的特殊性及地域文化的独特性方面简要评价。

3.12 重要的历史文献

有关乡土历史、文化的方志、族谱等文献的版本、保存人、存放地点。

3.13 保护、研究与利用情况

传统文化乡镇、村落、街区、民居、博物馆规划、保护规划、维修工程、研究成果、开放展示情况。

3.14 保护机构与保障措施

保护管理机构及人员、规章制度建设和资金保障情况。

3.15 普查组建议

对传统文化乡镇、村落、街区、民居、博物馆的保护、管理和合理使用等提出具体建议。

3.16 审核意见

由审核人或审核机构填写基本意见

3.17 抽查结论

由抽查人或抽查机构填写结论意见

3.18 图纸

电子文档图纸可插入图纸册页；纸质文档图纸扫描后插入图纸册页。图签参照《第三次全国文物普查不可移动文物登记表》图纸册页填写规则。

3.19 区位图

在地形图上标明传统文化乡镇、村落、街区、民居、博物馆位置及周边山川、村庄、道路和永久性建筑物的名称。

3.20 照片册页

3.20.1 附传统文化乡镇、村落、街区、民居、博物馆的全景鸟瞰、重要建构筑物和文化景观的照片。每张照片册页收载一张照片。照片以JPG格式（分辨率大于500万像素）插入照片册页。

3.20.2 照片序号

每张照片一个号，用阿拉伯数字从001起依次标注。

3.21 "乡村记忆"工程普查汇总表

传统文化乡镇、村落、街区、民居、博物馆内并已普查登记的不可移动遗产点的汇总。

3.21.1 序号

一处不可移动遗产点一个号，用阿拉伯数字从001起依次标注。

3.21.2 名称

按"乡村记忆"工程普查登记表的名称说明填写。

3.21.3 类别

按传统文化乡镇、村落（街区）、民居、博物馆四类。

3.21.4 类型

按不可移动遗产点的实际类型填写。

3.21.5 地址及位置

详细填写不可移动遗产点所在市、县、乡（镇）、村（街、巷）的名称及与某一参照点（居民点或山川）的相对位置和距离。

3.21.6 保护级别

按国家重点文物保护单位、省级文物保护单位、市级文物保护单位、县级文物保护单位、三普新发现文物点5种类型填写。

3.21.7 普查登记表编号

按"乡村记忆"工程普查登记表编号填写。

关于实施"乡村记忆工程"的通知

(鲁文发【2014】61号)

各市委宣传部、精神文明建设委员会办公室、发展和改革委员会、财政局、住房和城乡建设局、农业局、文广新局、旅游局、文物局,省直有关单位:

为贯彻落实中央和省委关于新型城镇化和新农村建设的部署要求,加强城乡建设中的文化遗产保护,强化乡镇基层公共文化服务体系建设,推进经济文化强省建设,经研究决定,从2014年起,在全省实施"乡村记忆工程"。现将有关工作通知如下:

一、实施"乡村记忆"工程的紧迫性、必要性和文化创新意义

中央城镇化工作会议指出,"城镇建设,要实事求是确定城市定位,科学规划和务实行动,避免走弯路;要体现尊重自然、顺应自然、天人合一的理念,依托现有山水脉络等独特风光,让城市融入大自然,让居民望得见山、看得见水、记得住乡愁;要融入现代元素,更要保护和弘扬传统优秀文化,延续城市历史文脉;要融入让群众生活更舒适的理念,体现在每一个细节中"。

近年来,随着经济社会的快速发展,我省城市建设、城镇化建设和新农村建设日新月异,城乡面貌和人民生活环境得到了极大改善。不少地方在城乡建设中,注重经济与文化的协调发展,历史文化遗产得到有效保护和合理利用。但在有些地方,特别是广大农村地区,片面追求城镇化和新农村建设速度,忽略了历史文化遗产的保护与传承,致使大量乡土传统文化遭受破坏、走向消亡的速度甚至在加快。有的地方一味追求现代、美观、整齐,对传统社区、乡村完全拆除,或者对古建筑、古民居进行大面积"改造",不仅造成了城乡建设"千城一面、千村一面"的后果,更为严重的是使历史文化村镇传统的建筑风貌、淳朴的人文环境等遭到了不同程度的破坏;许多具有民族和地域特色、尚未列入文物保护单位的传统建筑、民居、街巷、祠堂、园林等被大面积毁坏,造成了无可挽回的损失;一些珍贵的乡土传统文化遗产,包括有形及无形文化遗产如乡土建筑、街区遗产、农业遗产、农业生产劳作工艺、服饰、民间风俗礼仪、节庆习俗等,面临着瓦解、消亡的危险。而乡土传统文化体系一旦毁坏,就会使世世代代传承的历史文化积淀和精神家园消失,造成文化发展脉络的断层,这种巨大的文化损失是永久的、无法弥补的。如何使文化遗产及其生态环境和社会环境在快速发展的城镇化、新农村建设中得到有效保护,如何将宝贵的乡土传统文化和乡土建筑这些"无形"和"有形"的文化遗产以"真实性、整体性、活态性"的形态保护好、展示好,是新形势下赋予我

们的历史责任。

实施"乡村记忆工程",对于调动全社会保护文化遗产的积极性,推动文化遗产的有效保护和传承发展,建设中华民族共有精神家园,增强民族自信心和凝聚力,继承弘扬优秀传统文化,延续齐鲁文化命脉,提高文化创新能力,促进经济文化强省建设,具有十分重要的现实意义。

(一)是保护齐鲁传统文化遗产模式的创新尝试。齐鲁文化历史悠久、内涵丰富,在不同地域间有着风格迥异、丰富多样的生活传统、劳作传承、民间习俗、宗教信仰、建筑风格等,乡土传统文化遗产的存量丰富,保护传承意义重大。"乡村记忆工程"的核心理念,就是通过民俗生态博物馆、乡村(社区)博物馆建设,在文化的原生地有效地保护有形和无形文化遗产,整体展示、宣传、保护和传承当地优秀文化遗产,是保护和弘扬齐鲁传统文化、建设人民群众精神家园的有效途径。

(二)是提高新型城镇化和新农村建设水平的重要举措。城乡建设中文化遗产保护是一个全新课题,保护范畴除了已经各级政府公布的文物保护单位外,还包括大批具有人文、历史、建筑价值的文化遗产,此外还有未探明的地上和地下文物。"乡村记忆工程"从实际出发,顺应文化遗产丰富地区城乡建设的迫切需要,把保护和传承传统文化遗产融入城乡建设过程中,打造乡村、社区的传统文化遗产保护平台,是延续乡村历史文脉、不断丰富城镇化和新农村建设的内涵和成效的有力举措。

(三)是推动地方经济文化协调发展的有效途径。民俗生态博物馆、乡村(社区)博物馆建设,在实施过程中坚持以人为本,充分发挥当地政府、学者和居民的积极性,因地制宜保护和利用当地文化遗产,提升本地区知名度,以此为契机发展文化产业和旅游,促进文化、自然资源优势转化为地方经济文化优势,从而推动当地社会、经济和文化协调健康发展。

二、实施"乡村记忆工程"的指导思想及原则

(一)指导思想。按照全面、协调、可持续的科学发展观要求,坚持政府主导、公众参与,坚持保护文化和发展经济并重;突出强调保护和保存遗产的真实性、完整性和原生性,并利用这些独特资源积极推进城镇化建设的进程;正确处理人与自然、人与社会的关系,满足人们日益发展的文化需求,推动乡村、社区居民生活质量的提高。

(二)建设原则。"乡村(社区)自主、专家指导、政府扶持";引导、支持和鼓励社会力量参与;乡村(社区)居民是民俗生态博物馆、乡村(社区)博物馆的主要参与者、管理者和受益者。

三、"乡村记忆工程"的内涵及基本任务

"乡村记忆工程"是"记得住乡愁"、"留得住乡情"的载体工程,是广大人民群众在新型城镇化建设过程中故土寻根、寄托乡情的"活化记忆",是爱国主义教育、"四德"教育的有益补充和延伸,是对历史街区、传统民居院落等物质文化遗产和生产、生

活民俗等非物质文化遗产原生态的保护。即根据不同地区传统文化资源情况及现实条件，充分利用既有文化遗产予以保护和利用，重点在文化遗产和传统乡土建筑富集、保存基础条件较好、文化底蕴深厚的乡村和社区，因地制宜建设民俗生态博物馆、社区博物馆、乡村博物馆，收集和展览富有地域特色、活态文化特色和群体记忆的文化遗产，包括乡土建筑、街区遗产、农业遗产、农业生产劳作工艺、服饰、民间风俗礼仪、节庆习俗等，实现对文化遗产的整体性和真实性保护。

（一）保护、征集、整理和展示有地方特色的自然生态，历史建筑和构筑物，传统生产生活用品、生产方式、风俗习惯、传承人口述史等物质和非物质文化遗产。加强文化遗产的抢救性记录工作，建立档案和相关数据库。

（二）充分发挥民俗生态博物馆、乡村（社区）博物馆的社会功能，以"民俗馆"、"乡情展"的形式，全面记录乡村的沿革、变迁。鼓励和支持传承人、其他文化遗产持有人依托博物馆建设开展传承、传播活动。致力于唤起当地民众传统文化遗产保护意识，形成保护历史文化生态、历史文化遗产的良好社会氛围，在乡村（社区）传统文化博物馆与居民之间形成一种良好的互动关系。

（三）科学宣传民俗生态博物馆、乡村（社区）博物馆的理念，重视民众的参与，培养社区居民的生态文化价值观，提高农民的生态文化素质，引导当地农民开展和参与农业生产活动之外的文化产业等各项经济与社会活动，在不影响文化遗产及其环境风貌和传统价值的情况下，努力丰富、改善和提高当地居民的生活水平。

（四）强化文化展示传播功能，开展相关文化遗产调查研究，搜集物质和非物质文化遗产资料、信息，利用博物馆展示手段向外界宣传，提高资源价值和利用率，向遗产保护的专业化、博物馆化方向发展。

四、实施"乡村记忆工程"工作步骤

（一）调研阶段。2014年一季度，以市为单位对传统村落、街区和散存的重要民居进行调研摸底，掌握全省准确现实情况。

（二）编制实施方案。在完成调研的基础上，完成"乡村记忆工程"实施方案编制论证工作，明确建设标准、工作流程、立项评估、过程指导、建成验收等具体环节。

（三）选择示范点。2014上半年，分别选取部分遗产资源保存丰富、具有代表性的城镇、村、居共20个左右作为试点单位，取得经验后向全省推广。

（四）组织实施、验收评估。2014年下半年，全面开展建设工作。年底前完成第一批试点社区（乡村）博物馆的改造布展工作。按照成熟一个验收一个的原则，组织专项验收小组对申报竣工的试点单位进行验收，试点单位基本完成验收后，名单向社会公布。

（五）全面推广。试点建设工作完成后，在全省推广实施。

五、实施"乡村记忆工程"的保障措施

（一）建立"乡村记忆工程"推进协调机制。由省委宣传部、省文物局牵头，建立定

期研究"工程"推进过程中需要解决的问题,省文明办、省发改委、省财政厅、省住建厅、省农业厅、省文化厅、省旅游局为成员单位的联席会议制度。办公室设在省文物局。

成立专家咨询小组,聘请有关专家为"乡村记忆工程"顾问。

(二)资金保障。"乡村记忆工程"本着不新建馆舍,利用乡土建筑进行改造布展的原则,因地制宜,建设民俗生态博物馆、乡村(社区)博物馆。建筑本体的保护维修结合当地的城镇化建设规划,以市县财政为主负担。省级结合公共文化服务体系建设等专项资金对试点单位给予补助,由试点单位统筹用于生产、生活用具及民俗展品的收集、展览的布置等基本条件建设。同时,"乡村记忆工程"要根据工作内容,分别纳入各级宣传文化、公共文化服务体系建设、文物保护、小城镇建设、历史文化名城名镇名村保护、乡村旅游及农业相关补助项目。

对建成后正常对外开放的博物馆,通过管理绩效评估,市、县(区)级财政对其日常管理运行给予积极支持。

(三)绩效考核。此项工程建设纳入"乡村文明建设行动"考核指标内容,列入单位考核重要内容。

(四)专项立法。协调相关部门,推动"乡村记忆工程"成果保护的专项立法,开展立法调研的各项工作。

(五)媒体宣传。在电视、网络等媒体开辟专栏,进行集中宣传,调动民众的积极性,教育各级干部树立新的正确政绩观,采取综合措施,以此项工程建设为抓手,有效推进新型城镇化建设。

中共山东省委宣传部　　山东省精神文明建设委员会办公室
山东省发展和改革委员会　　山东省财政厅
山东省住房和城乡建设厅　　山东省农业厅
山东省文化厅　　山东省旅游局
山东省文物局
2014年2月7日

中共山东省委 山东省人民政府关于改进和完善城乡规划工作的意见

(鲁发【2015】7号)

为深入贯彻落实党的十八大、十八届三中、四中全会和中央城镇化工作会议精神，改进和完善城乡规划工作，促进我省新型城镇化健康发展，现提出如下意见。

一、总体要求

1. 基本原则。坚持以人为本，统筹城乡公共服务和市政基础设施建设，推进基本服务全覆盖，改善居民生产生活环境。坚持优化布局，科学规划城乡空间格局，节约集约利用土地，优化城镇功能分区和用地布局。坚持绿色发展，保护自然生态环境，推广绿色低碳的生产生活方式，推进绿色建筑、绿色生态城区建设。坚持文化传承，处理好传统与现代、继承与发展的关系，推动城乡建设更好地体现地域特征、民族特色和时代风貌。坚持依法规划，依据规范标准编制规划，按照法定程序审批规划，依照法律法规实施规划。

2. 工作目标。到2020年，全面完成新一轮市、县（市）城市总体规划和镇总体规划修编，市、县（市）和镇控制性详细规划覆盖率达到100%，基本完成乡、村庄规划编制；城乡规划实施符合率达到90%以上，市、县（市）总体规划遥感监测覆盖率达到100%，实现城乡规划集中统一管理，全面建立科学编制、依法实施、严格监管的现代化城乡规划体系。

二、科学编制规划

3. 提高规划前瞻性。市、县（市）城市总体规划和镇总体规划应根据自然禀赋、人文积淀、区位条件、经济社会发展前景等，合理确定城镇规模，科学定位城镇职能，划定发展边界，并按照城镇化发展到成熟期的城镇人口数量，对城镇远景规模、空间布局等长远发展作出预测性、前瞻性的安排。城镇内部功能分区应符合生产空间集约高效、生活空间宜居适度、生态空间山清水秀的总体要求。引导小城镇集中紧凑发展，促进大城市组团式发展。优化用地布局，降低工业用地比例，提高居住用地、生态用地比例。生活居住用地可与一类工业用地、一类物流仓储用地等适度混合，促进居民就近就地就业。控制性详细规划应合理确定各类用地容积率管控指标，适当降低居住用地开发强度，实行容积率上限管理；提高工业、商业用地开发强度，实行容积率下限管理。加强各类规划的衔接协调，推进城乡规划与经济社会发展、主体功能区建设、国土资源利用、生态环境保护等规划"多规合一"，做好试点工作。

4. 增强规划时效性。根据当前经济社会发展需求，及时做好各类城乡规划的编制和审批工作。尽快启动新一轮市、县（市）城市总体规划修编工作，规划远期年限统一至2030年。结合"十三五"经济社会发展规划，同步编制近期建设规划，对近期重点开发建设区域、项目和时序作出安排，促进成片开发、集中建设。推进控制性详细规划全覆盖，市、县（市）应于2018年年底前实现控制性详细规划全覆盖，建制镇应于2020年年底前实现控制性详细规划全覆盖，并完成报批备案。根据需要适时开展综合交通、商业网点、养老服务、综治维稳、社区管理、公共文化、人民防空、防震减灾、环境保护、绿色发展、水系统、旅游等专项规划编制，并纳入市、县（市）城市总体规划和镇总体规划，落实到控制性详细规划。各市、县（市）要于2016年年底前编制完成工业区综合整治规划，统筹考虑城市内部布局和周边城市的关系，科学确定各类工业项目选址，并按标准设置防护隔离带，保护好城乡资源环境。

5. 严格执行法规标准。按照城乡规划法、山东省城乡规划条例和城市规划编制办法等规范城乡规划相关内容，合理确定城市用地规模，提高建设用地开发强度、投资强度和环境效益，市、县（市）和镇人均新增建设用地标准分别不超过100平方米、110平方米、120平方米，促进土地节约集约利用。规范城市道路和广场建设，各地要按照国家规定标准对各类已建和在建的广场、道路建设项目进行清理整改，今后凡不符合市、县（市）城市总体规划和镇总体规划、不符合规定标准和所在城市实际的，一律不予批准，杜绝建设不切实际的宽马路、大广场等项目。落实城市道路交通规划设计有关规范，适当增加城区路网密度，建设完善的人行道系统和非机动车路线，打通"断头路"，打开封闭街区和单位大院，现有道路路口间距超过1000米的应加设人行横道、过街天桥或地下通道等设施；在人流量大的商业区、主干路，过街设施的间距宜为250至300米。大城市要开展轨道交通规划工作，预留轨道交通用地。落实城市公共停车场和建设项目配建停车位设置规范，增加公共停车设施，足额配置停车泊位。统筹规划建设外环路，将过境交通引出城区，逐步解决国道、省道穿城问题。强化城乡安全防护，严格按照有关规范编制地下管线特别是油气管道设施布局专项规划，到2020年全面完成毗邻生活区危险企业的搬迁工作。落实抗震设防标准，按照不低于建筑所在地抗震设防烈度等级进行设计、施工。地震活动断层区、地质灾害频发区要适度提高抗震设防标准；学校、幼儿园、医院等公益性建筑要提高一档抗震设防标准进行建设；农民自建住宅要采取圈梁、构造柱、现浇楼面等必要的抗震构造措施，提升建筑抗震能力。科学规划配置社区商业网点，新建社区（含保障性住房、棚改和旧改小区）商业和综合服务设施建筑面积占社区总建筑面积的比例不低于10%；做好居住区绿地规划建设，新居住区绿地率不低于30%，旧居住区改建绿地率不低于25%。

6. 彰显城乡风貌特色。把握地域、民族和时代三个核心要素，加强城乡地域文化研究，挖掘提炼齐鲁文化资源，在城乡规划建设中延续历史文脉。加强规划引导，研究制定城市形态、城市轮廓、建筑景观与色彩、标识系统、文化符号等要素规划导则，开展城市重要地区、主要街道和大型公共建筑群的城市设计。旧城、旧村改造要保护历史格局和传统风貌，引入现代功能；新城、新村建设要融合地域特征，体现时代风貌，防止千城一面、千村一面。加强绿线（城市绿地）、蓝线（地表水体）、黄线（基础设施）、紫线（历史文化）空间管制，保护绿地、水系、基础设施用地和历史文化遗产。改进建筑设计、方案论证、审批等工作环节，完善决策和评估机制，坚决纠正贪大、媚洋、求怪等乱象，建成一批风貌环境协调、彰显地方文化特色的精品工程。

三、严格规划实施

7. 规范规划许可行为。除区域性重大基础设施、公共服务设施等建设项目外，城乡规划主管部门不得在规划建设用地范围外作出规划许可，国土资源部门不得办理供地手续。各地要按照城乡规划和土地利用总体规划确定的用地范围进行土地储备、整理和招标拍卖挂牌，收储土地时应由城乡规划主管部门提出规划意见，申请出具规划条件的界址图必须与城乡规划地块范围一致，防止零星建设。

8. 严格规划修改程序。市、县（市）城市总体规划和镇总体规划以及市、县（市）、镇控制性详细规划批复后，要依法做好备案工作。城乡规划一经批准，必须严格执行，确需修改的，必须依据法定程序进行。修改城市总体规划应依法对实施情况进行评估，并经原审批机关同意。各市、县（市）原则上每2年组织一次城市总体规划实施评估，国务院审批总体规划的城市评估成果报住房城乡建设部备案，其他市、县（市）评估成果报省政府备案，省城乡规划主管部门不定期进行检查通报。修改近期建设规划涉及总体规划强制性内容的，应当先依法修改总体规划，不得通过修改近期建设规划变相修改总体规划。修改详细规划应征求规划地段内利害关系人意见，经论证后报原审批机关批准。

9. 强化开发区规划管理。严禁突破城乡规划和土地利用总体规划设立各类开发区和新城（区），坚决杜绝圈占土地等闲置浪费现象，及时调整工业用地集约利用控制标准，不断提高工业用地开发强度和投资强度。对山东半岛蓝色经济区、黄河三角洲高效生态经济区、省会城市群经济圈、西部经济隆起带内，超出法定规划建设用地范围、未占耕地的已建开发区和新城（区），在纳入市、县（市）城市总体规划或镇总体规划，并控制在合理用地规模的前提下，按照专家论证和省直有关部门联合审查意见整改到位后，依法给予法定地位。

10. 加强历史文化遗产保护。历史文化名城要于2015年年底前成立保护委员会，编制完成保护规划，确定历史文化街区，划定保护紫线；历史文化街区、名镇、名村要尽快编制保护规划，制定保护措施。各地要依法加强全国重点文物保护单位，省级、市级和县级文物保护单位的保护和管理，对历史优秀建筑和传统村落登记造册、归档管理、挂牌保护。遴选一批具有重要科学、文化、历史价值的近现代和当代建筑，列入历史优秀建筑名录和"乡村记忆"工程名录，保留城乡发展记忆。积极推进国家级、省级文化生态保护实验区建设,加强非物质文化遗产展示等场所建设。

11. 开发利用城市地下空间。建立健全城市地下空间开发利用协调机制,强化城乡规划主管部门对地下空间开发利用项目的规划管理。开展城市地下空间开发利用数据信息收集整理和地下管线普查,市、县(市)应分别于2015年、2018年年底前完成管网信息管理系统建设。各地要成立地下空间(管道)运营公司,负责地下空间建设、管理和运营。新区建设、旧城改造和道路新(改、扩)建,应在重要地段和管线密集区建设地下综合管廊,力争到2020年全省地下综合管廊达到800公里以上。

四、强化规划监管

12. 完善规划法规体系。研究制定山东省城镇体系规划实施办法,依法为省域城镇体系规划和省会城市群经济圈、西部经济隆起带等区域性规划和区域协调发展提供保障。加快制定山东省乡村建设规划许可证管理办法、山东省违法建设查处条例、山东省历史优秀建筑保护办法等,修订完善山东省历史文化名城保护条例、山东省各类开发区规划管理办法等,健全城乡规划法规体系。各设区市要适时做好地方立法工作,制定出台城乡规划编制、管理、监督等配套规定。

13. 深入推行"阳光规划"。全面实施规划委员会制度,重大城乡规划事项未经城乡规划委员会审议通过,不得批准。落实《关于城乡规划公开公示的规定》,依法公开公示城乡规划编制、修改、规划许可、违法建设查处等信息,接受公众监督,加强廉政风险防控。依法需公开公示的规划信息应通过现场展示、新闻媒体、听证论证等多渠道予以公开,同时必须在政府网站及时发布,做到可查询、可追溯。大力推进城乡规划数字信息平台建设,逐步实行规划网上审批,促进城乡规划工作公开、民主、高效、规范、廉洁。

14. 加大规划督察力度。2015年年底前,向所有市、县(市)派驻城乡规划督察员,对规划"四线"等强制性内容实施情况以及敏感区域、重大项目审批和执行情况进行监督检查。推广运用卫星遥感和地理信息系统,实行规划动态监管。省城乡规划主管部门研究建立违反城乡规划重点案件核查和挂牌督办制度,定期开展执法检查,严肃查处擅自修改规划、违规干预规划等行为,对规划实施中问题突出的市、县(市)政府主要领导和分管领导进行约谈。

15. 严肃违规责任追究。实行城乡规划决策终身负责制,对党委、政府及有关部门违反规划的行为,除予以纠正外,要按照干部管理权限和《城乡规划违法违纪行为处分办法》等有关规定,对负有责任的领导和直接责任人员给予党纪、政纪处分,涉嫌犯罪的移送司法机关依法追究刑事责任。城乡规划主管部门违反有关规定作出行政许可的,上级城乡规划主管部门有权责令撤销或者直接撤销。城乡规划主管部门应依法给予行政处罚而未处罚的,上级城乡规划主管部门有权责令其作出行政处罚决定。

五、加强组织领导

16. 明确主体职责。做好规划工作,是各级党委、政府的重要职责。各级党委、政府要总揽全局，统筹兼顾，把城乡规划工作摆上重要日程，及时研究解决重大问题。地方政府主要领导要对城乡规划负总责。各级政府及其城乡规划主管部门应当对城乡规划编制、审批、实施、修改等实行动态监管，纳入新型城镇化发展考核。加强地方人大对规划实施的监督检查，将规划实施情况纳入地方党政领导干部考核和离任审计。

17. 健全工作机制。设区市要探索建立城市总规划师制度，对各类城乡规划编制审批和重大建设项目决策进行技术把关。加强城乡规划集中统一管理，每个市、县（市）各设一个城乡规划主管部门，擅自下放规划管理权的必须于2015年年底前纠正到位。设区市要充实规划管理和专业技术人员，强化规划编研单位职能，为政府决策和规划审批提供技术支撑；县（市）要加强城乡规划管理队伍建设，乡镇、街道办事处要配合县（市）城乡规划主管部门做好规划实施和监管工作。推行建设项目规划设计方案技术服务咨询制度，实现技术审查与行政审批相分离。理顺城乡规划执法体制，城乡规划主管部门要依法承担城乡规划执法主体责任。各地也可结合实际，创新规划执法管理模式。

18. 加大投入力度。各级政府要将城乡规划编制和管理经费纳入本级财政预算。根据城乡规划工作需要，加大对城市地下综合管廊建设和历史文化名城、名镇、名村保护工作的资金投入，同时要建立完善政府引导、市场运作的资金筹措机制，大力推广政府和社会资本合作等方式，广泛吸引社会资本参与。

19. 加强人才交流培训。建立党政领导干部培训制度，对主要领导及分管领导进行轮训，切实提高各级领导干部对城乡规划工作的领导能力和管理水平。加大对规划工作人员的培训力度，定期举办规划研讨班。建立规划管理人员和规划编制人员双向交流制度，选派规划管理人员到规划编制单位锻炼，选派优秀规划编制人员到规划管理部门学习。

中共山东省委员会
山东省人民政府
2015年7月8日

山东省人民政府办公厅关于促进非国有博物馆发展的意见

（鲁政办发【2015】22号）

各市人民政府，各县（市、区）人民政府，省政府各部门、各直属机构，各大企业，各高等院校：

非国有博物馆是指以教育、研究和欣赏为目的，收藏、保护并向公众展示人类活动和自然环境的见证物，由社会力量利用或主要利用非国有文物、标本、资料等资产设立，经登记管理机关依法登记的非营利组织。非国有博物馆是博物馆公共文化服务体系建设的重要组成部分，促进非国有博物馆发展，对于保护、利用和传承优秀传统文化，保障人民群众基本文化权益，推进经济文化强省建设具有十分重要的意义。为促进全省非国有博物馆快速健康发展，根据《博物馆条例》（国务院令第659号），经省政府同意，现提出以下意见。

一、总体要求

（一）指导思想。

深入贯彻落实党的十八大和十八届二中、三中、四中全会精神，学习贯彻习近平总书记关于文物保护重要论述，按照经济文化强省建设的总体部署，切实解决制约非国有博物馆发展的瓶颈问题，促进非国有博物馆快速健康发展，为完善博物馆公共文化服务体系、弘扬传承中华优秀传统文化、践行社会主义核心价值观作出积极贡献。

（二）基本原则。

1. 加大扶持。在设立条件、提供社会服务、规范管理、职称评定、财税扶持政策等方面，公平对待非国有和国有博物馆。加大政策支持力度，采取切实保障措施，着力解决突出问题。

2. 规范引导。按照国务院令第659号等法律、法规和规定，加强规范管理，突出公益性质，引导非国有博物馆提升业务运行质量和社会服务水平。

（三）发展目标。

到2020年，在全省建立起类别多样、主体多元、特色鲜明的博物馆体系，非国有博物馆数量达到300家，运行质量和社会服务水平显著提升，在公共文化服务体系中的作用更加凸显。

二、主要任务

（一）提高办馆质量。

1. 规范藏品管理。强化非国有博物馆藏品管理基础性工作，规范藏品尤其是文物藏品的保护、利用和管理。严格依法执行博物馆运行及终止时的藏品处置程序。

2. 完善运行机制。完善法人治理结构，建立健全理事会等组织管理制度。加强非国有博物馆行业组织建设，通过馆际交流等形式，实现资源共享、优势互补、合作共赢。

3. 提升业务水平。通过开展绩效考核、评估定级、对口支援等方式，不断提升非国有博物馆各项业务的规范化、专业化水平。

（二）提升服务水平。

1. 扩大免费开放。扩大非国有博物馆免费开放范围，坚持贴近实际、贴近生活、贴近群众的原则，充分发挥非国有博物馆在丰富人民群众精神文化生活中的重要作用。

2. 提升展览质量。推动建立陈列展览"策展人"制度，鼓励和支持非国有博物馆举办突出藏品特色、行业特性和区域特点的原创性、主题性展览，扩大陈列展览的影响力和传播力。

3. 拓展服务领域。支持非国有博物馆根据自身特点、条件，开展形式多样、生动活泼的社会教育和服务活动，参与社区文化建设和对外文化交流与合作。

（三）打造特色非国有博物馆。

鼓励和优先扶持设立体现行业特点和地域文化特色，填补博物馆门类空白，特别是致力于抢救濒危文化遗产的非国有博物馆。积极创造条件，在全省集中打造50家左右特色非国有博物馆。结合实施"乡村记忆"工程，在文化遗产和传统乡土建筑富集、保存基础条件较好、文化底蕴深厚的乡村和社区，因地制宜建设包括乡村（社区）博物馆、民俗生态博物馆在内的"乡村记忆"博物馆。

三、保障措施

（一）加强组织领导。

县级以上政府要将非国有博物馆建设纳入当地经济社会发展规划和公共文化服务体系建设规划。县级以上政府文物主管部门负责本行政区域的非国有博物馆监督管理工作。要充分发挥各级文物保护委员会的作用，统筹协调解决非国有博物馆发展中的重大问题。各级发展改革、教育、科技、民政、财政、人力资源社会保障、国土资源、住房城乡建设、文化、文物、税务、旅游、物价等部门要根据各自职责，在教育功能发挥、科研活动、考核评优、表彰奖励、人员培训、合作交流、评估定级、政府政策信息服务、价格政策等方面，赋予非国有博物馆与现有国有博物馆同等待遇，共同促进非国有博物馆发展。

（二）加强建设扶持。

1. 对符合国家《划拨用地目录》规定的非国有博物馆的建设用地，经县级以上政府批准,可以通过划拨方式供地。以划拨方式取得土地使用权的非国有博物馆,不得擅自改变其土地性质和用途,不得以划拨土地使用权抵押。非国有博物馆因故终止的,其用地由国家收回后继续作为博物馆建设用地。

2. 鼓励和支持利用闲置房产、历史建筑、名人故居、商业老字号、工业遗产以及传统乡土建筑等作为馆舍设立非国有博物馆。

3. 对已有建筑物确需改建为非国有博物馆,其用地符合土地利用规划和城市规划的,按照国家和省有关规定,经依法批准后可以变更土地用途。

4. 鼓励各地采取公建民营、民办公助、政府购买服务、免息贴息贷款等多种方式,引导和支持社会力量参与非国有博物馆建设。

(三)加大资金扶持。

1. 省财政统筹博物馆免费开放资金和宣传文化发展专项资金等资金,扶持、激励非国有博物馆发展。凡在我省依法设立、正常运行满1年且向社会免费开放的非国有博物馆,经绩效考核合格,每馆给予一次性资金奖励。绩效考核和奖励具体办法由省文物部门会同财政部门另行制定。

2. 县级以上政府对向公众免费开放的博物馆给予一定的经费支持。鼓励有条件的市、县(市、区)为非国有博物馆在建设、运行等方面提供资金扶持。

(四)落实税费减免等优惠政策。

1. 非国有博物馆举办文化活动的门票收入,开展文化传播公益性活动产生的非营利性收入,依法享受税收免征或优惠。

2. 鼓励企业、事业单位、社会团体及个人向非国有博物馆提供捐赠或以其他形式提供资助,捐赠人依法享受税收优惠。

3. 鼓励、支持非国有博物馆依托藏品、展览等研发推广博物馆衍生产品,与文化创意、旅游等产业相结合,多渠道筹措资金,增强自我发展能力。

山东省人民政府办公厅
2015年5月13日

第二篇
法规篇

文物保护工程管理办法

(中华人民共和国文化部令第26号)

第一章 总 则

第一条 为进一步加强文物保护工程的管理,根据《中华人民共和国文物保护法》和《中华人民共和国建筑法》的有关规定,制定本办法。

第二条 本办法所称文物保护工程,是指对核定为文物保护单位的和其他具有文物价值的古文化遗址、古墓葬、古建筑、石窟寺和石刻、近现代重要史迹及代表性建筑、壁画等不可移动文物进行的保护工程。

第三条 文物保护工程必须遵守不改变文物原状的原则,全面地保存、延续文物的真实历史信息和价值;按照国际、国内公认的准则,保护文物本体及与之相关的历史、人文和自然环境。

第四条 文物保护单位应当制定专项的总体保护规划,文物保护工程应当依据批准的规划进行。

第五条 文物保护工程分为:保养维护工程、抢险加固工程、修缮工程、保护性设施建设工程、迁移工程等。

(一)保养维护工程,系指针对文物的轻微损害所作的日常性、季节性的养护。

(二)抢险加固工程,系指文物突发严重危险时,由于时间、技术、经费等条件的限制,不能进行彻底修缮而对文物采取具有可逆性的临时抢险加固措施的工程。

(三)修缮工程,系指为保护文物本体所必需的结构加固处理和维修,包括结合结构加固而进行的局部复原工程。

(四)保护性设施建设工程,系指为保护文物而附加安全防护设施的工程。

(五)迁移工程,系指因保护工作特别需要,并无其他更为有效的手段时所采取的将文物整体或局部搬迁、异地保护的工程。

第六条 国家文物局负责全国文物保护工程的管理,并组织制定文物保护工程的相关规范、标准和定额。

第七条 具有法人资格的文物管理或使用单位,包括经国家批准,使用文物保护单位的机关、团体、部队、学校、宗教组织和其他企事业单位,为文物保护工程的业主单位。

第八条 承担文物保护工程的勘察、设计、施工、监理单位必须具有国家文物局认定的文物保护工程资质。资质认定办法和分级标准由国家文物局另行制定。

第九条　文物保护工程管理主要指立项、勘察设计、施工、监理及验收管理。

第二章　立项与勘察设计

第十条　文物保护工程按照文物保护单位级别实行分级管理，并按以下规定履行报批程序：

（一）全国重点文物保护单位保护工程，以省、自治区、直辖市文物行政部门为申报机关，国家文物局为审批机关。

（二）省、自治区、直辖市级文物保护单位保护工程以文物所在地的市、县级文物行政部门为申报机关，省、自治区、直辖市文物行政部门为审批机关。

市县级文物保护单位及未核定为文物保护单位的不可移动文物的保护工程的申报机关、审批机关由省级文物行政部门确定。

第十一条　保养维护工程由文物使用单位列入每年的工作计划和经费预算，并报省、自治区、直辖市文物行政部门备案。

抢险加固工程、修缮工程、保护性设施建设工程的立项与勘察设计方案按本办法第十条的规定履行报批程序。抢险加固工程中确因情况紧急需要即刻实施的，可在实施的同时补报。迁移工程按《中华人民共和国文物保护法》第二十条的规定获得批准后，按本办法第十条的规定报批勘察设计方案。

第十二条　因特殊情况需要在原址重建已经全部毁坏的不可移动文物的，按《中华人民共和国文物保护法》第二十二条的规定获得批准后，按本办法第十条的规定报批勘察设计方案。

第十三条　工程项目的立项申报资料包括以下内容：

（一）工程业主单位及上级主管部门名称；

（二）拟立项目名称、地点，文物保护单位级别、时代，保护范围与建设控制地带的划定、公布与执行情况；

（三）保护工程必要性与实施可能性的技术文件与形象资料录像或照片；

（四）经费估算、来源及计划工期安排；

（五）拟聘请的勘察设计单位名称及资信。

第十四条　已立项的文物保护工程应当申报勘察、方案设计和施工技术设计文件。重大工程要在方案获得批准后，再进行技术设计。

第十五条　勘察和方案设计文件包括：

（一）反映文物历史状况、固有特征和损害情况的勘察报告、实测图、照片；

（二）保护工程方案、设计图及相关技术文件；

（三）工程设计概算；

（四）必要时应提供考古勘探发掘资料、材料试验报告书、环境污染情况报告书、工程地质和水文地质资料及勘探报告。

第十六条　施工技术设计文件包括：

（一）施工图；
（二）设计说明书；
（三）施工图预算；
（四）相关材料试验报告及检测鉴定结果。

第三章 施工、监理与验收

第十七条 文物保护工程中的修缮工程、保护性设施建设工程和迁移工程实行招投标和工程监理。

第十八条 重要文物保护工程按本办法第十条规定的程序报批招标文件及拟选用的施工单位。

第十九条 文物保护工程必须遵守国家有关施工的法律、法规和规章、规范，购置的工程材料应当符合文物保护工程质量的要求。施工单位应当严格按照设计文件的要求进行施工，其工作程序为：

（一）依据设计文件，编制施工方案；
（二）施工人员进场前要接受文物保护相关知识的培训；
（三）按文物保护工程的要求作好施工记录和施工统计文件，收集有关文物资料；
（四）进行质量自检，对工程的隐蔽部分必须与业主单位、设计单位、监理单位共同检验并做好记录；
（五）提交竣工资料；
（六）按合同约定负责保修，保修期限自竣工验收之日起计算，除保养维护、抢险加固工程以外，不少于五年。

第二十条 施工过程中如发现新的文物、有关资料或其他影响文物保护的重大问题，要立即记录，保护现场，并经原申报机关向原审批机关报告，请示处理办法。

第二十一条 施工过程中如需变更或补充已批准的技术设计，由工程业主单位、设计单位和施工单位共同现场洽商，并报原申报机关备案；如需变更已批准的工程项目或方案设计中的重要内容，必须经原申报机关报审批机关批准。

第二十二条 文物保护工程应当按工序分阶段验收。重大工程告一段落时，项目的审批机关应当组织或者委托有关单位进行阶段验收。

第二十三条 工程竣工后，由业主单位会同设计单位、施工单位、监理单位对工程质量进行验评，并提交工程总结报告、竣工报告、竣工图纸、财务决算书及说明等资料，经原申报机关初验合格后报审批机关。项目的审批机关视工程项目的实际情况成立验收小组或者委托有关单位，组织竣工验收。

第二十四条 对工程验收中发现的质量问题，由业主单位及时组织整改。

第二十五条 文物保护工程的业主单位、勘察设计单位、施工单位、申报机关和审批机关应当建立有关工程行政、技术和财务文件的档案管理制度。所有工程资料应当立卷存档并归入文物保护单位记录档案。

重要工程应当在验收后三年内发表技术报告。

第四章 奖励与处罚

第二十六条 文物保护工程设立优秀工程奖，具体办法由国家文物局制定。

第二十七条 违反本办法，或对文物造成破坏的，按《中华人民共和国文物保护法》及国务院有关规定处罚。

第五章 附 则

第二十八条 非国有不可移动文物的保护维修，参照执行本办法。

第二十九条 以前发布的规章与本办法相抵触的，以本办法的规定为准。

第三十条 本办法自2003年5月1日起施行。

中华人民共和国城乡规划法

(中华人民共和国第十届全国人民代表大会常务委员会第三十次会议于2007年10月28日通过)

第一章 总 则

第一条 为了加强城乡规划管理，协调城乡空间布局，改善人居环境，促进城乡经济社会全面协调可持续发展，制定本法。

第二条 制定和实施城乡规划，在规划区内进行建设活动，必须遵守本法。

本法所称城乡规划，包括城镇体系规划、城市规划、镇规划、乡规划和村庄规划。城市规划、镇规划分为总体规划和详细规划。详细规划分为控制性详细规划和修建性详细规划。

本法所称规划区，是指城市、镇和村庄的建成区以及因城乡建设和发展需要，必须实行规划控制的区域。规划区的具体范围由有关人民政府在组织编制的城市总体规划、镇总体规划、乡规划和村庄规划中，根据城乡经济社会发展水平和统筹城乡发展的需要划定。

第三条 城市和镇应当依照本法制定城市规划和镇规划。城市、镇规划区内的建设活动应当符合规划要求。

县级以上地方人民政府根据本地农村经济社会发展水平，按照因地制宜、切实可行的原则，确定应当制定乡规划、村庄规划的区域。在确定区域内的乡、村庄，应当依照本法制定规划，规划区内的乡、村庄建设应当符合规划要求。

县级以上地方人民政府鼓励、指导前款规定以外的区域的乡、村庄制定和实施乡规划、村庄规划。

第四条 制定和实施城乡规划，应当遵循城乡统筹、合理布局、节约土地、集约发展和先规划后建设的原则，改善生态环境，促进资源、能源节约和综合利用，保护耕地等自然资源和历史文化遗产，保持地方特色、民族特色和传统风貌，防止污染和其他公害，并符合区域人口发展、国防建设、防灾减灾和公共卫生、公共安全的需要。

在规划区内进行建设活动，应当遵守土地管理、自然资源和环境保护等法律、法规的规定。

县级以上地方人民政府应当根据当地经济社会发展的实际，在城市总体规划、镇总体规划中合理确定城市、镇的发展规模、步骤和建设标准。

第五条 城市总体规划、镇总体规划以及乡规划和村庄规划的编制，应当依据国民经济和社会发展规划，并与土地利用总体规划相衔接。

第六条 各级人民政府应当将城乡规划的编制和管理经费纳入本级财政预算。

第七条 经依法批准的城乡规划，是城乡建设和规划管理的依据，未经法定程序不得修改。

第八条 城乡规划组织编制机关应当及时公布经依法批准的城乡规划。但是，法律、行政法规规定不得公开的内容除外。

第九条 任何单位和个人都应当遵守经依法批准并公布的城乡规划，服从规划管理，并有权就涉及其利害关系的建设活动是否符合规划的要求向城乡规划主管部门查询。

任何单位和个人都有权向城乡规划主管部门或者其他有关部门举报或者控告违反城乡规划的行为。城乡规划主管部门或者其他有关部门对举报或者控告，应当及时受理并组织核查、处理。

第十条 国家鼓励采用先进的科学技术，增强城乡规划的科学性，提高城乡规划实施及监督管理的效能。

第十一条 国务院城乡规划主管部门负责全国的城乡规划管理工作。

县级以上地方人民政府城乡规划主管部门负责本行政区域内的城乡规划管理工作。

第二章 城乡规划的制定

第十二条 国务院城乡规划主管部门会同国务院有关部门组织编制全国城镇体系规划，用于指导省域城镇体系规划、城市总体规划的编制。

全国城镇体系规划由国务院城乡规划主管部门报国务院审批。

第十三条 省、自治区人民政府组织编制省域城镇体系规划，报国务院审批。

省域城镇体系规划的内容应当包括：城镇空间布局和规模控制，重大基础设施的布局，为保护生态环境、资源等需要严格控制的区域。

第十四条 城市人民政府组织编制城市总体规划。

直辖市的城市总体规划由直辖市人民政府报国务院审批。省、自治区人民政府所在地的城市以及国务院确定的城市的总体规划，由省、自治区人民政府审查同意后，报国务院审批。其他城市的总体规划，由城市人民政府报省、自治区人民政府审批。

第十五条 县人民政府组织编制县人民政府所在地镇的总体规划，报上一级人民政府审批。其他镇的总体规划由镇人民政府组织编制，报上一级人民政府审批。

第十六条 省、自治区人民政府组织编制的省域城镇体系规划，城市、县人民政府组织编制的总体规划，在报上一级人民政府审批前，应当先经本级人民代表大会常务委员会审议，常务委员会组成人员的审议意见交由本级人民政府研究处理。

镇人民政府组织编制的镇总体规划，在报上一级人民政府审批前，应当先经镇人民代表大会审议，代表的审议意见交由本级人民政府研究处理。

规划的组织编制机关报送审批省域城镇体系规划、城市总体规划或者镇总体规划，应当将本级人民代表大会常务委员会组成人员或者镇人民代表大会代表的审议意见和根据审议意见修改规划的情况一并报送。

第十七条 城市总体规划、镇总体规划的内容应当包括：城市、镇的发展布局，功能分区，用地布局，综合交通体系，禁止、限制和适宜建设的地域范围，各类专项规划等。

规划区范围、规划区内建设用地规模、基础设施和公共服务设施用地、水源地和水系、基本农田和绿化用地、环境保护、自然与历史文化遗产保护以及防灾减灾等内容，应当作为城市总体规划、镇总体规划的强制性内容。

城市总体规划、镇总体规划的规划期限一般为二十年。城市总体规划还应当对城市更长远的发展作出预测性安排。

第十八条 乡规划、村庄规划应当从农村实际出发，尊重村民意愿，体现地方和农村特色。

乡规划、村庄规划的内容应当包括：规划区范围，住宅、道路、供水、排水、供电、垃圾收集、畜禽养殖场所等农村生产、生活服务设施、公益事业等各项建设的用地布局、建设要求，以及对耕地等自然资源和历史文化遗产保护、防灾减灾等的具体安排。乡规划还应当包括本行政区域内的村庄发展布局。

第十九条 城市人民政府城乡规划主管部门根据城市总体规划的要求，组织编制城市的控制性详细规划，经本级人民政府批准后，报本级人民代表大会常务委员会和上一级人民政府备案。

第二十条 镇人民政府根据镇总体规划的要求，组织编制镇的控制性详细规划，报上一级人民政府审批。县人民政府所在地镇的控制性详细规划，由县人民政府城乡规划主管部门根据镇总体规划的要求组织编制，经县人民政府批准后，报本级人民代表大会常务委员会和上一级人民政府备案。

第二十一条 城市、县人民政府城乡规划主管部门和镇人民政府可以组织编制重要地块的修建性详细规划。修建性详细规划应当符合控制性详细规划。

第二十二条 乡、镇人民政府组织编制乡规划、村庄规划，报上一级人民政府审批。村庄规划在报送审批前，应当经村民会议或者村民代表会议讨论同意。

第二十三条 首都的总体规划、详细规划应当统筹考虑中央国家机关用地布局和空间安排的需要。

第二十四条 城乡规划组织编制机关应当委托具有相应资质等级的单位承担城乡规划的具体编制工作。

从事城乡规划编制工作应当具备下列条件，并经国务院城乡规划主管部门或者省、自治区、直辖市人民政府城乡规划主管部门依法审查合格，取得相应等级的资质证书后，方可在资质等级许可的范围内从事城乡规划编制工作：（一）有法人资格；（二）有规定数量的经国务院城乡规划主管部门注册的规划师；（三）有规定数量的相关专业技术人员；（四）有相应的技术装备；（五）有健全的技术、质量、财务管理制度。

规划师执业资格管理办法，由国务院城乡规划主管部门会同国务院人事行政部门制定。

编制城乡规划必须遵守国家有关标准。

第二十五条 编制城乡规划，应当具备国家规定的勘察、测绘、气象、地震、水文、环境等基础资料。

县级以上地方人民政府有关主管部门应当根据编制城乡规划的需要，及时提供有关基础资料。

第二十六条 城乡规划报送审批前，组织编制机关应当依法将城乡规划草案予以公告，并采取论证会、听证会或者其他方式征求专家和公众的意见。公告的时间不得少于三十日。

组织编制机关应当充分考虑专家和公众的意见，并在报送审批的材料中附具意见采纳情况及理由。

第二十七条 省域城镇体系规划、城市总体规划、镇总体规划批准前，审批机关应当组织专家和有关部门进行审查。

第三章 城乡规划的实施

第二十八条 地方各级人民政府应当根据当地经济社会发展水平，量力而行，尊重群众意愿，有计划、分步骤地组织实施城乡规划。

第二十九条 城市的建设和发展，应当优先安排基础设施以及公共服务设施的建设，妥善处理新区开发与旧区改建的关系，统筹兼顾进城务工人员生活和周边农村经济社会发展、村民生产与生活的需要。

镇的建设和发展，应当结合农村经济社会发展和产业结构调整，优先安排供水、排水、供电、供气、道路、通信、广播电视等基础设施和学校、卫生院、文化站、幼儿园、福利院等公共服务设施的建设，为周边农村提供服务。

乡、村庄的建设和发展，应当因地制宜、节约用地，发挥村民自治组织的作用，引导村民合理进行建设，改善农村生产、生活条件。

第三十条 城市新区的开发和建设，应当合理确定建设规模和时序，充分利用现有市政基础设施和公共服务设施，严格保护自然资源和生态环境，体现地方特色。

在城市总体规划、镇总体规划确定的建设用地范围以外，不得设立各类开发区和城市新区。

第三十一条 旧城区的改建，应当保护历史文化遗产和传统风貌，合理确定拆迁和建设规模，有计划地对危房集中、基础设施落后等地段进行改建。

历史文化名城、名镇、名村的保护以及受保护建筑物的维护和使用，应当遵守有关法律、行政法规和国务院的规定。

第三十二条 城乡建设和发展，应当依法保护和合理利用风景名胜资源，统筹安排风景名胜区及周边乡、镇、村庄的建设。

风景名胜区的规划、建设和管理，应当遵守有关法律、行政法规和国务院的规定。

第三十三条 城市地下空间的开发和利用，应当与经济和技术发展水平相适应，遵循统筹安排、综合开发、合理利用的原则，充分考虑防灾减灾、人民防空和通信等需要，并符合城市规划，履行规划审批手续。

第三十四条 城市、县、镇人民政府应当根据城市总体规划、镇总体规划、土地利用总体规划和年度计划以及国民经济和社会发展规划，制定近期建设规划，报总体规划审批机关备案。

近期建设规划应当以重要基础设施、公共服务设施和中低收入居民住房建设以及生态环境保护为重点内容，明确近期建设的时序、发展方向和空间布局。近期建设规划的规划期限为五年。

第三十五条 城乡规划确定的铁路、公路、港口、机场、道路、绿地、输配电设施及输电线路走廊、通信设施、广播电视设施、管道设施、河道、水库、水源地、自然保护区、防汛通道、消防通道、核电站、垃圾填埋场及焚烧厂、污水处理厂和公共服务设施的用地以及其他需要依法保护的用地，禁止擅自改变用途。

第三十六条 按照国家规定需要有关部门批准或者核准的建设项目，以划拨方式提供国有土地使用权的，建设单位在报送有关部门批准或者核准前，应当向城乡规划主管部门申请核发选址意见书。

前款规定以外的建设项目不需要申请选址意见书。

第三十七条 在城市、镇规划区内以划拨方式提供国有土地使用权的建设项目，经有关部门批准、核准、备案后，建设单位应当向城市、县人民政府城乡规划主管部门提出建设用地规划许可申请，由城市、县人民政府城乡规划主管部门依据控制性详细规划核定建设用地的位置、面积、允许建设的范围，核发建设用地规划许可证。

建设单位在取得建设用地规划许可证后，方可向县级以上地方人民政府土地主管部门申请用地，经县级以上人民政府审批后，由土地主管部门划拨土地。

第三十八条 在城市、镇规划区内以出让方式提供国有土地使用权的，在国有土地使用权出让前，城市、县人民政府城乡规划主管部门应当依据控制性详细规划，提出出让地块的位置、使用性质、开发强度等规划条件，作为国有土地使用权出让合同的组成部分。未确定规划条件的地块，不得出让国有土地使用权。

以出让方式取得国有土地使用权的建设项目，在签订国有土地使用权出让合同后，建设单位应当持建设项目的批准、核准、备案文件和国有土地使用权出让合同，向城市、县人民政府城乡规划主管部门领取建设用地规划许可证。

城市、县人民政府城乡规划主管部门不得在建设用地规划许可证中，擅自改变作为国有土地使用权出让合同组成部分的规划条件。

第三十九条 规划条件未纳入国有土地使用权出让合同的，该国有土地使用权出让合同无效；对未取得建设用地规划许可证的建设单位批准用地的，由县级以上人民政府撤销有关批准文件；占用土地的，应当及时退回；给当事人造成损失的，应当依法给予赔偿。

第四十条 在城市、镇规划区内进行建筑物、构筑物、道路、管线和其他工程建设的，建设单位或者个人应当向城市、县人民政府城乡规划主管部门或者省、自治区、直辖市人民政府确定的镇人民政府申请办理建设工程规划许可证。

申请办理建设工程规划许可证，应当提交使用土地的有关证明文件、建设工程设计方案等材料。需要建设单位编制修建性详细规划的建设项目，还应当提交修建性详细规划。对符合控制性详细规划和规划条件的，由城市、县人民政府城乡规划主管部门或者省、自治区、直辖市人民政府确定的镇人民政府核发建设工程规划许可证。

城市、县人民政府城乡规划主管部门或者省、自治区、直辖市人民政府确定的镇人民政府应当依法将经审定的修建性详细规划、建设工程设计方案的总平面图予以公布。

第四十一条 在乡、村庄规划区内进行乡镇企业、乡村公共设施和公益事业建设的，建设单位或者个人应当向乡、镇人民政府提出申请，由乡、镇人民政府报城市、县人民政府城乡规划主管部门核发乡村建设规划许可证。

在乡、村庄规划区内使用原有宅基地进行农村村民住宅建设的规划管理办法，由省、自治区、直辖市制定。

在乡、村庄规划区内进行乡镇企业、乡村公共设施和公益事业建设以及农村村民住宅建设，不得占用农用地；确需占用农用地的，应当依照《中华人民共和国土地管理法》有关规定办理农用地转用审批手续后，由城市、县人民政府城乡规划主管部门核发乡村建设规划许可证。

建设单位或者个人在取得乡村建设规划许可证后，方可办理用地审批手续。

第四十二条 城乡规划主管部门不得在城乡规划确定的建设用地范围以外作出规划许可。

第四十三条 建设单位应当按照规划条件进行建设；确需变更的，必须向城市、县人民政府城乡规划主管部门提出申请。变更内容不符合控制性详细规划的，城乡规划主管部门不得批准。城市、县人民政府城乡规划主管部门应当及时将依法变更后的规划条件通报同级土地主管部门并公示。

建设单位应当及时将依法变更后的规划条件报有关人民政府土地主管部门备案。

第四十四条 在城市、镇规划区内进行临时建设的，应当经城市、县人民政府城乡规划主管部门批准。临时建设影响近期建设规划或者控制性详细规划的实施以及交通、市容、安全等的，不得批准。

临时建设应当在批准的使用期限内自行拆除。

临时建设和临时用地规划管理的具体办法，由省、自治区、直辖市人民政府制定。

第四十五条 县级以上地方人民政府城乡规划主管部门按照国务院规定对建设工程是否符合规划条件予以核实。未经核实或者经核实不符合规划条件的，建设单位不得组织竣工验收。

建设单位应当在竣工验收后六个月内向城乡规划主管部门报送有关竣工验收资料。

第四章　城乡规划的修改

第四十六条 省域城镇体系规划、城市总体规划、镇总体规划的组织编制机关，应当组织有关部门和专家定期对规划实施情况进行评估，并采取论证会、听证会或者其他方式征求公众意见。组织编制机关应当向本级人民代表大会常务委员会、镇人民代表大会和原审批机关提出评估报告并附具征求意见的情况。

第四十七条 有下列情形之一的，组织编制机关方可按照规定的权限和程序修改省域城镇体系规划、城市总体规划、镇总体规划：

（一）上级人民政府制定的城乡规划发生变更，提出修改规划要求的；

（二）行政区划调整确需修改规划的；

（三）因国务院批准重大建设工程确需修改规划的；

（四）经评估确需修改规划的；

（五）城乡规划的审批机关认为应当修改规划的其他情形。

修改省域城镇体系规划、城市总体规划、镇总体规划前，组织编制机关应当对原规划的实施情况进行总结，并向原审批机关报告；修改涉及城市总体规划、镇总体规划强制性内容的，应当先向原审批机关提出专题报告，经同意后，方可编制修改方案。

修改后的省域城镇体系规划、城市总体规划、镇总体规划，应当依照本法第十三条、第十四条、第十五条和第十六条规定的审批程序报批。

第四十八条 修改控制性详细规划的，组织编制机关应当对修改的必要性进行论证，征求规划地段内利害关系人的意见，并向原审批机关提出专题报告，经原审批机关同意后，方可编制修改方案。修改后的控制性详细规划，应当依照本法第十九条、第二十条规定的审批程序报批。控制性详细规划修改涉及城市总体规划、镇总体规划的强制性内容的，应当先修改总体规划。

修改乡规划、村庄规划的，应当依照本法第二十二条规定的审批程序报批。

第四十九条 城市、县、镇人民政府修改近期建设规划的，应当将修改后的近期建设规划报总体规划审批机关备案。

第五十条 在选址意见书、建设用地规划许可证、建设工程规划许可证或者乡村建设规划许可证发放后，因依法修改城乡规划给被许可人合法权益造成损失的，应当依法给予补偿。

经依法审定的修建性详细规划、建设工程设计方案的总平面图不得随意修改；确需修改的，城乡规划主管部门应当采取听证会等形式，听取利害关系人的意见；因修改给利害关系人合法权益造成损失的，应当依法给予补偿。

第五章　监督检查

第五十一条 县级以上人民政府及其城乡规划主管部门应当加强对城乡规划编制、审批、实施、修改的监督检查。

第五十二条 地方各级人民政府应当向本级人民代表大会常务委员会或者乡、镇人民代表大会报告城乡规划的实施情况，并接受监督。

第五十三条 县级以上人民政府城乡规划主管部门对城乡规划的实施情况进行监督检查，有权采取以下措施：（一）要求有关单位和人员提供与监督事项有关的文件、资料，并进行复制；（二）要求有关单位和人员就监督事项涉及的问题作出解释和说明，并根据需要进入现场进行勘测；（三）责令有关单位和人员停止违反有关城乡规划的法律、法规的行为。

城乡规划主管部门的工作人员履行前款规定的监督检查职责，应当出示执法证件。被监督检查的单位和人员应当予以配合，不得妨碍和阻挠依法进行的监督检查活动。

第五十四条 监督检查情况和处理结果应当依法公开，供公众查阅和监督。

第五十五条 城乡规划主管部门在查处违反本法规定的行为时，发现国家机关工作人员依法应当给予行政处分的，应当向其任免机关或者监察机关提出处分建议。

第五十六条 依照本法规定应当给予行政处罚，而有关城乡规划主管部门不给予行政处罚的，上级人民政府城乡规划主管部门有权责令其作出行政处罚决定或者建议有关人民政府责令其给予行政处罚。

第五十七条 城乡规划主管部门违反本法规定作出行政许可的，上级人民政府城乡规划主管部门有权责令其撤销或者直接撤销该行政许可。因撤销行政许可给当事人合法权益造成损失的，应当依法给予赔偿。

第六章 法律责任

第五十八条 对依法应当编制城乡规划而未组织编制，或者未按法定程序编制、审批、修改城乡规划的，由上级人民政府责令改正，通报批评；对有关人民政府负责人和其他直接责任人员依法给予处分。

第五十九条 城乡规划组织编制机关委托不具有相应资质等级的单位编制城乡规划的，由上级人民政府责令改正，通报批评；对有关人民政府负责人和其他直接责任人员依法给予处分。

第六十条 镇人民政府或者县级以上人民政府城乡规划主管部门有下列行为之一的，由本级人民政府、上级人民政府城乡规划主管部门或者监察机关依据职权责令改正，通报批评；对直接负责的主管人员和其他直接责任人员依法给予处分：

（一）未依法组织编制城市的控制性详细规划、县人民政府所在地镇的控制性详细规划的；

（二）超越职权或者对不符合法定条件的申请人核发选址意见书、建设用地规划许可证、建设工程规划许可证、乡村建设规划许可证的；

（三）对符合法定条件的申请人未在法定期限内核发选址意见书、建设用地规划许可证、建设工程规划许可证、乡村建设规划许可证的；

（四）未依法对经审定的修建性详细规划、建设工程设计方案的总平面图予以公布的；

（五）同意修改修建性详细规划、建设工程设计方案的总平面图前未采取听证会等形式听取利害关系人的意见的；

（六）发现未依法取得规划许可或者违反规划许可的规定在规划区内进行建设的行为，而不予查处或者接到举报后不依法处理的。

第六十一条　县级以上人民政府有关部门有下列行为之一的，由本级人民政府或者上级人民政府有关部门责令改正，通报批评；对直接负责的主管人员和其他直接责任人员依法给予处分：（一）对未依法取得选址意见书的建设项目核发建设项目批准文件的；（二）未依法在国有土地使用权出让合同中确定规划条件或者改变国有土地使用权出让合同中依法确定的规划条件的；（三）对未依法取得建设用地规划许可证的建设单位划拨国有土地使用权的。

第六十二条　城乡规划编制单位有下列行为之一的，由所在地城市、县人民政府城乡规划主管部门责令限期改正，处合同约定的规划编制费一倍以上二倍以下的罚款；情节严重的，责令停业整顿，由原发证机关降低资质等级或者吊销资质证书；造成损失的，依法承担赔偿责任：（一）超越资质等级许可的范围承揽城乡规划编制工作的；（二）违反国家有关标准编制城乡规划的。

未依法取得资质证书承揽城乡规划编制工作的，由县级以上地方人民政府城乡规划主管部门责令停止违法行为，依照前款规定处以罚款；造成损失的，依法承担赔偿责任。

以欺骗手段取得资质证书承揽城乡规划编制工作的，由原发证机关吊销资质证书，依照本条第一款规定处以罚款；造成损失的，依法承担赔偿责任。

第六十三条　城乡规划编制单位取得资质证书后，不再符合相应的资质条件的，由原发证机关责令限期改正；逾期不改正的，降低资质等级或者吊销资质证书。

第六十四条　未取得建设工程规划许可证或者未按照建设工程规划许可证的规定进行建设的，由县级以上地方人民政府城乡规划主管部门责令停止建设；尚可采取改正措施消除对规划实施的影响的，限期改正，处建设工程造价百分之五以上百分之十以下的罚款；无法采取改正措施消除影响的，限期拆除，不能拆除的，没收实物或者违法收入，可以并处建设工程造价百分之十以下的罚款。

第六十五条　在乡、村庄规划区内未依法取得乡村建设规划许可证或者未按照乡村建设规划许可证的规定进行建设的，由乡、镇人民政府责令停止建设、限期改正；逾期不改正的，可以拆除。

第六十六条　建设单位或者个人有下列行为之一的，由所在地城市、县人民政府城乡规划主管部门责令限期拆除，可以并处临时建设工程造价一倍以下的罚款：（一）未经批准进行临时建设的；（二）未按照批准内容进行临时建设的；（三）临时建筑物、构筑物超过批准期限不拆除的。

第六十七条　建设单位未在建设工程竣工验收后六个月内向城乡规划主管部门报送有关竣工验收资料的，由所在地城市、县人民政府城乡规划主管部门责令限期补报；

逾期不补报的，处一万元以上五万元以下的罚款。

第六十八条 城乡规划主管部门作出责令停止建设或者限期拆除的决定后，当事人不停止建设或者逾期不拆除的，建设工程所在地县级以上地方人民政府可以责成有关部门采取查封施工现场、强制拆除等措施。

第六十九条 违反本法规定，构成犯罪的，依法追究刑事责任。

第七章 附　则

第七十条 本法自2008年1月1日起施行。《中华人民共和国城市规划法》同时废止。

历史文化名城名镇名村保护条例

（中华人民共和国国务院令第524号）

第一章 总 则

第一条 为了加强历史文化名城、名镇、名村的保护与管理，继承中华民族优秀历史文化遗产，制定本条例。

第二条 历史文化名城、名镇、名村的申报、批准、规划、保护，适用本条例。

第三条 历史文化名城、名镇、名村的保护应当遵循科学规划、严格保护的原则，保持和延续其传统格局和历史风貌，维护历史文化遗产的真实性和完整性，继承和弘扬中华民族优秀传统文化，正确处理经济社会发展和历史文化遗产保护的关系。

第四条 国家对历史文化名城、名镇、名村的保护给予必要的资金支持。历史文化名城、名镇、名村所在地的县级以上地方人民政府，根据本地实际情况安排保护资金，列入本级财政预算。国家鼓励企业、事业单位、社会团体和个人参与历史文化名城、名镇、名村的保护。

第五条 国务院建设主管部门会同国务院文物主管部门负责全国历史文化名城、名镇、名村的保护和监督管理工作。地方各级人民政府负责本行政区域历史文化名城、名镇、名村的保护和监督管理工作。

第六条 县级以上人民政府及其有关部门对在历史文化名城、名镇、名村保护工作中作出突出贡献的单位和个人，按照国家有关规定给予表彰和奖励。

第二章 申报与批准

第七条 具备下列条件的城市、镇、村庄，可以申报历史文化名城、名镇、名村：

（一）保存文物特别丰富；

（二）历史建筑集中成片；

（三）保留着传统格局和历史风貌；

（四）历史上曾经作为政治、经济、文化、交通中心或者军事要地，或者发生过重要历史事件，或者其传统产业、历史上建设的重大工程对本地区的发展产生过重要影响，或者能够集中反映本地区建筑的文化特色、民族特色。申报历史文化名城的，在所申报的历史文化名城保护范围内还应当有2个以上的历史文化街区。

第八条 申报历史文化名城、名镇、名村，应当提交所申报的历史文化名城、名镇、名村的下列材料：

（一）历史沿革、地方特色和历史文化价值的说明；
（二）传统格局和历史风貌的现状；
（三）保护范围；
（四）不可移动文物、历史建筑、历史文化街区的清单；
（五）保护工作情况、保护目标和保护要求。

第九条 申报历史文化名城，由省、自治区、直辖市人民政府提出申请，经国务院建设主管部门会同国务院文物主管部门组织有关部门、专家进行论证，提出审查意见，报国务院批准公布。申报历史文化名镇、名村，由所在地县级人民政府提出申请，经省、自治区、直辖市人民政府确定的保护主管部门会同同级文物主管部门组织有关部门、专家进行论证，提出审查意见，报省、自治区、直辖市人民政府批准公布。

第十条 对符合本条例第七条规定的条件而没有申报历史文化名城的城市，国务院建设主管部门会同国务院文物主管部门可以向该城市所在地的省、自治区人民政府提出申报建议；仍不申报的，可以直接向国务院提出确定该城市为历史文化名城的建议。对符合本条例第七条规定的条件而没有申报历史文化名镇、名村的镇、村庄，省、自治区、直辖市人民政府确定的保护主管部门会同同级文物主管部门可以向该镇、村庄所在地的县级人民政府提出申报建议；仍不申报的，可以直接向省、自治区、直辖市人民政府提出确定该镇、村庄为历史文化名镇、名村的建议。

第十一条 国务院建设主管部门会同国务院文物主管部门可以在已批准公布的历史文化名镇、名村中，严格按照国家有关评价标准，选择具有重大历史、艺术、科学价值的历史文化名镇、名村，经专家论证，确定为中国历史文化名镇、名村。

第十二条 已批准公布的历史文化名城、名镇、名村，因保护不力使其历史文化价值受到严重影响的，批准机关应当将其列入濒危名单，予以公布，并责成所在地城市、县人民政府限期采取补救措施，防止情况继续恶化，并完善保护制度，加强保护工作。

第三章　保护规划

第十三条 历史文化名城批准公布后，历史文化名城人民政府应当组织编制历史文化名城保护规划。历史文化名镇、名村批准公布后，所在地县级人民政府应当组织编制历史文化名镇、名村保护规划。保护规划应当自历史文化名城、名镇、名村批准公布之日起1年内编制完成。

第十四条 保护规划应当包括下列内容：
（一）保护原则、保护内容和保护范围；
（二）保护措施、开发强度和建设控制要求；
（三）传统格局和历史风貌保护要求；
（四）历史文化街区、名镇、名村的核心保护范围和建设控制地带；
（五）保护规划分期实施方案。

第十五条 历史文化名城、名镇保护规划的规划期限应当与城市、镇总体规划的规划期限相一致；历史文化名村保护规划的规划期限应当与村庄规划的规划期限相一致。

第十六条 保护规划报送审批前，保护规划的组织编制机关应当广泛征求有关部门、专家和公众的意见；必要时，可以举行听证。保护规划报送审批文件中应当附具意见采纳情况及理由；经听证的，还应当附具听证笔录。

第十七条 保护规划由省、自治区、直辖市人民政府审批。保护规划的组织编制机关应当将经依法批准的历史文化名城保护规划和中国历史文化名镇、名村保护规划，报国务院建设主管部门和国务院文物主管部门备案。

第十八条 保护规划的组织编制机关应当及时公布经依法批准的保护规划。

第十九条 经依法批准的保护规划，不得擅自修改；确需修改的，保护规划的组织编制机关应当向原审批机关提出专题报告，经同意后，方可编制修改方案。修改后的保护规划，应当按照原审批程序报送审批。

第二十条 国务院建设主管部门会同国务院文物主管部门应当加强对保护规划实施情况的监督检查。县级以上地方人民政府应当加强对本行政区域保护规划实施情况的监督检查，并对历史文化名城、名镇、名村保护状况进行评估；对发现的问题，应当及时纠正、处理。

第四章 保护措施

第二十一条 历史文化名城、名镇、名村应当整体保护，保持传统格局、历史风貌和空间尺度，不得改变与其相互依存的自然景观和环境。

第二十二条 历史文化名城、名镇、名村所在地县级以上地方人民政府应当根据当地经济社会发展水平，按照保护规划，控制历史文化名城、名镇、名村的人口数量，改善历史文化名城、名镇、名村的基础设施、公共服务设施和居住环境。

第二十三条 在历史文化名城、名镇、名村保护范围内从事建设活动，应当符合保护规划的要求，不得损害历史文化遗产的真实性和完整性，不得对其传统格局和历史风貌构成破坏性影响。

第二十四条 在历史文化名城、名镇、名村保护范围内禁止进行下列活动：

（一）开山、采石、开矿等破坏传统格局和历史风貌的活动；

（二）占用保护规划确定保留的园林绿地、河湖水系、道路等；

（三）修建生产、储存爆炸性、易燃性、放射性、毒害性、腐蚀性物品的工厂、仓库等；

（四）在历史建筑上刻划、涂污。

第二十五条 在历史文化名城、名镇、名村保护范围内进行下列活动，应当保护其传统格局、历史风貌和历史建筑；制订保护方案，经城市、县人民政府城乡规划主管部门会同同级文物主管部门批准，并依照有关法律、法规的规定办理相关手续：

（一）改变园林绿地、河湖水系等自然状态的活动；

（二）在核心保护范围内进行影视摄制、举办大型群众性活动；

（三）其他影响传统格局、历史风貌或者历史建筑的活动。

第二十六条 历史文化街区、名镇、名村建设控制地带内的新建建筑物、构筑物，应当符合保护规划确定的建设控制要求。

第二十七条 对历史文化街区、名镇、名村核心保护范围内的建筑物、构筑物，应当区分不同情况，采取相应措施，实行分类保护。历史文化街区、名镇、名村核心保护范围内的历史建筑，应当保持原有的高度、体量、外观形象及色彩等。

第二十八条 在历史文化街区、名镇、名村核心保护范围内，不得进行新建、扩建活动。但是，新建、扩建必要的基础设施和公共服务设施除外。

在历史文化街区、名镇、名村核心保护范围内，新建、扩建必要的基础设施和公共服务设施的，城市、县人民政府城乡规划主管部门核发建设工程规划许可证、乡村建设规划许可证前，应当征求同级文物主管部门的意见。

在历史文化街区、名镇、名村核心保护范围内，拆除历史建筑以外的建筑物、构筑物或者其他设施的，应当经城市、县人民政府城乡规划主管部门会同同级文物主管部门批准。

第二十九条 审批本条例第二十八条规定的建设活动，审批机关应当组织专家论证，并将审批事项予以公示，征求公众意见，告知利害关系人有要求举行听证的权利。公示时间不得少于20日。

利害关系人要求听证的，应当在公示期间提出，审批机关应当在公示期满后及时举行听证。

第三十条 城市、县人民政府应当在历史文化街区、名镇、名村核心保护范围的主要出入口设置标志牌。

任何单位和个人不得擅自设置、移动、涂改或者损毁标志牌。

第三十一条 历史文化街区、名镇、名村核心保护范围内的消防设施、消防通道，应当按照有关的消防技术标准和规范设置。确因历史文化街区、名镇、名村的保护需要，无法按照标准和规范设置的，由城市、县人民政府公安机关消防机构会同同级城乡规划主管部门制订相应的防火安全保障方案。

第三十二条 城市、县人民政府应当对历史建筑设置保护标志，建立历史建筑档案。历史建筑档案应当包括下列内容：

（一）建筑艺术特征、历史特征、建设年代及稀有程度；

（二）建筑的有关技术资料；

（三）建筑的使用现状和权属变化情况；

（四）建筑的修缮、装饰装修过程中形成的文字、图纸、图片、影像等资料；

（五）建筑的测绘信息记录和相关资料。

第三十三条 历史建筑的所有权人应当按照保护规划的要求，负责历史建筑的维护和修缮。

县级以上地方人民政府可以从保护资金中对历史建筑的维护和修缮给予补助。

历史建筑有损毁危险，所有权人不具备维护和修缮能力的，当地人民政府应当采取措施进行保护。

任何单位或者个人不得损坏或者擅自迁移、拆除历史建筑。

第三十四条 建设工程选址，应当尽可能避开历史建筑；因特殊情况不能避开的，应当尽可能实施原址保护。

对历史建筑实施原址保护的，建设单位应当事先确定保护措施，报城市、县人民政府城乡规划主管部门会同同级文物主管部门批准。

因公共利益需要进行建设活动，对历史建筑无法实施原址保护、必须迁移异地保护或者拆除的，应当由城市、县人民政府城乡规划主管部门会同同级文物主管部门，报省、自治区、直辖市人民政府确定的保护主管部门会同同级文物主管部门批准。

本条规定的历史建筑原址保护、迁移、拆除所需费用，由建设单位列入建设工程预算。

第三十五条 对历史建筑进行外部修缮装饰、添加设施以及改变历史建筑的结构或者使用性质的，应当经城市、县人民政府城乡规划主管部门会同同级文物主管部门批准，并依照有关法律、法规的规定办理相关手续。

第三十六条 在历史文化名城、名镇、名村保护范围内涉及文物保护的，应当执行文物保护法律、法规的规定。

第五章　法律责任

第三十七条 违反本条例规定，国务院建设主管部门、国务院文物主管部门和县级以上地方人民政府及其有关主管部门的工作人员，不履行监督管理职责，发现违法行为不予查处或者有其他滥用职权、玩忽职守、徇私舞弊行为，构成犯罪的，依法追究刑事责任；尚不构成犯罪的，依法给予处分。

第三十八条 违反本条例规定，地方人民政府有下列行为之一的，由上级人民政府责令改正，对直接负责的主管人员和其他直接责任人员，依法给予处分：

（一）未组织编制保护规划的；

（二）未按照法定程序组织编制保护规划的；

（三）擅自修改保护规划的；

（四）未将批准的保护规划予以公布的。

第三十九条 违反本条例规定，省、自治区、直辖市人民政府确定的保护主管部门或者城市、县人民政府城乡规划主管部门，未按照保护规划的要求或者未按照法定程序履行本条例第二十五条、第二十八条、第三十四条、第三十五条规定的审批职责的，由本级人民政府或者上级人民政府有关部门责令改正，通报批评；对直接负责的主管人员和其他直接责任人员，依法给予处分。

第四十条 违反本条例规定，城市、县人民政府因保护不力，导致已批准公布的历史文化名城、名镇、名村被列入濒危名单的，由上级人民政府通报批评；对直接负责的主管人员和其他直接责任人员,依法给予处分。

第四十一条 违反本条例规定,在历史文化名城、名镇、名村保护范围内有下列行为之一的,由城市、县人民政府城乡规划主管部门责令停止违法行为、限期恢复原状或者采取其他补救措施;有违法所得的,没收违法所得;逾期不恢复原状或者不采取其他补救措施的,城乡规划主管部门可以指定有能力的单位代为恢复原状或者采取其他补救措施,所需费用由违法者承担;造成严重后果的,对单位并处50万元以上100万元以下的罚款,对个人并处5万元以上10万元以下的罚款;造成损失的,依法承担赔偿责任:

(一)开山、采石、开矿等破坏传统格局和历史风貌的;

(二)占用保护规划确定保留的园林绿地、河湖水系、道路等的;

(三)修建生产、储存爆炸性、易燃性、放射性、毒害性、腐蚀性物品的工厂、仓库等的。

第四十二条 违反本条例规定,在历史建筑上刻划、涂污的,由城市、县人民政府城乡规划主管部门责令恢复原状或者采取其他补救措施,处50元的罚款。

第四十三条 违反本条例规定,未经城乡规划主管部门会同同级文物主管部门批准,有下列行为之一的,由城市、县人民政府城乡规划主管部门责令停止违法行为、限期恢复原状或者采取其他补救措施;有违法所得的,没收违法所得;逾期不恢复原状或者不采取其他补救措施的,城乡规划主管部门可以指定有能力的单位代为恢复原状或者采取其他补救措施,所需费用由违法者承担;造成严重后果的,对单位并处5万元以上10万元以下的罚款,对个人并处1万元以上5万元以下的罚款;造成损失的,依法承担赔偿责任:

(一)改变园林绿地、河湖水系等自然状态的;

(二)进行影视摄制、举办大型群众性活动的;

(三)拆除历史建筑以外的建筑物、构筑物或者其他设施的;

(四)对历史建筑进行外部修缮装饰、添加设施以及改变历史建筑的结构或者使用性质的;

(五)其他影响传统格局、历史风貌或者历史建筑的。

有关单位或者个人经批准进行上述活动,但是在活动过程中对传统格局、历史风貌或者历史建筑构成破坏性影响的,依照本条第一款规定予以处罚。

第四十四条 违反本条例规定,损坏或者擅自迁移、拆除历史建筑的,由城市、县人民政府城乡规划主管部门责令停止违法行为、限期恢复原状或者采取其他补救措施;有违法所得的,没收违法所得;逾期不恢复原状或者不采取其他补救措施的,城乡规划主管部门可以指定有能力的单位代为恢复原状或者采取其他补救措施,所需费用由违法者承担;造成严重后果的,对单位并处20万元以上50万元以下的罚款,对个人并处10万元以上20万元以下的罚款;造成损失的,依法承担赔偿责任。

第四十五条 违反本条例规定,擅自设置、移动、涂改或者损毁历史文化街区、名镇、名村标志牌的,由城市、县人民政府城乡规划主管部门责令限期改正;逾期不改正的,对单位处1万元以上5万元以下的罚款,对个人处1000元以上1万元以下的罚款。

第四十六条 违反本条例规定,对历史文化名城、名镇、名村中的文物造成损毁的,依照文物保护法律、法规的规定给予处罚;构成犯罪的,依法追究刑事责任。

第六章 附 则

第四十七条 本条例下列用语的含义:

(一)历史建筑,是指经城市、县人民政府确定公布的具有一定保护价值,能够反映历史风貌和地方特色,未公布为文物保护单位,也未登记为不可移动文物的建筑物、构筑物。

(二)历史文化街区,是指经省、自治区、直辖市人民政府核定公布的保存文物特别丰富、历史建筑集中成片、能够较完整和真实地体现传统格局和历史风貌,并具有一定规模的区域。历史文化街区保护的具体实施办法,由国务院建设主管部门会同国务院文物主管部门制定。

第四十八条 本条例自2008年7月1日起施行。

中华人民共和国非物质文化遗产法

(中华人民共和国第十一届全国人民代表大会常务委员会第十九次会议于2011年2月25日通过)

第一章 总 则

第一条 为了继承和弘扬中华民族优秀传统文化,促进社会主义精神文明建设,加强非物质文化遗产保护、保存工作,制定本法。

第二条 本法所称非物质文化遗产,是指各族人民世代相传并视为其文化遗产组成部分的各种传统文化表现形式,以及与传统文化表现形式相关的实物和场所。包括:

(一)传统口头文学以及作为其载体的语言;
(二)传统美术、书法、音乐、舞蹈、戏剧、曲艺和杂技;
(三)传统技艺、医药和历法;
(四)传统礼仪、节庆等民俗;
(五)传统体育和游艺;
(六)其他非物质文化遗产。

属于非物质文化遗产组成部分的实物和场所,凡属文物的,适用《中华人民共和国文物保护法》的有关规定。

第三条 国家对非物质文化遗产采取认定、记录、建档等措施予以保存,对体现中华民族优秀传统文化,具有历史、文学、艺术、科学价值的非物质文化遗产采取传承、传播等措施予以保护。

第四条 保护非物质文化遗产,应当注重其真实性、整体性和传承性,有利于增强中华民族的文化认同,有利于维护国家统一和民族团结,有利于促进社会和谐和可持续发展。

第五条 使用非物质文化遗产,应当尊重其形式和内涵。

禁止以歪曲、贬损等方式使用非物质文化遗产。

第六条 县级以上人民政府应当将非物质文化遗产保护、保存工作纳入本级国民经济和社会发展规划,并将保护、保存经费列入本级财政预算。

国家扶持民族地区、边远地区、贫困地区的非物质文化遗产保护、保存工作。

第七条 国务院文化主管部门负责全国非物质文化遗产的保护、保存工作;县级以上地方人民政府文化主管部门负责本行政区域内非物质文化遗产的保护、保存工作。

县级以上人民政府其他有关部门在各自职责范围内,负责有关非物质文化遗产的保护、保存工作。

第八条 县级以上人民政府应当加强对非物质文化遗产保护工作的宣传，提高全社会保护非物质文化遗产的意识。

第九条 国家鼓励和支持公民、法人和其他组织参与非物质文化遗产保护工作。

第十条 对在非物质文化遗产保护工作中做出显著贡献的组织和个人，按照国家有关规定予以表彰、奖励。

第二章　非物质文化遗产的调查

第十一条 县级以上人民政府根据非物质文化遗产保护、保存工作需要，组织非物质文化遗产调查。非物质文化遗产调查由文化主管部门负责进行。

县级以上人民政府其他有关部门可以对其工作领域内的非物质文化遗产进行调查。

第十二条 文化主管部门和其他有关部门进行非物质文化遗产调查，应当对非物质文化遗产予以认定、记录、建档，建立健全调查信息共享机制。

文化主管部门和其他有关部门进行非物质文化遗产调查，应当收集属于非物质文化遗产组成部分的代表性实物，整理调查工作中取得的资料，并妥善保存，防止损毁、流失。其他有关部门取得的实物图片、资料复制件，应当汇交给同级文化主管部门。

第十三条 文化主管部门应当全面了解非物质文化遗产有关情况，建立非物质文化遗产档案及相关数据库。除依法应当保密的外，非物质文化遗产档案及相关数据信息应当公开，便于公众查阅。

第十四条 公民、法人和其他组织可以依法进行非物质文化遗产调查。

第十五条 境外组织或者个人在中华人民共和国境内进行非物质文化遗产调查，应当报经省、自治区、直辖市人民政府文化主管部门批准；调查在两个以上省、自治区、直辖市行政区域进行的，应当报经国务院文化主管部门批准；调查结束后，应当向批准调查的文化主管部门提交调查报告和调查中取得的实物图片、资料复制件。

境外组织在中华人民共和国境内进行非物质文化遗产调查，应当与境内非物质文化遗产学术研究机构合作进行。

第十六条 进行非物质文化遗产调查，应当征得调查对象的同意，尊重其风俗习惯，不得损害其合法权益。

第十七条 对通过调查或者其他途径发现的濒临消失的非物质文化遗产项目，县级人民政府文化主管部门应当立即予以记录并收集有关实物，或者采取其他抢救性保存措施；对需要传承的，应当采取有效措施支持传承。

第三章　非物质文化遗产代表性项目名录

第十八条 国务院建立国家级非物质文化遗产代表性项目名录，将体现中华民族优秀传统文化，具有重大历史、文学、艺术、科学价值的非物质文化遗产项目列入名录予以保护。

省、自治区、直辖市人民政府建立地方非物质文化遗产代表性项目名录，将本行政区域内体现中华民族优秀传统文化，具有历史、文学、艺术、科学价值的非物质文化遗产项目列入名录予以保护。

第十九条 省、自治区、直辖市人民政府可以从本省、自治区、直辖市非物质文化遗产代表性项目名录中向国务院文化主管部门推荐列入国家级非物质文化遗产代表性项目名录的项目。推荐时应当提交下列材料：

（一）项目介绍，包括项目的名称、历史、现状和价值；

（二）传承情况介绍，包括传承范围、传承谱系、传承人的技艺水平、传承活动的社会影响；

（三）保护要求，包括保护应当达到的目标和应当采取的措施、步骤、管理制度；

（四）有助于说明项目的视听资料等材料。

第二十条 公民、法人和其他组织认为某项非物质文化遗产体现中华民族优秀传统文化，具有重大历史、文学、艺术、科学价值的，可以向省、自治区、直辖市人民政府或者国务院文化主管部门提出列入国家级非物质文化遗产代表性项目名录的建议。

第二十一条 相同的非物质文化遗产项目，其形式和内涵在两个以上地区均保持完整的，可以同时列入国家级非物质文化遗产代表性项目名录。

第二十二条 国务院文化主管部门应当组织专家评审小组和专家评审委员会，对推荐或者建议列入国家级非物质文化遗产代表性项目名录的非物质文化遗产项目进行初评和审议。

初评意见应当经专家评审小组成员过半数通过。专家评审委员会对初评意见进行审议，提出审议意见。

评审工作应当遵循公开、公平、公正的原则。

第二十三条 国务院文化主管部门应当将拟列入国家级非物质文化遗产代表性项目名录的项目予以公示，征求公众意见。公示时间不得少于二十日。

第二十四条 国务院文化主管部门根据专家评审委员会的审议意见和公示结果，拟订国家级非物质文化遗产代表性项目名录，报国务院批准、公布。

第二十五条 国务院文化主管部门应当组织制定保护规划，对国家级非物质文化遗产代表性项目予以保护。

省、自治区、直辖市人民政府文化主管部门应当组织制定保护规划，对本级人民政府批准公布的地方非物质文化遗产代表性项目予以保护。

制定非物质文化遗产代表性项目保护规划，应当对濒临消失的非物质文化遗产代表性项目予以重点保护。

第二十六条 对非物质文化遗产代表性项目集中、特色鲜明、形式和内涵保持完整的特定区域，当地文化主管部门可以制定专项保护规划，报经本级人民政府批准后，实行区域性整体保护。确定对非物质文化遗产实行区域性整体保护，应当尊重当地居民的意愿，并保护属于非物质文化遗产组成部分的实物和场所，避免遭受破坏。

实行区域性整体保护涉及非物质文化遗产集中地村镇或者街区空间规划的，应当由当地城乡规划主管部门依据相关法规制定专项保护规划。

第二十七条 国务院文化主管部门和省、自治区、直辖市人民政府文化主管部门应当对非物质文化遗产代表性项目保护规划的实施情况进行监督检查；发现保护规划未能有效实施的，应当及时纠正、处理。

第四章 非物质文化遗产的传承与传播

第二十八条 国家鼓励和支持开展非物质文化遗产代表性项目的传承、传播。

第二十九条 国务院文化主管部门和省、自治区、直辖市人民政府文化主管部门对本级人民政府批准公布的非物质文化遗产代表性项目，可以认定代表性传承人。

非物质文化遗产代表性项目的代表性传承人应当符合下列条件：

（一）熟练掌握其传承的非物质文化遗产；

（二）在特定领域内具有代表性，并在一定区域内具有较大影响；

（三）积极开展传承活动。

认定非物质文化遗产代表性项目的代表性传承人，应当参照执行本法有关非物质文化遗产代表性项目评审的规定，并将所认定的代表性传承人名单予以公布。

第三十条 县级以上人民政府文化主管部门根据需要，采取下列措施，支持非物质文化遗产代表性项目的代表性传承人开展传承、传播活动：

（一）提供必要的传承场所；

（二）提供必要的经费资助其开展授徒、传艺、交流等活动；

（三）支持其参与社会公益性活动；

（四）支持其开展传承、传播活动的其他措施。

第三十一条 非物质文化遗产代表性项目的代表性传承人应当履行下列义务：

（一）开展传承活动，培养后继人才；

（二）妥善保存相关的实物、资料；

（三）配合文化主管部门和其他有关部门进行非物质文化遗产调查；

（四）参与非物质文化遗产公益性宣传。

非物质文化遗产代表性项目的代表性传承人无正当理由不履行前款规定义务的，文化主管部门可以取消其代表性传承人资格，重新认定该项目的代表性传承人；丧失传承能力的，文化主管部门可以重新认定该项目的代表性传承人。

第三十二条 县级以上人民政府应当结合实际情况，采取有效措施，组织文化主管部门和其他有关部门宣传、展示非物质文化遗产代表性项目。

第三十三条 国家鼓励开展与非物质文化遗产有关的科学技术研究和非物质文化遗产保护、保存方法研究，鼓励开展非物质文化遗产的记录和非物质文化遗产代表性项目的整理、出版等活动。

第三十四条 学校应当按照国务院教育主管部门的规定，开展相关的非物质文化遗产教育。

新闻媒体应当开展非物质文化遗产代表性项目的宣传，普及非物质文化遗产知识。

第三十五条 图书馆、文化馆、博物馆、科技馆等公共文化机构和非物质文化遗产学术研究机构、保护机构以及利用财政性资金举办的文艺表演团体、演出场所经营单位等，应当根据各自业务范围，开展非物质文化遗产的整理、研究、学术交流和非物质文化遗产代表性项目的宣传、展示。

第三十六条 国家鼓励和支持公民、法人和其他组织依法设立非物质文化遗产展示场所和传承场所，展示和传承非物质文化遗产代表性项目。

第三十七条 国家鼓励和支持发挥非物质文化遗产资源的特殊优势，在有效保护的基础上，合理利用非物质文化遗产代表性项目开发具有地方、民族特色和市场潜力的文化产品和文化服务。

开发利用非物质文化遗产代表性项目的，应当支持代表性传承人开展传承活动，保护属于该项目组成部分的实物和场所。

县级以上地方人民政府应当对合理利用非物质文化遗产代表性项目的单位予以扶持。单位合理利用非物质文化遗产代表性项目的，依法享受国家规定的税收优惠。

第五章　法律责任

第三十八条 文化主管部门和其他有关部门的工作人员在非物质文化遗产保护、保存工作中玩忽职守、滥用职权、徇私舞弊的，依法给予处分。

第三十九条 文化主管部门和其他有关部门的工作人员进行非物质文化遗产调查时侵犯调查对象风俗习惯，造成严重后果的，依法给予处分。

第四十条 违反本法规定，破坏属于非物质文化遗产组成部分的实物和场所的，依法承担民事责任；构成违反治安管理行为的，依法给予治安管理处罚。

第四十一条 境外组织违反本法第十五条规定的，由文化主管部门责令改正，给予警告，没收违法所得及调查中取得的实物、资料；情节严重的，并处十万元以上五十万元以下的罚款。

境外个人违反本法第十五条第一款规定的，由文化主管部门责令改正，给予警告，没收违法所得及调查中取得的实物、资料；情节严重的，并处一万元以上五万元以下的罚款。

第四十二条 违反本法规定，构成犯罪的，依法追究刑事责任。

第六章　附　则

第四十三条 建立地方非物质文化遗产代表性项目名录的办法，由省、自治区、直辖市参照本法有关规定制定。

第四十四条 使用非物质文化遗产涉及知识产权的，适用有关法律、行政法规的规定。

对传统医药、传统工艺美术等的保护，其他法律、行政法规另有规定的，依照其规定。

第四十五条 本法自2011年6月1日起施行。

博物馆条例

（中华人民共和国国务院令第659号）

第一章 总 则

第一条 为了促进博物馆事业发展，发挥博物馆功能，满足公民精神文化需求，提高公民思想道德和科学文化素质，制定本条例。

第二条 本条例所称博物馆，是指以教育、研究和欣赏为目的，收藏、保护并向公众展示人类活动和自然环境的见证物，经登记管理机关依法登记的非营利组织。

博物馆包括国有博物馆和非国有博物馆。利用或者主要利用国有资产设立的博物馆为国有博物馆；利用或者主要利用非国有资产设立的博物馆为非国有博物馆。

国家在博物馆的设立条件、提供社会服务、规范管理、专业技术职称评定、财税扶持政策等方面，公平对待国有和非国有博物馆。

第三条 博物馆开展社会服务应当坚持为人民服务、为社会主义服务的方向和贴近实际、贴近生活、贴近群众的原则，丰富人民群众精神文化生活。

第四条 国家制定博物馆事业发展规划，完善博物馆体系。

国家鼓励企业、事业单位、社会团体和公民等社会力量依法设立博物馆。

第五条 国有博物馆的正常运行经费列入本级财政预算；非国有博物馆的举办者应当保障博物馆的正常运行经费。

国家鼓励设立公益性基金为博物馆提供经费，鼓励博物馆多渠道筹措资金促进自身发展。

第六条 博物馆依法享受税收优惠。

依法设立博物馆或者向博物馆提供捐赠的，按照国家有关规定享受税收优惠。

第七条 国家文物主管部门负责全国博物馆监督管理工作。国务院其他有关部门在各自职责范围内负责有关的博物馆管理工作。

县级以上地方人民政府文物主管部门负责本行政区域的博物馆监督管理工作。县级以上地方人民政府其他有关部门在各自职责范围内负责本行政区域内有关的博物馆管理工作。

第八条 博物馆行业组织应当依法制定行业自律规范，维护会员的合法权益，指导、监督会员的业务活动，促进博物馆事业健康发展。

第九条 对为博物馆事业作出突出贡献的组织或者个人，按照国家有关规定给予表彰、奖励。

第二章　博物馆的设立、变更与终止

第十条　设立博物馆，应当具备下列条件：
（一）固定的馆址以及符合国家规定的展室、藏品保管场所；
（二）相应数量的藏品以及必要的研究资料，并能够形成陈列展览体系；
（三）与其规模和功能相适应的专业技术人员；
（四）必要的办馆资金和稳定的运行经费来源；
（五）确保观众人身安全的设施、制度及应急预案。

博物馆馆舍建设应当坚持新建馆舍和改造现有建筑相结合，鼓励利用名人故居、工业遗产等作为博物馆馆舍。新建、改建馆舍应当提高藏品展陈和保管面积占总面积的比重。

第十一条　设立博物馆，应当制定章程。博物馆章程应当包括下列事项：
（一）博物馆名称、馆址；
（二）办馆宗旨及业务范围；
（三）组织管理制度，包括理事会或者其他形式决策机构的产生办法、人员构成、任期、议事规则等；
（四）藏品展示、保护、管理、处置的规则；
（五）资产管理和使用规则；
（六）章程修改程序；
（七）终止程序和终止后资产的处理；
（八）其他需要由章程规定的事项。

第十二条　国有博物馆的设立、变更、终止依照有关事业单位登记管理法律、行政法规的规定办理，并应当向馆址所在地省、自治区、直辖市人民政府文物主管部门备案。

第十三条　藏品属于古生物化石的博物馆，其设立、变更、终止应当遵守有关古生物化石保护法律、行政法规的规定，并向馆址所在地省、自治区、直辖市人民政府文物主管部门备案。

第十四条　设立藏品不属于古生物化石的非国有博物馆的，应当向馆址所在地省、自治区、直辖市人民政府文物主管部门备案，并提交下列材料：
（一）博物馆章程草案；
（二）馆舍所有权或者使用权证明，展室和藏品保管场所的环境条件符合藏品展示、保护、管理需要的论证材料；
（三）藏品目录、藏品概述及藏品合法来源说明；
（四）出资证明或者验资报告；
（五）专业技术人员和管理人员的基本情况；
（六）陈列展览方案。

第十五条　设立藏品不属于古生物化石的非国有博物馆的，应当到有关登记管理机关依法办理法人登记手续。

前款规定的非国有博物馆变更、终止的，应当到有关登记管理机关依法办理变更登记、注销登记，并向馆址所在地省、自治区、直辖市人民政府文物主管部门备案。

第十六条　省、自治区、直辖市人民政府文物主管部门应当及时公布本行政区域内已备案的博物馆名称、地址、联系方式、主要藏品等信息。

第三章　博物馆管理

第十七条　博物馆应当完善法人治理结构，建立健全有关组织管理制度。

第十八条　博物馆专业技术人员按照国家有关规定评定专业技术职称。

第十九条　博物馆依法管理和使用的资产，任何组织或者个人不得侵占。

博物馆不得从事文物等藏品的商业经营活动。博物馆从事其他商业经营活动，不得违反办馆宗旨，不得损害观众利益。博物馆从事其他商业经营活动的具体办法由国家文物主管部门制定。

第二十条　博物馆接受捐赠的，应当遵守有关法律、行政法规的规定。

博物馆可以依法以举办者或者捐赠者的姓名、名称命名博物馆的馆舍或者其他设施；非国有博物馆还可以依法以举办者或者捐赠者的姓名、名称作为博物馆馆名。

第二十一条　博物馆可以通过购买、接受捐赠、依法交换等法律、行政法规规定的方式取得藏品，不得取得来源不明或者来源不合法的藏品。

第二十二条　博物馆应当建立藏品账目及档案。藏品属于文物的，应当区分文物等级，单独设置文物档案，建立严格的管理制度，并报文物主管部门备案。

未依照前款规定建账、建档的藏品，不得交换或者出借。

第二十三条　博物馆法定代表人对藏品安全负责。

博物馆法定代表人、藏品管理人员离任前，应当办结藏品移交手续。

第二十四条　博物馆应当加强对藏品的安全管理，定期对保障藏品安全的设备、设施进行检查、维护，保证其正常运行。对珍贵藏品和易损藏品应当设立专库或者专用设备保存，并由专人负责保管。

第二十五条　博物馆藏品属于国有文物、非国有文物中的珍贵文物和国家规定禁止出境的其他文物的，不得出境，不得转让、出租、质押给外国人。

国有博物馆藏品属于文物的，不得赠与、出租或者出售给其他单位和个人。

第二十六条　博物馆终止的，应当依照有关非营利组织法律、行政法规的规定处理藏品；藏品属于国家禁止买卖的文物的，应当依照有关文物保护法律、行政法规的规定处理。

第二十七条　博物馆藏品属于文物或者古生物化石的，其取得、保护、管理、展示、处置、进出境等还应当分别遵守有关文物保护、古生物化石保护的法律、行政法规的规定。

第四章　博物馆社会服务

第二十八条　博物馆应当自取得登记证书之日起6个月内向公众开放。

第二十九条 博物馆应当向公众公告具体开放时间。在国家法定节假日和学校寒暑假期间，博物馆应当开放。

第三十条 博物馆举办陈列展览，应当遵守下列规定：

（一）主题和内容应当符合宪法所确定的基本原则和维护国家安全与民族团结、弘扬爱国主义、倡导科学精神、普及科学知识、传播优秀文化、培养良好风尚、促进社会和谐、推动社会文明进步的要求；

（二）与办馆宗旨相适应，突出藏品特色；

（三）运用适当的技术、材料、工艺和表现手法，达到形式与内容的和谐统一；

（四）展品以原件为主，使用复制品、仿制品应当明示；

（五）采用多种形式提供科学、准确、生动的文字说明和讲解服务；

（六）法律、行政法规的其他有关规定。

陈列展览的主题和内容不适宜未成年人的，博物馆不得接纳未成年人。

第三十一条 博物馆举办陈列展览的，应当在陈列展览开始之日10个工作日前，将陈列展览主题、展品说明、讲解词等向陈列展览举办地的文物主管部门或者其他有关部门备案。

各级人民政府文物主管部门和博物馆行业组织应当加强对博物馆陈列展览的指导和监督。

第三十二条 博物馆应当配备适当的专业人员，根据不同年龄段的未成年人接受能力进行讲解；学校寒暑假期间，具备条件的博物馆应当增设适合学生特点的陈列展览项目。

第三十三条 国家鼓励博物馆向公众免费开放。县级以上人民政府应当对向公众免费开放的博物馆给予必要的经费支持。

博物馆未实行免费开放的，其门票、收费的项目和标准按照国家有关规定执行，并在收费地点的醒目位置予以公布。

博物馆未实行免费开放的，应当对未成年人、成年学生、教师、老年人、残疾人和军人等实行免费或者其他优惠。博物馆实行优惠的项目和标准应当向公众公告。

第三十四条 博物馆应当根据自身特点、条件，运用现代信息技术，开展形式多样、生动活泼的社会教育和服务活动，参与社区文化建设和对外文化交流与合作。

国家鼓励博物馆挖掘藏品内涵，与文化创意、旅游等产业相结合，开发衍生产品，增强博物馆发展能力。

第三十五条 国务院教育行政部门应当会同国家文物主管部门，制定利用博物馆资源开展教育教学、社会实践活动的政策措施。

地方各级人民政府教育行政部门应当鼓励学校结合课程设置和教学计划，组织学生到博物馆开展学习实践活动。

博物馆应当对学校开展各类相关教育教学活动提供支持和帮助。

第三十六条 博物馆应当发挥藏品优势，开展相关专业领域的理论及应用研究，提高业务水平，促进专业人才的成长。

博物馆应当为高等学校、科研机构和专家学者等开展科学研究工作提供支持和帮助。

第三十七条 公众应当爱护博物馆展品、设施及环境，不得损坏博物馆的展品、设施。

第三十八条 博物馆行业组织可以根据博物馆的教育、服务及藏品保护、研究和展示水平，对博物馆进行评估。具体办法由国家文物主管部门会同其他有关部门制定。

第五章 法律责任

第三十九条 博物馆取得来源不明或者来源不合法的藏品，或者陈列展览的主题、内容造成恶劣影响的，由省、自治区、直辖市人民政府文物主管部门或者有关登记管理机关按照职责分工，责令改正，有违法所得的，没收违法所得，并处违法所得2倍以上5倍以下罚款；没有违法所得的，处5000元以上2万元以下罚款；情节严重的，由登记管理机关撤销登记。

第四十条 博物馆从事文物藏品的商业经营活动的，由工商行政管理部门依照有关文物保护法律、行政法规的规定处罚。

博物馆从事非文物藏品的商业经营活动，或者从事其他商业经营活动违反办馆宗旨、损害观众利益的，由省、自治区、直辖市人民政府文物主管部门或者有关登记管理机关按照职责分工，责令改正，有违法所得的，没收违法所得，并处违法所得2倍以上5倍以下罚款；没有违法所得的，处5000元以上2万元以下罚款；情节严重的，由登记管理机关撤销登记。

第四十一条 博物馆自取得登记证书之日起6个月内未向公众开放，或者未依照本条例的规定实行免费或者其他优惠的，由省、自治区、直辖市人民政府文物主管部门责令改正；拒不改正的，由登记管理机关撤销登记。

第四十二条 博物馆违反有关价格法律、行政法规规定的，由馆址所在地县级以上地方人民政府价格主管部门依法给予处罚。

第四十三条 县级以上人民政府文物主管部门或者其他有关部门及其工作人员玩忽职守、滥用职权、徇私舞弊或者利用职务上的便利索取或者收受他人财物的，由本级人民政府或者上级机关责令改正，通报批评；对直接负责的主管人员和其他直接责任人员依法给予处分。

第四十四条 违反本条例规定，构成犯罪的，依法追究刑事责任。

第六章 附　则

第四十五条 本条例所称博物馆不包括以普及科学技术为目的的科普场馆。

第四十六条 中国人民解放军所属博物馆依照军队有关规定进行管理。

第四十七条 本条例自2015年3月20日起施行。

中华人民共和国文物保护法

（中华人民共和国第十二届全国人民代表大会常务委员会第十四次会议于2015年4月24日通过）

第一章 总 则

第一条 为了加强对文物的保护，继承中华民族优秀的历史文化遗产，促进科学研究工作，进行爱国主义和革命传统教育，建设社会主义精神文明和物质文明，根据宪法，制定本法。

第二条 在中华人民共和国境内，下列文物受国家保护：（一）具有历史、艺术、科学价值的古文化遗址、古墓葬、古建筑、石窟寺和石刻、壁画；（二）与重大历史事件、革命运动或者著名人物有关的以及具有重要纪念意义、教育意义或者史料价值的近代现代重要史迹、实物、代表性建筑；（三）历史上各时代珍贵的艺术品、工艺美术品；（四）历史上各时代重要的文献资料以及具有历史、艺术、科学价值的手稿和图书资料等；（五）反映历史上各时代、各民族社会制度、社会生产、社会生活的代表性实物。

文物认定的标准和办法由国务院文物行政部门制定，并报国务院批准。

具有科学价值的古脊椎动物化石和古人类化石同文物一样受国家保护。

第三条 古文化遗址、古墓葬、古建筑、石窟寺、石刻、壁画、近代现代重要史迹和代表性建筑等不可移动文物，根据它们的历史、艺术、科学价值，可以分别确定为全国重点文物保护单位，省级文物保护单位，市、县级文物保护单位。

历史上各时代重要实物、艺术品、文献、手稿、图书资料、代表性实物等可移动文物，分为珍贵文物和一般文物；珍贵文物分为一级文物、二级文物、三级文物。

第四条 文物工作贯彻保护为主、抢救第一、合理利用、加强管理的方针。

第五条 中华人民共和国境内地下、内水和领海中遗存的一切文物，属于国家所有。

古文化遗址、古墓葬、石窟寺属于国家所有。国家指定保护的纪念建筑物、古建筑、石刻、壁画、近代现代代表性建筑等不可移动文物，除国家另有规定的以外，属于国家所有。

国有不可移动文物的所有权不因其所依附的土地所有权或者使用权的改变而改变。

下列可移动文物，属于国家所有：（一）中国境内出土的文物，国家另有规定的除外；（二）国有文物收藏单位以及其他国家机关、部队和国有企业、事业组织等收藏、保管的文物；（三）国家征集、购买的文物；（四）公民、法人和其他组织捐赠给国家的文物；（五）法律规定属于国家所有的其他文物。

属于国家所有的可移动文物的所有权不因其保管、收藏单位的终止或者变更而改变。

国有文物所有权受法律保护，不容侵犯。

第六条 属于集体所有和私人所有的纪念建筑物、古建筑和祖传文物以及依法取得的其他文物，其所有权受法律保护。文物的所有者必须遵守国家有关文物保护的法律、法规的规定。

第七条 一切机关、组织和个人都有依法保护文物的义务。

第八条 国务院文物行政部门主管全国文物保护工作。

地方各级人民政府负责本行政区域内的文物保护工作。县级以上地方人民政府承担文物保护工作的部门对本行政区域内的文物保护实施监督管理。

县级以上人民政府有关行政部门在各自的职责范围内，负责有关的文物保护工作。

第九条 各级人民政府应当重视文物保护，正确处理经济建设、社会发展与文物保护的关系，确保文物安全。

基本建设、旅游发展必须遵守文物保护工作的方针，其活动不得对文物造成损害。

公安机关、工商行政管理部门、海关、城乡建设规划部门和其他有关国家机关，应当依法认真履行所承担的保护文物的职责，维护文物管理秩序。

第十条 国家发展文物保护事业。县级以上人民政府应当将文物保护事业纳入本级国民经济和社会发展规划，所需经费列入本级财政预算。

国家用于文物保护的财政拨款随着财政收入增长而增加。

国有博物馆、纪念馆、文物保护单位等的事业性收入，专门用于文物保护，任何单位或者个人不得侵占、挪用。

国家鼓励通过捐赠等方式设立文物保护社会基金，专门用于文物保护，任何单位或者个人不得侵占、挪用。

第十一条 文物是不可再生的文化资源。国家加强文物保护的宣传教育，增强全民文物保护的意识，鼓励文物保护的科学研究，提高文物保护的科学技术水平。

第十二条 有下列事迹的单位或者个人，由国家给予精神鼓励或者物质奖励：

（一）认真执行文物保护法律、法规，保护文物成绩显著的；（二）为保护文物与违法犯罪行为作坚决斗争的；（三）将个人收藏的重要文物捐献给国家或者为文物保护事业作出捐赠的；（四）发现文物及时上报或者上交，使文物得到保护的；（五）在考古发掘工作中作出重大贡献的；（六）在文物保护科学技术方面有重要发明创造或者其他重要贡献的；（七）在文物面临破坏危险时，抢救文物有功的；（八）长期从事文物工作，作出显著成绩的。

第二章 不可移动文物

第十三条 国务院文物行政部门在省级、市、县级文物保护单位中，选择具有重大历史、艺术、科学价值的确定为全国重点文物保护单位，或者直接确定为全国重点文物保护单位，报国务院核定公布。

省级文物保护单位，由省、自治区、直辖市人民政府核定公布，并报国务院备案。

市级和县级文物保护单位，分别由设区的市、自治州和县级人民政府核定公布，并报省、自治区、直辖市人民政府备案。

尚未核定公布为文物保护单位的不可移动文物，由县级人民政府文物行政部门予以登记并公布。

第十四条 保存文物特别丰富并且具有重大历史价值或者革命纪念意义的城市，由国务院核定公布为历史文化名城。

保存文物特别丰富并且具有重大历史价值或者革命纪念意义的城镇、街道、村庄，由省、自治区、直辖市人民政府核定公布为历史文化街区、村镇，并报国务院备案。

历史文化名城和历史文化街区、村镇所在地的县级以上地方人民政府应当组织编制专门的历史文化名城和历史文化街区、村镇保护规划，并纳入城市总体规划。

历史文化名城和历史文化街区、村镇的保护办法，由国务院制定。

第十五条 各级文物保护单位，分别由省、自治区、直辖市人民政府和市、县级人民政府划定必要的保护范围，作出标志说明，建立记录档案，并区别情况分别设置专门机构或者专人负责管理。全国重点文物保护单位的保护范围和记录档案，由省、自治区、直辖市人民政府文物行政部门报国务院文物行政部门备案。

县级以上地方人民政府文物行政部门应当根据不同文物的保护需要，制定文物保护单位和未核定为文物保护单位的不可移动文物的具体保护措施，并公告施行。

第十六条 各级人民政府制定城乡建设规划，应当根据文物保护的需要，事先由城乡建设规划部门会同文物行政部门商定对本行政区域内各级文物保护单位的保护措施，并纳入规划。

第十七条 文物保护单位的保护范围内不得进行其他建设工程或者爆破、钻探、挖掘等作业。但是，因特殊情况需要在文物保护单位的保护范围内进行其他建设工程或者爆破、钻探、挖掘等作业的，必须保证文物保护单位的安全，并经核定公布该文物保护单位的人民政府批准，在批准前应当征得上一级人民政府文物行政部门同意；在全国重点文物保护单位的保护范围内进行其他建设工程或者爆破、钻探、挖掘等作业的，必须经省、自治区、直辖市人民政府批准，在批准前应当征得国务院文物行政部门同意。

第十八条 根据保护文物的实际需要，经省、自治区、直辖市人民政府批准，可以在文物保护单位的周围划出一定的建设控制地带，并予以公布。

在文物保护单位的建设控制地带内进行建设工程，不得破坏文物保护单位的历史风貌；工程设计方案应当根据文物保护单位的级别，经相应的文物行政部门同意后，报城乡建设规划部门批准。

第十九条 在文物保护单位的保护范围和建设控制地带内，不得建设污染文物保护单位及其环境的设施，不得进行可能影响文物保护单位安全及其环境的活动。对已有的污染文物保护单位及其环境的设施，应当限期治理。

第二十条 建设工程选址，应当尽可能避开不可移动文物；因特殊情况不能避开的，对文物保护单位应当尽可能实施原址保护。

实施原址保护的，建设单位应当事先确定保护措施，根据文物保护单位的级别报相应的文物行政部门批准，并将保护措施列入可行性研究报告或者设计任务书。

无法实施原址保护，必须迁移异地保护或者拆除的，应当报省、自治区、直辖市人民政府批准；迁移或者拆除省级文物保护单位的，批准前须征得国务院文物行政部门同意。全国重点文物保护单位不得拆除；需要迁移的，须由省、自治区、直辖市人民政府报国务院批准。

依照前款规定拆除的国有不可移动文物中具有收藏价值的壁画、雕塑、建筑构件等，由文物行政部门指定的文物收藏单位收藏。

本条规定的原址保护、迁移、拆除所需费用，由建设单位列入建设工程预算。

第二十一条 国有不可移动文物由使用人负责修缮、保养；非国有不可移动文物由所有人负责修缮、保养。非国有不可移动文物有损毁危险，所有人不具备修缮能力的，当地人民政府应当给予帮助；所有人具备修缮能力而拒不依法履行修缮义务的，县级以上人民政府可以给予抢救修缮，所需费用由所有人负担。

对文物保护单位进行修缮，应当根据文物保护单位的级别报相应的文物行政部门批准；对未核定为文物保护单位的不可移动文物进行修缮，应当报登记的县级人民政府文物行政部门批准。

文物保护单位的修缮、迁移、重建，由取得文物保护工程资质证书的单位承担。

对不可移动文物进行修缮、保养、迁移，必须遵守不改变文物原状的原则。

第二十二条 不可移动文物已经全部毁坏的，应当实施遗址保护，不得在原址重建。但是，因特殊情况需要在原址重建的，由省、自治区、直辖市人民政府文物行政部门报省、自治区、直辖市人民政府批准；全国重点文物保护单位需要在原址重建的，由省、自治区、直辖市人民政府报国务院批准。

第二十三条 核定为文物保护单位的属于国家所有的纪念建筑物或者古建筑，除可以建立博物馆、保管所或者辟为参观游览场所外，作其他用途的，市、县级文物保护单位应当经核定公布该文物保护单位的人民政府文物行政部门征得上一级文物行政部门同意后，报核定公布该文物保护单位的人民政府批准；省级文物保护单位应当经核定公布该文物保护单位的省级人民政府的文物行政部门审核同意后，报该省级人民政府批准；全国重点文物保护单位作其他用途的，应当由省、自治区、直辖市人民政府报国务院批准。国有未核定为文物保护单位的不可移动文物作其他用途的，应当报告县级人民政府文物行政部门。

第二十四条 国有不可移动文物不得转让、抵押。建立博物馆、保管所或者辟为参观游览场所的国有文物保护单位，不得作为企业资产经营。

第二十五条 非国有不可移动文物不得转让、抵押给外国人。

非国有不可移动文物转让、抵押或者改变用途的，应当根据其级别报相应的文物行政部门备案。

第二十六条 使用不可移动文物，必须遵守不改变文物原状的原则，负责保护建筑物及其附属文物的安全，不得损毁、改建、添建或者拆除不可移动文物。

对危害文物保护单位安全、破坏文物保护单位历史风貌的建筑物、构筑物，当地人民政府应当及时调查处理，必要时，对该建筑物、构筑物予以拆迁。

第三章　考古发掘

第二十七条　一切考古发掘工作，必须履行报批手续；从事考古发掘的单位，应当经国务院文物行政部门批准。

地下埋藏的文物，任何单位或者个人都不得私自发掘。

第二十八条　从事考古发掘的单位，为了科学研究进行考古发掘，应当提出发掘计划，报国务院文物行政部门批准；对全国重点文物保护单位的考古发掘计划，应当经国务院文物行政部门审核后报国务院批准。国务院文物行政部门在批准或者审核前，应当征求社会科学研究机构及其他科研机构和有关专家的意见。

第二十九条　进行大型基本建设工程，建设单位应当事先报请省、自治区、直辖市人民政府文物行政部门组织从事考古发掘的单位在工程范围内有可能埋藏文物的地方进行考古调查、勘探。

考古调查、勘探中发现文物的，由省、自治区、直辖市人民政府文物行政部门根据文物保护的要求会同建设单位共同商定保护措施；遇有重要发现的，由省、自治区、直辖市人民政府文物行政部门及时报国务院文物行政部门处理。

第三十条　需要配合建设工程进行的考古发掘工作，应当由省、自治区、直辖市文物行政部门在勘探工作的基础上提出发掘计划，报国务院文物行政部门批准。国务院文物行政部门在批准前，应当征求社会科学研究机构及其他科研机构和有关专家的意见。

确因建设工期紧迫或者有自然破坏危险，对古文化遗址、古墓葬急需进行抢救发掘的，由省、自治区、直辖市人民政府文物行政部门组织发掘，并同时补办审批手续。

第三十一条　凡因进行基本建设和生产建设需要的考古调查、勘探、发掘，所需费用由建设单位列入建设工程预算。

第三十二条　在进行建设工程或者在农业生产中，任何单位或者个人发现文物，应当保护现场，立即报告当地文物行政部门，文物行政部门接到报告后，如无特殊情况，应当在二十四小时内赶赴现场，并在七日内提出处理意见。文物行政部门可以报请当地人民政府通知公安机关协助保护现场；发现重要文物的，应当立即上报国务院文物行政部门，国务院文物行政部门应当在接到报告后十五日内提出处理意见。

依照前款规定发现的文物属于国家所有，任何单位或者个人不得哄抢、私分、藏匿。

第三十三条　非经国务院文物行政部门报国务院特别许可，任何外国人或者外国团体不得在中华人民共和国境内进行考古调查、勘探、发掘。

第三十四条　考古调查、勘探、发掘的结果，应当报告国务院文物行政部门和省、自治区、直辖市人民政府文物行政部门。

考古发掘的文物，应当登记造册，妥善保管，按照国家有关规定移交给由省、自治区、直辖市人民政府文物行政部门或者国务院文物行政部门指定的国有博物馆、图书馆或者其他国有收藏文物的单位收藏。经省、自治区、直辖市人民政府文物行政部门批准，从事考古发掘的单位可以保留少量出土文物作为科研标本。

考古发掘的文物，任何单位或者个人不得侵占。

第三十五条　根据保证文物安全、进行科学研究和充分发挥文物作用的需要，省、自治区、直辖市人民政府文物行政部门经本级人民政府批准，可以调用本行政区域内的出土文物；国务院文物行政部门经国务院批准，可以调用全国的重要出土文物。

第四章　馆藏文物

第三十六条　博物馆、图书馆和其他文物收藏单位对收藏的文物，必须区分文物等级，设置藏品档案，建立严格的管理制度，并报主管的文物行政部门备案。

县级以上地方人民政府文物行政部门应当分别建立本行政区域内的馆藏文物档案；国务院文物行政部门应当建立国家一级文物藏品档案和其主管的国有文物收藏单位馆藏文物档案。

第三十七条　文物收藏单位可以通过下列方式取得文物：（一）购买；（二）接受捐赠；（三）依法交换；（四）法律、行政法规规定的其他方式。

国有文物收藏单位还可以通过文物行政部门指定保管或者调拨方式取得文物。

第三十八条　文物收藏单位应当根据馆藏文物的保护需要，按照国家有关规定建立、健全管理制度，并报主管的文物行政部门备案。未经批准，任何单位或者个人不得调取馆藏文物。

文物收藏单位的法定代表人对馆藏文物的安全负责。国有文物收藏单位的法定代表人离任时，应当按照馆藏文物档案办理馆藏文物移交手续。

第三十九条　国务院文物行政部门可以调拨全国的国有馆藏文物。省、自治区、直辖市人民政府文物行政部门可以调拨本行政区域内其主管的国有文物收藏单位馆藏文物；调拨国有馆藏一级文物，应当报国务院文物行政部门备案。

国有文物收藏单位可以申请调拨国有馆藏文物。

第四十条　文物收藏单位应当充分发挥馆藏文物的作用，通过举办展览、科学研究等活动，加强对中华民族优秀的历史文化和革命传统的宣传教育。

国有文物收藏单位之间因举办展览、科学研究等需借用馆藏文物的，应当报主管的文物行政部门备案；借用馆藏一级文物的，应当经省、自治区、直辖市人民政府文物行政部门批准，并报国务院文物行政部门备案。

非国有文物收藏单位和其他单位举办展览需借用国有馆藏文物的，应当报主管的文物行政部门批准；借用国有馆藏一级文物，应当经国务院文物行政部门批准。

文物收藏单位之间借用文物的最长期限不得超过三年。

第四十一条　已经建立馆藏文物档案的国有文物收藏单位，经省、自治区、直辖市人民政府文物行政部门批准，并报国务院文物行政部门备案，其馆藏文物可以在国有文物收藏单位之间交换。

第四十二条 未建立馆藏文物档案的国有文物收藏单位，不得依照本法第四十条、第四十一条的规定处置其馆藏文物。

第四十三条 依法调拨、交换、借用国有馆藏文物，取得文物的文物收藏单位可以对提供文物的文物收藏单位给予合理补偿，具体管理办法由国务院文物行政部门制定。

国有文物收藏单位调拨、交换、出借文物所得的补偿费用，必须用于改善文物的收藏条件和收集新的文物，不得挪作他用；任何单位或者个人不得侵占。

调拨、交换、借用的文物必须严格保管，不得丢失、损毁。

第四十四条 禁止国有文物收藏单位将馆藏文物赠与、出租或者出售给其他单位、个人。

第四十五条 国有文物收藏单位不再收藏的文物的处置办法，由国务院另行制定。

第四十六条 修复馆藏文物，不得改变馆藏文物的原状；复制、拍摄、拓印馆藏文物，不得对馆藏文物造成损害。具体管理办法由国务院制定。

不可移动文物的单体文物的修复、复制、拍摄、拓印，适用前款规定。

第四十七条 博物馆、图书馆和其他收藏文物的单位应当按照国家有关规定配备防火、防盗、防自然损坏的设施，确保馆藏文物的安全。

第四十八条 馆藏一级文物损毁的，应当报国务院文物行政部门核查处理。其他馆藏文物损毁的，应当报省、自治区、直辖市人民政府文物行政部门核查处理；省、自治区、直辖市人民政府文物行政部门应当将核查处理结果报国务院文物行政部门备案。

馆藏文物被盗、被抢或者丢失的，文物收藏单位应当立即向公安机关报案，并同时向主管的文物行政部门报告。

第四十九条 文物行政部门和国有文物收藏单位的工作人员不得借用国有文物，不得非法侵占国有文物。

第五章　民间收藏文物

第五十条 文物收藏单位以外的公民、法人和其他组织可以收藏通过下列方式取得的文物：（一）依法继承或者接受赠与；（二）从文物商店购买；（三）从经营文物拍卖的拍卖企业购买；（四）公民个人合法所有的文物相互交换或者依法转让；（五）国家规定的其他合法方式。

文物收藏单位以外的公民、法人和其他组织收藏的前款文物可以依法流通。

第五十一条 公民、法人和其他组织不得买卖下列文物：（一）国有文物，但是国家允许的除外；（二）非国有馆藏珍贵文物；（三）国有不可移动文物中的壁画、雕塑、建筑构件等，但是依法拆除的国有不可移动文物中的壁画、雕塑、建筑构件等不属于本法第二十条第四款规定的应由文物收藏单位收藏的除外；（四）来源不符合本法第五十条规定的文物。

第五十二条 国家鼓励文物收藏单位以外的公民、法人和其他组织将其收藏的文物捐赠给国有文物收藏单位或者出借给文物收藏单位展览和研究。

国有文物收藏单位应当尊重并按照捐赠人的意愿，对捐赠的文物妥善收藏、保管和展示。

国家禁止出境的文物，不得转让、出租、质押给外国人。

第五十三条 文物商店应当由省、自治区、直辖市人民政府文物行政部门批准设立，依法进行管理。

文物商店不得从事文物拍卖经营活动，不得设立经营文物拍卖的拍卖企业。

第五十四条 依法设立的拍卖企业经营文物拍卖的，应当取得省、自治区、直辖市人民政府文物行政部门颁发的文物拍卖许可证。

经营文物拍卖的拍卖企业不得从事文物购销经营活动，不得设立文物商店。

第五十五条 文物行政部门的工作人员不得举办或者参与举办文物商店或者经营文物拍卖的拍卖企业。

文物收藏单位不得举办或者参与举办文物商店或者经营文物拍卖的拍卖企业。

禁止设立中外合资、中外合作和外商独资的文物商店或者经营文物拍卖的拍卖企业。

除经批准的文物商店、经营文物拍卖的拍卖企业外，其他单位或者个人不得从事文物的商业经营活动。

第五十六条 文物商店销售的文物，在销售前应当经省、自治区、直辖市人民政府文物行政部门审核；对允许销售的，省、自治区、直辖市人民政府文物行政部门应当作出标识。

拍卖企业拍卖的文物，在拍卖前应当经省、自治区、直辖市人民政府文物行政部门审核，并报国务院文物行政部门备案。

第五十七条 文物商店购买、销售文物，拍卖企业拍卖文物，应当按照国家有关规定作出记录，并报原审核的文物行政部门备案。

拍卖文物时，委托人、买受人要求对其身份保密的，文物行政部门应当为其保密；但是，法律、行政法规另有规定的除外。

第五十八条 文物行政部门在审核拟拍卖的文物时，可以指定国有文物收藏单位优先购买其中的珍贵文物。购买价格由文物收藏单位的代表与文物的委托人协商确定。

第五十九条 银行、冶炼厂、造纸厂以及废旧物资回收单位，应当与当地文物行政部门共同负责拣选掺杂在金银器和废旧物资中的文物。拣选文物除供银行研究所必需的历史货币可以由人民银行留用外，应当移交当地文物行政部门。移交拣选文物，应当给予合理补偿。

第六章 文物出境进境

第六十条 国有文物、非国有文物中的珍贵文物和国家规定禁止出境的其他文物，不得出境；但是依照本法规定出境展览或者因特殊需要经国务院批准出境的除外。

第六十一条 文物出境，应当经国务院文物行政部门指定的文物进出境审核机构审核。经审核允许出境的文物，由国务院文物行政部门发给文物出境许可证，从国务院文物行政部门指定的口岸出境。

任何单位或者个人运送、邮寄、携带文物出境，应当向海关申报；海关凭文物出境许可证放行。

第六十二条 文物出境展览，应当报国务院文物行政部门批准；一级文物超过国务院规定数量的，应当报国务院批准。

一级文物中的孤品和易损品，禁止出境展览。

出境展览的文物出境，由文物进出境审核机构审核、登记。海关凭国务院文物行政部门或者国务院的批准文件放行。出境展览的文物复进境，由原文物进出境审核机构审核查验。

第六十三条 文物临时进境，应当向海关申报，并报文物进出境审核机构审核、登记。

临时进境的文物复出境，必须经原审核、登记的文物进出境审核机构审核查验；经审核查验无误的，由国务院文物行政部门发给文物出境许可证，海关凭文物出境许可证放行。

第七章 法律责任

第六十四条 违反本法规定，有下列行为之一，构成犯罪的，依法追究刑事责任：（一）盗掘古文化遗址、古墓葬的；（二）故意或者过失损毁国家保护的珍贵文物的；（三）擅自将国有馆藏文物出售或者私自送给非国有单位或者个人的；（四）将国家禁止出境的珍贵文物私自出售或者送给外国人的；（五）以牟利为目的倒卖国家禁止经营的文物的；（六）走私文物的；（七）盗窃、哄抢、私分或者非法侵占国有文物的；（八）应当追究刑事责任的其他妨害文物管理行为。

第六十五条 违反本法规定，造成文物灭失、损毁的，依法承担民事责任。

违反本法规定，构成违反治安管理行为的，由公安机关依法给予治安管理处罚。

违反本法规定，构成走私行为，尚不构成犯罪的，由海关依照有关法律、行政法规的规定给予处罚。

第六十六条 有下列行为之一，尚不构成犯罪的，由县级以上人民政府文物主管部门责令改正，造成严重后果的，处五万元以上五十万元以下的罚款；情节严重的，由原发证机关吊销资质证书：（一）擅自在文物保护单位的保护范围内进行建设工程或者爆破、钻探、挖掘等作业的；（二）在文物保护单位的建设控制地带内进行建设工程，其工程设计方案未经文物行政部门同意、报城乡建设规划部门批准，对文物保护单位的历史风貌造成破坏的；（三）擅自迁移、拆除不可移动文物的；（四）擅自修缮不可移动文物，明显改变文物原状的；（五）擅自在原址重建已全部毁坏的不可移动文物，造成文物破坏的；（六）施工单位未取得文物保护工程资质证书，擅自从事文物修缮、迁移、重建的。

刻划、涂污或者损坏文物尚不严重的，或者损毁依照本法第十五条第一款规定设立的文物保护单位标志的，由公安机关或者文物所在单位给予警告，可以并处罚款。

第六十七条 在文物保护单位的保护范围内或者建设控制地带内建设污染文物保护单位及其环境的设施的，或者对已有的污染文物保护单位及其环境的设施未在规定的期限内完成治理的，由环境保护行政部门依照有关法律、法规的规定给予处罚。

第六十八条 有下列行为之一的，由县级以上人民政府文物主管部门责令改正，没收违法所得，违法所得一万元以上的，并处违法所得二倍以上五倍以下的罚款；违法所得不足一万元的，并处五千元以上二万元以下的罚款：（一）转让或者抵押国有不可移动文物，或者将国有不可移动文物作为企业资产经营的；（二）将非国有不可移动文物转让或者抵押给外国人的；（三）擅自改变国有文物保护单位的用途的。

第六十九条 历史文化名城的布局、环境、历史风貌等遭到严重破坏的，由国务院撤销其历史文化名城称号；历史文化城镇、街道、村庄的布局、环境、历史风貌等遭到严重破坏的，由省、自治区、直辖市人民政府撤销其历史文化街区、村镇称号；对负有责任的主管人员和其他直接责任人员依法给予行政处分。

第七十条 有下列行为之一，尚不构成犯罪的，由县级以上人民政府文物主管部门责令改正，可以并处二万元以下的罚款，有违法所得的，没收违法所得：（一）文物收藏单位未按照国家有关规定配备防火、防盗、防自然损坏的设施的；（二）国有文物收藏单位法定代表人离任时未按照馆藏文物档案移交馆藏文物，或者所移交的馆藏文物与馆藏文物档案不符的；（三）将国有馆藏文物赠与、出租或者出售给其他单位、个人的；（四）违反本法第四十条、第四十一条、第四十五条规定处置国有馆藏文物的；（五）违反本法第四十三条规定挪用或者侵占依法调拨、交换、出借文物所得补偿费用的。

第七十一条 买卖国家禁止买卖的文物或者将禁止出境的文物转让、出租、质押给外国人，尚不构成犯罪的，由县级以上人民政府文物主管部门责令改正，没收违法所得，违法经营额一万元以上的，并处违法经营额二倍以上五倍以下的罚款；违法经营额不足一万元的，并处五千元以上二万元以下的罚款。

第七十二条 未经许可，擅自设立文物商店、经营文物拍卖的拍卖企业，或者擅自从事文物的商业经营活动，尚不构成犯罪的，由工商行政管理部门依法予以制止，没收违法所得、非法经营的文物，违法经营额五万元以上的，并处违法经营额二倍以上五倍以下的罚款；违法经营额不足五万元的，并处二万元以上十万元以下的罚款。

第七十三条 有下列情形之一的，由工商行政管理部门没收违法所得、非法经营的文物，违法经营额五万元以上的，并处违法经营额一倍以上三倍以下的罚款；违法经营额不足五万元的，并处五千元以上五万元以下的罚款；情节严重的，由原发证机关吊销许可证书：（一）文物商店从事文物拍卖经营活动的；（二）经营文物拍卖的拍卖企业从事文物购销经营活动的；（三）文物商店销售的文物、拍卖企业拍卖的文物，未经审核的；（四）文物收藏单位从事文物的商业经营活动的。

第七十四条 有下列行为之一，尚不构成犯罪的，由县级以上人民政府文物主管部门会同公安机关追缴文物；情节严重的，处五千元以上五万元以下的罚款：（一）发现文物隐匿不报或者拒不上交的；（二）未按照规定移交拣选文物的。

第七十五条　有下列行为之一的，由县级以上人民政府文物主管部门责令改正：（一）改变国有未核定为文物保护单位的不可移动文物的用途，未依照本法规定报告的；（二）转让、抵押非国有不可移动文物或者改变其用途，未依照本法规定备案的；（三）国有不可移动文物的使用人拒不依法履行修缮义务的；（四）考古发掘单位未经批准擅自进行考古发掘，或者不如实报告考古发掘结果的；（五）文物收藏单位未按照国家有关规定建立馆藏文物档案、管理制度，或者未将馆藏文物档案、管理制度备案的；（六）违反本法第三十八条规定，未经批准擅自调取馆藏文物的；（七）馆藏文物损毁未报文物行政部门核查处理，或者馆藏文物被盗、被抢或者丢失，文物收藏单位未及时向公安机关或者文物行政部门报告的；（八）文物商店销售文物或者拍卖企业拍卖文物，未按照国家有关规定作出记录或者未将所作记录报文物行政部门备案的。

第七十六条　文物行政部门、文物收藏单位、文物商店、经营文物拍卖的拍卖企业的工作人员，有下列行为之一的，依法给予行政处分，情节严重的，依法开除公职或者吊销其从业资格；构成犯罪的，依法追究刑事责任：（一）文物行政部门的工作人员违反本法规定，滥用审批权限、不履行职责或者发现违法行为不予查处，造成严重后果的；（二）文物行政部门和国有文物收藏单位的工作人员借用或者非法侵占国有文物的；（三）文物行政部门的工作人员举办或者参与举办文物商店或者经营文物拍卖的拍卖企业的；（四）因不负责任造成文物保护单位、珍贵文物损毁或者流失的；（五）贪污、挪用文物保护经费的。

前款被开除公职或者被吊销从业资格的人员，自被开除公职或者被吊销从业资格之日起十年内不得担任文物管理人员或者从事文物经营活动。

第七十七条　有本法第六十六条、第六十八条、第七十条、第七十一条、第七十四条、第七十五条规定所列行为之一的，负有责任的主管人员和其他直接责任人员是国家工作人员的，依法给予行政处分。

第七十八条　公安机关、工商行政管理部门、海关、城乡建设规划部门和其他国家机关，违反本法规定滥用职权、玩忽职守、徇私舞弊，造成国家保护的珍贵文物损毁或者流失的，对负有责任的主管人员和其他直接责任人员依法给予行政处分；构成犯罪的，依法追究刑事责任。

第七十九条　人民法院、人民检察院、公安机关、海关和工商行政管理部门依法没收的文物应当登记造册，妥善保管，结案后无偿移交文物行政部门，由文物行政部门指定的国有文物收藏单位收藏。

第八章　附　则

第八十条　本法自公布之日起施行。

美丽乡村建设指南

(GBT32000-2015)

1. 范围

本标准规定了美丽乡村的村庄规划和建设、生态环境、经济发展、公共服务、乡风文明、基层组织、长效管理等建设要求。

本标准适用于指导以村为单位的美丽乡村的建设。

2. 规范性引用文件

下列文件对于本文件的应用是必不可少的。凡是注日期的引用文件，仅注日期的版本适用于本文件。凡是不注日期的引用文件，其最先版本（包括所有的修改单）适用于本文件。

GB/T 156　标准电压

GB 3095　环境空气质量标准

GB 3096　声环境质量标准

GB 3097　海水水质标准

GB 3838　地表水环境质量标准

GB 4285　农药安全使用标准

GB 5749　生活饮用水卫生标准

GB 5768.1　道路交通标志和标线 第1部分：总则

GB 5768.2　道路交通标志和标线 第2部分：道路交通标志

GB 7959　粪便无害化卫生要求

GB/T 8321（所有部分）农药合理使用准则

GB 15618　土壤环境质量标准

GB/T 16453（所有部分）水土保持综合治理 技术规范

GB 18596　畜禽养殖业污染物排放标准

GB 19379　农村户厕卫生规范

GB/T 27774　病媒生物应急监测与控制 通则

GB/T 29315　中小学、幼儿园安全技术防范系统要求

GB/T 30600　高保准农田建设 通则

GB 50039　农村防火规范

GB 50201　防洪标准

GB 50288　灌溉与排水工程设计规范
GB 50445　村庄整治技术规范
DL 493　农村安全用电规程
DL/T 5118　农村电力网规划设计导则
HJ 25.4　污染场地土壤修复技术导则
HJ 588　农业固体废物污染控制技术导则
NY/T 496　肥料合理使用准则　通则
建标 109　农村普通中小学校建设标准

3. 术语和定义

下列术语和定义适用于本文件。

3.1 美丽乡村

经济、政治、文化、社会和生态文明协调发展，规划科学、生产发展、生活宽裕、乡风文明、村容整洁、管理民主，宜居、宜业的可持续发展乡村（包括建制村和自然村）。

4. 总则

4.1 坚持政府引导、村民主体、以人为本、因地制宜的原则，持续改善农村人居环境。

4.2 规划先行，统筹兼顾，生产、生活、生态和谐发展。

4.3 村务管理民主规范，村民参与积极性高。

4.4 集体经济发展，公共服务改善，村民生活品质提升。

5. 村庄规划

5.1 规划原则

5.1.1 因地制宜

5.1.1.1 根据乡村资源禀赋，因地制宜强制村庄规划，注重传统文化的保护和传承，维护乡村风貌，突出地域特色。

5.1.1.2 村庄规模较大、情况较复杂时，宜编制经济可行的村庄整治等专项规划。历史文化名村和传统村落应编制历史文化名村保护规划和传统村落保护发展规划。

5.1.2 村民参与

5.1.2.1 村庄规划编制应深入农户实地调查，充分征求意见，并宣讲规划意图和规划内容。

5.1.2.2 村庄规划应经村民会议或村民代表会议讨论通过，规划总平面图及相关内容应在村庄显著位置公示，经批准后公布、实施。

5.1.3 合理布局

5.1.3.1 村庄规划应符合土地利用总体规划，做好与镇域规划、经济社会发展规划和各项专业规划的协调衔接，科学区分生产生活区域，功能布局合理、安全、宜居、美观、和谐，配套完善。

5.1.3.2 结合地形地貌、山体、水系等自然环境条件，科学布局，处理好山形、水体、道路、建筑的关系。

5.1.4 节约用地

5.1.4.1 村庄规划应科学、合理、统筹配置土地，依法使用土地，不得占用基本农田，慎用山坡地。

5.1.4.2 公共活动场所的规划与布局应充分利用闲置土地、现有建筑及设施等。

5.2 规划编制要素

5.2.1 编制规划应以需求和问题为导向，综合评价村庄的发展条件，提出村庄建设与治理、产业发展和村庄管理的总体要求。

5.2.2 统筹村民建房、村庄整治改造，并进行规划设计，包含建筑的平面改造和立面整饰。

5.2.3 确定村民活动、文体教育、医疗卫生、社会福利等公共服务和管理设施的用地布局和建设要求。

5.2.4 确定村域道路、供水、排水、供电、通信等各项基础设施配置和建设要求，包括布局、管线走向、敷设方式等。

5.2.5 确定农业及其他生产经营设施用地。

5.2.6 确定生态环境保护目标、要求和措施，确定垃圾、污水收集处理设施和公厕等环境卫生设施的配置和建设要求。

5.2.7 确定村庄防灾减灾的要求，做好村级避灾场所建设规划；对处于山体滑坡、崩塌、地陷、地裂、泥石流、山洪冲沟等地质隐患地段的农村居民点，应经相关程序确定搬迁方案。

5.2.8 确定村庄传统民居、历史建筑物与构筑物、古树名木等人文景观的保护与利用措施。

5.2.9 规划图文表达应简明扼要、平实直观。

6. 村庄建设

6.1 基本要求

6.1.1 村庄建设应按规划执行。

6.1.2 新建、改建、扩建住房与建筑整治应符合建筑卫生、安全要求，注重与环境协调；宜选择具有乡村特色和地域风格的建筑图样；倡导建设绿色农房。

6.1.3 保持和延续传统格局和历史风貌，维护历史文化遗产的完整性、真实性、延续性和原始性。

6.1.4 整治影响景观的棚舍、残破或倒塌的墙体，清除临时搭盖，美化影响村庄空间外观视觉的外墙、屋顶、窗户、栏杆等，规范太阳能热水器、屋顶空调等设施的安装。

6.1.5 逐步实施危旧房的改造、整治。

6.2 生活设施

6.2.1 道路

6.2.1.1 村主干道建设应进出畅通、路面硬化率达100%。

6.2.1.2 村内道路应以现有道路为基础,顺应现有村庄格局,保留原始形态走向,就地取材。

6.2.1.3 村主干道应按照GB5768.1和GB568.2的要求设置道路交通标志,村口应设村民标识;历史文化名村、传统村落、特色景观旅游景点应设置指示牌。

6.2.1.4 利用道路周边、空余场地,适当规划公共停车场(泊位)。

6.2.2 桥梁

6.2.2.1 安全美观,与周围环境相协调,体现地域风格,提倡使用本地天然材料,保护古桥。

6.2.2.2 维护、改造可采用加固基础、新浦桥面、增加护栏等措施,并设置安全设施和警示标志。

6.2.3 饮水

6.2.3.1 应根据村庄分布特点、生活水平和区域水资源等条件,合理确定用水量指标、供水水源和水压要求。

6.2.3.2 应加强水源地保护、保障农村饮水安全,生活饮用水的水质应符合GB5749的要求。

6.2.4 供电

6.2.4.1 农村电力网建设与改造的规划设计应符合DL/T 5118的要求,电压等级应符合GB/T156的要求,供电应能满足村民基本生产生活需要。

6.2.4.2 电线杆应排列整齐,安全美观,无私拉乱接电线、电缆现象。

6.2.4.3 合理配置照明路灯,宜使用节能灯具。

6.2.5 通信

广播、电视、电话、网络、邮政等公共通信设施齐全、信号通畅,线路架设规划、安全有序;有条件的村庄可采用管道下地敷设。

6.3 农业生产设施

6.3.1 结合实际开展土地整治和保护;适合高标准农田建设的重点区域,按GB/T30600的要求进行规范建设。

6.3.2 开展农田水利设施治理;防洪、排涝和灌溉保证率等达到GB50201和GB50288的要求;注重抗旱、防风等防灾基础设施的建设和配备。

6.3.3 结合产业发展、配备先进、适用的现代化农业生产设施。

7. 生态环境

7.1 环境质量

7.1.1 大气、声、土壤环境质量应分别达到GB3095、GB3096、GB5618中与当地环境功能区相对应的要求。

7.1.2 村域内主要河流、湖泊、水库等地表水体水质，沿海村庄的近岸海域海水水质应分别达到GB3838、GB3097中与当地环境功能区相对应的要求。

7.2 污染防治

7.2.1 农业污染防治

7.2.1.1 推广植物病虫害统防统治，采用农业、物理、生物、化学等综合防治措施，不得使用明令禁止的高毒高残留农药，按照GB4285、GB/T8321的要求合理用药。

7.2.1.2 推广测土配方施肥技术，施用有机肥、缓释肥；肥料施用符合NY/T486的要求。

7.2.1.3 农业固体废物污染控制和资源综合利用可按HI588的要求进行；农药瓶、废弃塑料薄膜、育秧盘等农业生产废弃物及时处理；农膜回收率≥80%；农作物秸秆综合利用率≥70%。

7.2.1.4 畜禽养殖场（小区）污染物排放应符合GB18596的要求，畜禽粪便综合利用率≥80%；病死畜禽无害化处理率达100%；水产养殖废水应达标排放。

7.2.2 工业污染防治

村域内工业企业生产过程中产生的废水、废气、噪声、固体废物等污染物达标排放，工业污染源达标排放率达100%。

7.2.3 生活污染防治

7.2.3.1 生活垃圾处理

7.2.3.1.1 应建立生活垃圾收运处置体系，生活垃圾无害化处理率≥80%。

7.2.3.1.2 应合理配置垃圾收集点、建筑垃圾堆放点、垃圾箱、垃圾清运工具等，并保持干净整洁、不破损、不外溢。

7.2.3.1.3 推行生活垃圾分类处理和资源化利用；垃圾应及时清运，防止二次污染。

7.2.3.2 生活污水处理

7.2.3.2.1 应以粪污分流、雨污分流为原则，综合人口分布、污水水量、经济发展水平、环境特点、气候条件、地理状况，以及现有的排水体制、排水管网等确定生活污水收集模式。

7.2.3.2.2 应根据村落和农户的分布，可采用集中处理或分散处理或集中与分散处理相结合的方式，建设污水处理系统并定期维护，生活污水处理农户覆盖率≥70%。

7.2.3.3 清洁能源使用

应科学使用并逐步减少木、草、秸秆、竹等传统燃料的直接使用，推广使用电能、太阳能、风能、沼气、天然气等清洁能源，使用清洁能源的农户数比例≥70%。

7.3 生态保护与治理

7.3.1 对村庄山体、森林、湿地、水体、植被等自然资源进行生态保育，保持原生态自然环境。

7.3.2 开展水土流失综合治理，综合治理技术按GB/T16459的要求执行；防止人为破坏造成新的水土流失。

7.3.3 开展荒漠化治理，实施退耕还林还草，规范采砂、取水、取土、取石行为。

7.3.4 按GB50445的要求对村庄内坑塘河道进行整治，保持水质清洁和水流通畅，保护原生植被。岸边宜种植适生植物，绿化配置合理、养护到位。

7.3.5 改善土壤环境，提高农田质量，对污染土壤按HJ25.4的要求进行修复。

7.3.6 实施增殖放流和水产养殖生态环境修复。

7.3.7 外来物种引种应符合相关规定，防止外来生物入侵。

7.4 村容整治

7.4.1 村容维护

7.4.1.1 村域内不应有露天焚烧垃圾和秸秆的现象，水体清洁、无异味。

7.4.1.2 道路路面平整，不应有坑洼、积水等现象；道路及路边、河道岸坡、绿化带、花坛、公共活动场地等可视范围内无明显垃圾。

7.4.1.3 房前屋后整洁，无污水溢流，无散落垃圾；建材、柴火等生产生活用品集中有序存放。

7.4.1.4 按规划在公共通道两侧划定一定范围的公用空间红线，不得违章占道和占用红线。

7.4.1.5 宣传栏、广告牌等设置规范，整洁有序；村庄内无乱贴乱画乱刻现象。

7.4.1.6 划定畜禽养殖区域，人畜分离；农家庭院畜禽圈养，保持圈舍卫生，不影响周边生活环境。

7.4.1.7 规范殡葬管理，尊重少数民族的丧葬习俗，倡导生态安葬。

7.4.2 环境绿化

7.4.2.1 村庄绿化宜采用本地果树林木花草品种，兼顾生态、经济和景观效果，与当地的地形地貌相协调；林草覆盖率山区≥80%，丘陵≥50%，平原≥20%。

7.4.2.2 庭院、屋顶和围墙提倡立体绿化和美化，适度发展庭院经济。

7.4.2.3 古树名木采取设置围护栏或砌石等方法进行保护，并设标志牌。

7.4.3 厕所改造

7.4.3.1 实施农村户用厕所改造，户用卫生厕所普及率≥80%，卫生应符合GB19379的要求。

7.4.3.2 合理配置村庄内卫生公厕，不应低于1座/600户，按GB7959的要求进行粪便无害化处理；卫生公厕有专人管理，定期进行卫生消毒，保持干净整洁。

7.4.3.3 村内无露天粪坑和简易茅厕。

7.4.4 病媒生物综合防治

按照GB/T27774的要求组织进行鼠、蝇、蚊、蟑螂等病媒生物综合防治。

8. 经济发展

8.1 基本要求

8.1.1 制定产业发展规划,三产结构合理、融合发展,注重培育惠及面广、效益高、有特色的主导产业。

8.1.2 创新产业发展模式,培育特色村、专业村,带动经济发展,促进农民增收致富。

8.1.3 村级集体经济有稳定的收入来源,能够满足开展村务活动和自身发展的需要。

8.2 产业发展

8.2.1 农业

8.2.1.1 发展种养大户、家庭农场、农民专业合作合作社等新型经营主体。

8.2.1.2 发展现代农业,积极推广适合当地农业生产的新品种、新技术、新机具及新种养模式,促进农业科技成果转化;鼓励精细化、集约化、标准化生产,培育农业特色品牌。

8.2.1.3 发展现代林业,提倡种植高效生态的特色经济林果和花卉苗木;推广先进适用的林下经济模式,促进集约化、生态化生产。

8.2.1.4 发展现代畜牧业,推广畜禽生态化、规模化养殖。

8.2.1.5 沿海或水资源丰富的村庄,发展现代渔业,推广生态养殖、水产良种和渔业科技,落实休渔制度,促进捕捞业可持续发展。

8.2.2 工业

8.2.2.1 结合产业发展规划,发展农副产品加工、林产品加工、手工制作等产业,提高农产品的附加值。

8.2.2.2 引导工业企业进入工业园区,防止化工、印染、电镀等高污染、高能耗、高排放企业向农村转移。

8.2.3 服务业

8.2.3.1 依托乡村自然资源、人文禀赋、乡土风情及产业特色,发展形式多样、特色鲜明的乡村传统文化、餐饮、旅游休闲产业,配备适当的基础设施。

8.2.3.2 发展家政、商贸、美容美发、养老托幼等生活性服务业。

8.2.3.3 鼓励发展农技推广、动植物疫病防控、农资供应、农业信息化、农业机械化、农产品流通、农业金融、保险服务等农业社会化服务业。

9. 公共服务

9.1 医疗卫生

9.1.1 建立健全基本公共卫生服务体系。建有符合国家相关规定、建筑面积 $\geqslant 60m^2$ 的村卫生室;人口较少的村可合并设立,社区卫生服务中心或乡镇卫生院所在地的村可不设。

9.1.2 建立统一、规范的村民健康档案,提供计划免疫、传染病防治及儿童、孕产妇、老年人保健等基本公共卫生服务。

9.2 公共教育

9.2.1 村庄幼儿园和中小学建设应符合教育部门布点规划要求。村庄幼儿园、中小学学校建设应分别符合GB/T29315、建标109的要求，并符合国家卫生标准与安全标准。

9.2.2 普及学前教育和九年义务教育。学前一年毛入园率≥85%；九年义务教育目标人群覆盖率达100%，巩固率≥93%。

9.2.3 通过宣传栏、广播等渠道加强村民普法、科普宣传教育。

9.3 文化体育

9.3.1 基础设施

9.3.1.1 建设具有娱乐、广播、阅读、科普等功能的文化活动场所。

9.3.1.2 建设篮球场、乒乓球台等体育活动设施。

9.3.1.3 少数民族村能为村民提供本民族语言文字出版的书刊、电子音像制品。

9.3.2 文体活动

定期组织开展民俗文化活动、文艺演出、演讲展览、电影放映、体育比赛等群众性文化活动。

9.3.3 文化保护与传承

9.3.3.1 发掘古村落、古建筑、古文物等乡村物质文化，进行整修和保护。

9.3.3.2 搜集民间民族表演艺术、传统戏剧和曲艺、传统手工技艺、传统医药、民族服饰、民俗活动、农业文化、口头语言等乡村非物质文化，进行传承和保护。

9.3.3.3 历史文化遗存村庄应挖掘并宣传古民俗风情、历史沿革、典故传说、名人文化、祖训家规等乡村特色文化。

9.3.3.4 建立乡村传统文化管护制度，编制历史文化遗存资源名单，落实管护责任单位和责任人，形成传统文化保护与传承体系。

9.4 社会保障

9.4.1 村民普遍享有城乡居民基本养老保险，基本实现全覆盖。鼓励建设农村养老机构、老人日托中心、居家养老照料中心等，实现农村基本养老服务。

9.4.2 家庭经济困难且生活难以自理的失能、半失能65岁及以上村民基本养老服务补贴覆盖率≥50%。农村五保供养目标人群覆盖率达100%，集中供养能力≥50%。

9.4.3 村民享有城乡居民基本医疗保险参保率≥90%。

9.4.4 被征地村民按相关规定享有相应的社会保障。

9.5 劳动就业

9.5.1 加强村民的素质教育和技能培训，培养新型职业公民。

9.5.2 协助开展劳动关系协调、劳动人事争议调解、维权等权益保护活动。

9.5.3 收集并发布就业信息，提供就业政策咨询、职业指导和职业介绍等服务；为就业困难人员、零就业家庭和残疾人提供就业援助。

9.6 公共安全

9.6.1 根据不同自然灾害类型建立相应防灾和避灾场所，并按有关要求管理。

9.6.2 应制定和完善自然灾害救助应急预案，组织应急演练。

9.6.3 农村消防安全应符合GB50039的要求。

9.6.4 农村用电安全应符合DL493的要求。

9.6.5 健全治安管理制度，配齐村级综治管理人员，应急响应迅速有效，有条件的可在人口集中居住区和重要地段安装社会治安动态视频监控系统。

9.7 便民服务

9.7.1 建有综合服务功能的村便民服务机构，提供代办、计划生育、信访接待等服务，每一事项应编制服务指南，推行标准化服务。

9.7.2 村庄有客运站点，村民出行方便。

9.7.3 按照生产生活需求，建设商贸服务网点，鼓励有条件的地区推行电子商务。

10. 乡风文明

10.1 组织开展爱国主义、精神文明、社会主义核心价值观、道德、法治、刑事政策等宣传教育。

10.2 制定并实施村规民约，倡导崇善向上、勤劳致富、邻里和睦、尊老爱幼、诚信友善等文明乡风。

10.3 开展移风易俗活动，引导村名摒弃陋习，培养健康、文明、生态的生活方式和行为习惯。

11. 基层组织

11.1 组织建设

应依法设立村级基层建设，包括村党组织、村民委员会、村务监督机构、村集体经济组织、村民兵连及其他民间组织。

11.2 工作要求

11.2.1 遵循民主决策、民主管理、民主选举、民主监督。

11.2.2 制定村民自治章程、村民议事规则、村务公开、重大事项决策、财务管理等制度，并有效实施。

11.2.3 具备协调解决纠纷和应急的能力。

11.2.4 建立并规范各项工作的档案记录。

12. 长效管理

12.1 公众参与

12.1.1 通过健全村民自治机制等方式，保障村民参与建设和日常监督管理，充分发挥村民主体作用。

12.1.2 村民可通过村务公开栏、网络、广播、电视、收集信息等形式，了解美丽乡村建设动态、农事、村务、旅游、商务、防控、民生等信息，参与并监督美丽乡村建设。

12.1.3 鼓励开展第三方村民满意度调查，及时公开调查结果。

12.2 保障与监督

12.2.1 建立健全村庄建设、运行管理、服务等制度，落实资金保障措施，明确责任主体、实施主体，鼓励有条件的村庄采用市场化运作模式。

12.2.2 建立并实施公共卫生保洁、园林绿化养护、基础设施维护等管护机制，配备与村级人口相适应的管护人员，比例不低于常住人口的2‰。

12.2.3 综合运用检查、考核、奖惩等方式，对美丽乡村的建设与运行实施动态监督和管理。

山东省历史文化名城保护条例

（1997年12月13日省八届人大常委会第31次会议通过）

第一章 总 则

第一条 为加强历史文化名城的保护，继承优秀历史文化遗产，促进社会主义精神文明建设，根据国家有关法律、法规，结合本省实际，制定本条例。

第二条 本条例适用于本省行政区域内的历史文化名城。

本条例所称历史文化名城，是指经国务院或者省人民政府批准的，保存文物特别丰富、具有重大历史价值的城市。

历史文化名城分为国家级和省级。

第三条 历史文化名城保护应当坚持保护与利用、继承与发展相结合的原则。

第四条 省城市规划行政主管部门主管全省历史文化名城的保护工作。历史文化名城城市规划行政主管部门主管本行政区域内的历史文化名城保护工作。

历史文化名城的文物保护工作由文物行政管理部门负责。

历史文化名城城市人民政府的建设、计划、土地、园林、旅游、环保等部门，应当按照各自的职责，密切配合，共同做好历史文化名城的保护工作。

第五条 历史文化名城城市人民政府及其有关部门应当利用历史文化名城中的历史遗存和革命遗迹进行爱国主义和革命传统教育，增强公民爱护历史文化名城和保护人文与自然资源的意识，提高城市的文明程度。

第六条 任何单位和个人都有保护历史文化名城的义务，并有权对破坏历史文化名城保护规划和文物的行为进行制止、检举和控告。

对在历史文化名城保护工作中作出突出贡献的单位和个人，由历史文化名城城市人民政府或者有关部门予以表彰和奖励。

第二章 规 划

第七条 历史文化名城经批准后，该城市人民政府应当组织规划、建设、文物、计划、土地、园林、旅游、环保等有关部门编制历史文化名城保护规划，并纳入城市总体规划。

城市园林绿化、道路交通、环境卫生、风景名胜等各项专业规划，必须与历史文化名城保护规划相协调。

第八条 历史文化名城城市人民政府编制历史文化名城保护规划，应当从城市整体风貌上确定古城功能的改善、用地布局的调整、空间形态或者视廊的保护等措施。

第九条 编制历史文化名城保护规划应当划定文物保护单位的保护范围和建设控制地带。

对具有传统风貌的商业、手工业、居住等街区以及文物古迹、革命纪念建筑集中连片的地区，或者在城市发展史上有重要历史、科学、艺术价值的建筑群等，应当划定为历史文化保护区，树立标志，予以保护。

第十条 编制历史文化名城保护规划，应当广泛征求社会公众、专家学者和有关部门的意见，并进行技术性论证。

第十一条 国家级历史文化名城保护规划，按国家规定审批；省级历史文化名城保护规划，由省人民政府审批。

历史文化名城保护规划在报请审批前，须经同级人民代表大会或者其常务委员会审查同意。

历史文化名城保护规划一经批准，城市人民政府应当予以公布，并组织实施。任何单位和个人都必须遵守，不得擅自变更。

第十二条 历史文化名城城市人民政府应当依据经批准的历史文化名城保护规划，组织编制历史文化名城重点保护区域的详细规划，提出保护和建设的具体实施方案。

第十三条 历史文化名城城市人民政府可以根据城市社会经济发展和历史文化名城保护的需要，对保护规划进行局部调整，并报同级人民代表大会常务委员会和原批准机关备案；但对保护规划确定的保护范围、建设控制地带或者历史文化保护区的界限和内容进行调整的，必须经同级人民代表大会或者其常务委员会审查同意后报原批准机关审批。

第三章 建 设

第十四条 历史文化名城城市规划区内的土地利用和各项建设必须符合历史文化名城保护规划。

第十五条 在保护规划确定的建设控制地带内进行建设的，建设项目设计方案在报城市规划行政主管部门批准前，应当先经文物行政管理部门审查同意。

建设控制地带和历史文化保护区内的建设项目的布局、性质、高度、容积率、建筑密度、造型和色彩等，必须与周围景观风貌相协调。

第十六条 在历史文化名城城市规划区内建设各类大型项目或者进行较大规模的旧城改造，城市人民政府应当事先组织有关专家进行论证，并广泛征求社会各方面的意见。

第十七条 历史文化名城城市规划区内建设项目的可行性研究报告报请批准时，必须附具城市规划行政主管部门核发的建设项目选址意见书；未附具建设项目选址意见书的，计划部门不得审批。

建设项目选址意见书由批准建设项目的计划部门的同级城市规划行政主管部门核

发。但属于国家审批的大中型和限额以上的建设项目，由省城市规划行政主管部门核发；国家有关部门审批的小型和限额以下的建设项目，由项目所在地城市规划行政主管部门核发。

第十八条 在历史文化名城城市规划区内进行建设需要使用土地的，必须办理建设用地规划许可证。

建设用地规划许可证经批准用地人民政府的城市规划行政主管部门审查同意后，由当地城市规划行政主管部门核发。

第十九条 在历史文化名城城市规划区内新建、扩建和改建建筑物、构筑物、道路、管线和其他工程设施，必须办理建设工程规划许可证。

建设工程规划许可证按规定实行分级审查。经审查同意的建设工程规划许可证由当地城市规划行政主管部门核发。

第二十条 设计单位必须按照城市规划行政主管部门提出的规划设计要求进行设计。

第二十一条 建设单位或者个人在取得建设工程规划许可证和其他有关批准文件后，应当按规定办理开工手续；经城市规划行政主管部门现场验线后，方可正式施工。

第二十二条 施工单位必须按照建设工程规划许可证的规定进行施工，切实保护文物古迹及其周围的林木、植被、水体、地貌、不得造成污染和破坏。

第二十三条 建设工程竣工后，建设单位或者个人必须按规定报城市规划行政主管部门进行规划验收。

建设单位或者个人必须在建设工程竣工验收后六个月内，向城市规划行政主管部门报送有关竣工资料，办理存档手续。

第四章 管　理

第二十四条 历史文化名城城市人民政府应当采取措施，切实加强对历史文化名城的管理。

第二十五条 在历史文化名城城市规划区内从事挖取砂石、土方，围填水面，设置生产、生活废弃物堆放场所等改变地形、地貌的活动，必须经城市规划行政主管部门和有关部门批准。

第二十六条 建设工程投入使用后，未经城市规划行政主管部门批准，任何单位和个人均不得擅自变更其使用性质；涉及土地使用性质变更的，还应当报经土地管理部门批准。

第二十七条 历史文化名城中的文物古迹和重要人文景观，必须按照文物保护法律、法规的规定严加保护，及时修缮。

被核定为文物保护单位的革命遗址、纪念建筑物、古墓葬、古建筑、石刻等，在进行修缮、保养、迁移的时候，必须遵守不改变文物原状的原则，其修缮计划和施工方案须按规定经文物行政管理部门批准。

第二十八条 在历史文化名城中经批准使用文物保护单位的，应当与文物行政管理部门签订使用保护协议书，负责建筑物及其附属物的安全、保养和维修，接受文物行政管理部门的指导和监督。

第二十九条 对社会开放的文物保护单位和有文物保护单位的参观游览场所，其管理部门应当采取有效的保护措施，保证文物的安全，严禁破坏性使用。

参观游览者应当自觉遵守文物保护法律、法规及文物保护单位的各项管理制度，爱护文物及其设施，不得毁坏、刻划或者涂抹。

第三十条 文物保护单位应当加强消防安全措施。任何单位和个人都不得在保护范围内存放易燃、易爆、有毒、有腐蚀性等危害文物安全的物品。

第三十一条 历史文化名城中的古树名木，应当按国家规定登记造册，建立档案，设置保护标志，制定特别保护措施。

第三十二条 历史文化名城城市人民政府必须采取措施，集中处理生活污水、垃圾，不断改善环境卫生；不得新建污染环境的项目，严格限制新建影响城市风貌的项目；对现有污染严重且对文物古迹和风景名胜有严重影响的工矿企业，必须依法限期治理或者搬迁。

第三十三条 在历史文化名城城市规划区范围内，不得从事下列活动：

（一）损坏或者拆除保护规划确定保护的传统建筑物、构筑物、街区等；

（二）占用或者破坏保护规划确定保护的道路、园林绿地、河湖泉水系等；

（三）法律、法规禁止的其他活动。

第三十四条 历史文化名城各有关部门应当对历史文化名城的历史沿革、文物资源、范围界限、环境状况等进行收集整理和研究，形成完整的资料，妥善保存并合理利用。

第三十五条 省和历史文化名城城市人民政府应当视财力情况，每年安排一定的专项保护经费，用于历史文化名城的保护。

第五章　法律责任

第三十六条 违反本条例的规定，擅自改变历史文化名城规划，造成重大损失或者严重后果的，对直接负责的主管人员应当依法给予行政处分；构成犯罪的，依法追究刑事责任。

城市规划行政主管部门违反本条例规定，未经审查而擅自核发建设用地规划许可证或者建设工程规划许可证的，其核发的证件无效，由上级城市规划行政主管部门责令其停止建设、限期改正，对直接负责的主管人员和其他直接责任人员，依法给予行政处分；造成损失的，应当予以赔偿；构成犯罪的，依法追究刑事责任。

第三十七条 在历史文化名城城市规划区内，未取得建设用地规划许可证或者违反建设用地规划许可证的规定而取得用地批准文件、占用土地的，批准文件无效，占用的土地由县级以上人民政府责令退回；构成犯罪的，依法追究刑事责任。

第三十八条 在历史文化名城城市规划区内，建设单位未取得建设工程规划许可证或者违反建设工程规划许可证的规定进行建设，严重影响历史文化名城保护规划的，由城市规划行政主管部门责令其停止建设、限期拆除或者没收违法建筑物、构筑物及其他设施；非法占用土地的，由县级以上人民政府依法收回土地使用权；影响历史文化名城保护规划，尚可采取改正措施的，由城市规划行政主管部门责令其停止建设、限期改正，并处以建设工程总造价百分之三至百分之十的罚款。

当事人自接到停工通知之日起，必须停止有关建设活动；对拒不停止违法行为继续施工的，作出处罚决定的机关可依法查封其施工设施和建筑材料，并拆除其续建部分，拆除费用由当事人承担。

第三十九条 设计单位违反本条例第二十条规定，未按规划设计要求进行设计的，由城市规划行政主管部门责令其限期改正，没收违法所得，并可处以违法所得1倍以上2倍以下的罚款。

第四十条 施工单位违反本条例规定，未按建设工程规划许可证的规定进行建设的，由城市规划行政主管部门责令其停止施工，并可处以1万元以上10万元以下的罚款。

第四十一条 违反本条例第二十六条规定，擅自变更建设工程使用性质的，由城市规划行政主管部门责令其限期改正，并可处以2000元以上1万元以下的罚款。

第四十二条 违反本条例第二十九条第一款规定，破坏性使用文物保护单位文物的，由文物行政管理部门责令其停止使用，赔偿损失，并可处以2万元以下的罚款。

第四十三条 违反本条例第三十三条第一项和第二项规定的，由城市规划行政主管部门责令其停止违法活动，限期采取补救措施或者恢复原状，并可处以1万元以上10万元以下的罚款。造成损失的，应当予以赔偿。

第四十四条 依照本条例规定实施罚款处罚时，必须使用省财政部门统一制发的罚没票据。罚没款项全部缴国库。

第四十五条 当事人对行政处罚决定不服的，可以依法申请复议或者向人民法院起诉。当事人逾期不申请复议也不起诉，又不履行处罚决定的，由作出处罚决定的机关申请人民法院强制执行。

第四十六条 从事历史文化名城保护工作的国家工作人员玩忽职守、滥用职权、徇私舞弊的，由其所在单位或者上级主管机关给予行政处分；构成犯罪的，依法追究刑事责任。

第六章 附 则

第四十七条 本条例自公布之日起施行。

山东省文物保护条例

(2010年9月29日山东省第十一届人民代表大会常务委员会第十九次会议通过)

第一章 总 则

第一条 为了加强对文物的保护,传承优秀历史文化遗产,根据《中华人民共和国文物保护法》等法律、行政法规,结合本省实际,制定本条例。

第二条 本省行政区域内文物保护及其相关活动,适用本条例。

第三条 各级人民政府负责本行政区域内的文物保护工作。

县级以上人民政府应当加强文物管理机构和队伍建设,其文物保护委员会负责协调、解决涉及文物保护的重大事项。

县级以上人民政府应当建立文物保护专家咨询机制。

第四条 县级以上人民政府文物行政部门对本行政区域内的文物保护实施监督管理,制定重大文物安全事故防范预案,督促检查文物保护单位、文物收藏单位落实文物保护安全措施,加强对民间收藏文物流通的监管;其他有关部门在各自职责范围内负责有关的文物保护工作。

第五条 县级以上人民政府应当将文物保护事业纳入国民经济和社会发展规划以及城乡规划,所需经费列入本级财政预算。

县级以上人民政府用于文物保护的财政拨款随着财政收入增长而增加。

国有文物保护单位门票收入和其他事业性收入,专门用于文物保护。

第六条 县级以上人民政府文物行政部门可以在法定权限内,委托文物管理机构等具备法定条件的事业组织实施行政处罚。

第七条 县级以上人民政府或者有关部门应当对保护文物作出突出贡献的组织和个人给予表彰、奖励。

第二章 不可移动文物

第八条 对具有历史、艺术、科学价值的不可移动文物,应当依照《中华人民共和国文物保护法》第十三条的规定,核定公布为文物保护单位。尚未核定公布为文物保护单位的不可移动文物,由县(市、区)人民政府文物行政部门予以登记公布,参照县级文物保护单位进行管理。

县级以上人民政府文物行政部门应当将本行政区域内埋藏文物丰富的地区划定为地下文物保护区,报本级人民政府核定公布,纳入土地利用总体规划和城乡规划,参照相应级别的文物保护单位进行管理。

第九条 县（市、区）人民政府文物行政部门对新发现的不可移动文物应当及时登记并于每年末向社会公布；其中，属于重要文物或者遇有紧急情况可能受到危害的文物，应当即时向社会公布。

县（市、区）人民政府文物行政部门应当至少每五年将已登记公布的不可移动文物报本级人民政府核定公布为文物保护单位。省和设区的市人民政府文物行政部门应当至少每五年从下级文物保护单位或者新发现的文物中，选择具有重大价值的不可移动文物，报本级人民政府核定公布为文物保护单位。

设区的市和县（市、区）人民政府应当将核定公布的文物保护单位逐级报省人民政府备案，并自公布之日起一年内，划定并公布保护范围和建设控制地带，作出标志说明，建立记录档案，设置专门机构或者指定专人负责管理。

第十条 没有专门机构管理的文物保护单位，由县（市、区）人民政府聘请一至三名文物保护员专门负责管理，并支付合理报酬，费用在文物保护经费中列支。

第十一条 变更文物保护单位行政隶属关系的，应当经核定公布该文物保护单位的人民政府批准，并报上一级人民政府备案。

第十二条 文物行政部门以外的机关、团体、企业事业单位、宗教活动场所以及其他组织和个人管理使用不可移动文物的，应当与其所在地县（市、区）人民政府文物行政部门签订责任书，负责文物及其附属物的安全、保养和修缮，并接受文物行政部门的指导和监督。

前款规定的组织和个人难以继续承担不可移动文物保护责任，该文物属于国有的，应当将管理使用权与相关资料移交文物行政部门；属于非国有的，可以将管理使用权与相关资料移交文物行政部门。

第十三条 行政区划调整的，原人民政府文物行政部门应当在一年内，将不可移动文物及其有关工作档案和资料移交调整后的人民政府文物行政部门管理。

第十四条 对社会开放的文物保护单位和有不可移动文物的参观游览场所，其管理、使用单位必须采取有效保护措施保证文物安全，禁止破坏自然环境和历史风貌。不可移动文物的管理、使用单位应当履行消防安全职责。被列为全国重点文物保护单位的建筑群，距离公安消防队较远的，其管理、使用单位应当就近设立专职消防队。

第十五条 在文物保护单位的保护范围内，禁止下列行为：

（一）擅自设置户外广告设施；

（二）修建人造景点；

（三）存放易燃、易爆、有毒、有腐蚀性等危害文物安全的物品；

（四）擅自进行爆破、钻探、挖掘等作业或者栽植、移植大型乔木和修建构筑物；

（五）建窑、取土、采石、开矿、毁林、排污、深翻土地；

（六）进行与文物保护无关的其他建设工程。

第十六条 文物保护单位保护范围划定前已有的非文物建筑物和构筑物，危害文物保护单位安全的，应当拆迁；破坏或者影响文物保护单位自然环境和历史风貌的，应当结合城乡规划和文物保护规划逐步拆迁或者改造，拆迁、改造费用由文物保护单位所在地县级以上人民政府承担；属于违法建筑的，拆迁、改造费用由违法行为人承担。

  第十七条 迁移、拆除不可移动文物，或者在文物保护单位保护范围、建设控制地带内和已登记公布的不可移动文物占地范围内进行建设活动、作业的，必须依法报请审批。审批机关在作出决定前，应当征求文物保护专家的意见。

  第十八条 县级以上人民政府应当加强大遗址保护工作，因大遗址保护造成的周边土地用途改变、移民、产业调整等应当纳入当地国民经济和社会发展中长期规划；在组织编制涉及大遗址保护的城乡规划时，应当征求省人民政府文物行政部门的意见。

  第十九条 文物保护单位辟为参观游览场所，应当符合国家和省有关规定，并由县级以上人民政府文物行政部门对其文物保护情况进行监督检查。

  第二十条 对文物保护单位进行修缮、迁移、重建，应当履行法定审批程序，并严格执行修缮计划和工程设计、施工方案；确需变更的，应当经原审批机关批准。文物保护工程应当接受审批机关的监督和指导，工程竣工后，由审批机关组织验收。

  第二十一条 文物保护工程实行项目审批制度。凡不符合国家文物保护工程管理规定或者经专家论证否决的项目，县级以上人民政府文物行政部门不予批准，财政部门不予拨款。

  第二十二条 非国有不可移动文物有损毁危险，所有人不具备修缮能力的，可以向当地人民政府申请帮助修缮。符合帮助修缮条件的，当地人民政府应当给予帮助。接受帮助修缮的非国有不可移动文物转让、抵押或者改变用途的，应当经相应的文物行政部门批准，并退还修缮费用。

  第二十三条 利用不可移动文物举办展览、展销、演出等活动，举办者应当编制文物和环境保护方案，根据文物的级别，经相应的文物行政部门审核，报上一级人民政府文物行政部门批准；涉及省级以上文物保护单位的，报省人民政府文物行政部门或者国务院文物行政部门批准。

  利用不可移动文物拍摄电影、电视、广告等活动，应当经相应的文物行政部门批准，并按照规定向其管理、使用单位支付费用。涉外拍摄活动按照国家有关规定执行。文物所在地县级以上人民政府文物行政部门负责对前两款规定的活动进行监督。

  第二十四条 因被盗、失火或者其他原因造成不可移动文物损毁的，有关组织和个人应当立即向文物所在地县（市、区）人民政府文物行政部门和公安机关报告。文物行政部门和公安机关接到报告后，应当立即启动相应的应急预案，同时报告上级人民政府文物行政部门和公安机关。

第三章 考古发掘

  第二十五条 考古发掘工作必须依法履行报批手续。任何组织或者个人不得私自发掘地下和水域中的文物。

第二十六条 省人民政府文物行政部门负责对本行政区域内的考古勘探、发掘工作进行管理和监督。

考古调查、勘探由省人民政府文物行政部门批准。

考古发掘单位在进行考古调查、勘探、发掘前,应当向县(市、区)人民政府文物行政部门交验国务院和省人民政府文物行政部门的批准文件。

第二十七条 考古发掘工地所在地县级以上人民政府文物行政部门应当支持考古发掘工作,并依法对其进行监督。

考古发掘结束后,考古发掘单位应当向省人民政府文物行政部门申请验收,在验收后十五个工作日内向县级以上人民政府文物行政部门提交考古发掘工作总结和出土文物清单,并自考古发掘工作结束之日起三年内提交考古发掘报告。

第二十八条 考古发掘单位负责保管考古调查、勘探、发掘的文字记录、图纸和影像等资料,并向当地县级以上人民政府文物行政部门提供相应的文物保护资料。考古发掘单位自提交考古发掘报告之日起六个月内,应当将出土文物移交给省人民政府文物行政部门指定的国有博物馆、图书馆或者其他国有文物收藏单位收藏。经省人民政府文物行政部门批准,考古发掘单位可以保留少量出土文物作为科研标本。任何组织或者个人不得侵占和擅自处理出土文物。

第二十九条 考古发掘单位保管的文物标本、暂存的出土文物,按照国有博物馆收藏文物的规定进行保护管理。尚未定级的文物发生事故的,按照《文物藏品定级标准》评定文物等级后进行处理。

第三十条 媒体对考古发掘现场进行新闻报道、电视直播或者制作专题类节目,应当经省人民政府文物行政部门批准。

第三十一条 基本建设工程应当避开地上、地下文物丰富的地段。工程项目在立项、选址前,建设单位应当征求该项目立项审批主管部门的同级文物行政部门的意见;凡涉及不可移动文物的,建设单位应当事先确定保护措施,作为建设项目重要内容列入可行性研究报告或者设计任务书,并根据文物级别,报上一级人民政府文物行政部门批准,未经批准,有关主管部门不予立项和批准施工。

第三十二条 进行占地二万平方米以上的大型基本建设工程或者在地下文物保护区、历史文化名城范围内进行工程建设,建设单位应当事先报请省人民政府文物行政部门组织考古调查、勘探,发现文物的,由省人民政府文物行政部门会同建设单位共同商定保护措施。

对前款规定的考古调查、勘探的期限,由考古发掘单位与建设单位根据工程规模共同商定,建设和施工单位应当予以配合。

第三十三条 基本建设和生产建设需要进行考古调查、勘探、发掘的,所需费用由建设单位列入建设工程预算。建设单位应当按照国家规定的范围和标准与文物行政部门签订文物保护协议,并及时向文物行政部门支付所需费用。

第三十四条 在工程建设和生产活动中发现文物的,应当立即停止施工、生产,保护现场，同时报告县（市、区）人民政府文物行政部门和公安机关，并向文物行政部门上交出土文物。县（市、区）人民政府文物行政部门和公安机关接到报告后，应当立即到达现场，并结合工程建设计划和文物保护需要，及时依法采取保护措施。

第三十五条　在基本建设工程中发现重要文物需要实施原址保护的，县级以上人民政府与建设单位协商后，可以另行安排用地或者收回土地使用权、退还已交纳的土地出让金；造成建设单位经济损失的，依法给予补偿。

第四章　馆藏文物

第三十六条　博物馆、图书馆和其他文物收藏单位应当加强对文物藏品的保护管理，建立健全库房管理和安全检查制度。藏品库房、陈列展览室、技术修复室等场所，必须按照国家有关规定配备防火、防盗、防自然损坏设施，安全设施不符合国家有关规定不得对外开放。不具备文物安全保管条件的国有文物收藏单位所收藏的文物，由省人民政府文物行政部门指定具备文物安全保管条件的单位代为保管。

第三十七条　文物收藏单位应当建立藏品总帐、分类帐和藏品单项档案，按照行政隶属关系或者文物等级分别报县级以上人民政府文物行政部门备案。

文物收藏单位应当逐步建设文物藏品数字化信息库。

第三十八条　国有文物收藏单位之间因举办展览、科学研究等需借用馆藏文物的，应当报省人民政府文物行政部门备案；借用馆藏一级文物，应当经省人民政府文物行政部门批准。

非国有文物收藏单位和其他单位举办展览需借用国有馆藏文物的，应当报省人民政府文物行政部门批准；借用国有馆藏一级文物，应当依法经国务院文物行政部门批准。

第三十九条　调拨国有馆藏文物，应当报省人民政府文物行政部门批准。

国有文物收藏单位不得与非国有文物收藏单位交换馆藏文物。

第四十条　文物收藏单位发生馆藏文物损毁事件，应当立即报告主管的文物行政部门；馆藏文物被盗、被抢或者丢失的，文物收藏单位应当立即向公安机关报案，并同时向主管的文物行政部门报告。文物行政部门应当自接到报告二十四小时内，按照处理权限，报告国务院文物行政部门或者省人民政府文物行政部门。

第四十一条　除国家和省另有规定外，文物征集活动必须经省人民政府文物行政部门批准，并自征集活动结束之日起三个月内，将文物征集情况向省人民政府文物行政部门报告备案。

第四十二条　文物收藏单位征集文物，应当与文物所有人或者持有人签订合同，明确征集文物的名称、数量和权属等内容，并附加征集文物的照片以及相关资料。

第四十三条　国有文物收藏单位、考古发掘单位向社会提供文物咨询、鉴定等服务，可以收取一定的费用。具体收费标准由省人民政府价格主管部门会同有关部门制定。

第四十四条　严格控制古代石刻等文物的拓印，除文物保管单位作为必需的资料保存外，其他任何组织和个人未经省人民政府文物行政部门批准不得拓印；内容涉及国家疆域、外交、民族关系、科学资料和未发表资料的石刻，不得传拓出售或者翻刻。

第四十五条 生产文物复制品必须经县级以上人民政府文物行政部门批准。复制一级文物，报国务院文物行政部门批准；复制二级、三级文物，报省人民政府文物行政部门批准。文物的复制、仿制和临摹，必须采取安全保护措施，保证文物安全。

第五章　民间收藏文物

第四十六条 除依法批准设立的文物商店、经营文物拍卖的拍卖企业外，其他组织或者个人不得从事文物商业经营活动。

文物商店、文物拍卖企业应当严格按照有关规定进行经营活动。

任何组织和个人不得买卖涉案、出土等国家禁止买卖的文物。

第四十七条 拍卖文物或者联合拍卖文物的拍卖企业，应当取得国务院文物行政部门颁发的文物拍卖许可证。

禁止出租、出借、转让文物拍卖许可证。

第四十八条 文物商店或者文物拍卖企业，在销售或者拍卖前应当经省人民政府文物行政部门对文物进行审核，对允许销售或者拍卖的，由省人民政府文物行政部门作出标识或者颁发批准文件。

禁止伪造、涂改文物销售标识和文物拍卖批准文件。

第四十九条 典当行、拍卖公司、文化市场、旧货市场、艺术品市场等单位或者场所经营尚未被认定为文物的监管物品，应当向县（市、区）人民政府文物行政部门提出申请，报省人民政府文物行政部门批准。

经批准经营前款规定的监管物品，由县级以上人民政府文物行政部门对其进行审核，允许销售的，应当作出标识。

第五十条 县级以上人民政府文物行政部门、工商行政管理部门和公安机关应当加强对文物经营活动的管理，对典当行、拍卖公司、文化市场、旧货市场、艺术品市场等单位和场所内可能涉及非法文物交易的活动进行监督检查。

县级以上人民政府文物行政部门应当建立对前款规定单位和场所的巡查制度；必要时，可以派员进驻市场，对涉嫌文物购销经营活动进行现场监管。

第五十一条 国有文物商店购买的符合收藏标准的文物，应当提供给国有文物收藏单位收藏。集体或者私人收藏的文物，可以采取捐赠、出售等方式转让给国有文物收藏单位，也可以由文物行政部门指定的文物商店购买。

任何组织和个人不得将国家禁止出境的文物转让、出租、质押给境外组织和个人。

第六章　法律责任

第五十二条 违反本条例规定，有下列行为之一的，由县级以上人民政府文物行政部门责令改正，并处五万元以上二十万元以下的罚款；造成文物损毁等严重后果的，处二十万元以上一百万元以下的罚款：

（一）未征求文物行政部门的意见，在地上、地下文物丰富的地段进行基本建设工程的；

（二）未经考古调查、勘探，擅自进行占地二万平方米以上的大型基本建设工程或者在地下文物保护区、历史文化名城范围内进行工程建设的。

第五十三条 违反本条例规定，有下列行为之一的，由县级以上人民政府文物行政部门责令限期改正；逾期不改正或者造成严重后果的，处五万元以上五十万元以下的罚款：

（一）对社会开放的文物保护单位和有不可移动文物的参观游览场所的管理、使用单位，拒不采取有效措施保证文物安全，或者破坏文物的自然环境和历史风貌的；

（二）在文物保护单位的保护范围内，擅自设置户外广告设施或者栽植、移植大型乔木和修建构筑物的；

（三）在文物保护单位的保护范围内，修建人造景点或者存放易燃、易爆、有毒、有腐蚀性等危害文物安全的物品的；

（四）在工程建设和生产活动中发现文物，不立即停止施工、生产，造成文物损毁的；

（五）建设和施工单位拒不配合或者妨碍考古调查、勘探、发掘工作的；

（六）建设单位拒不支付考古调查、勘探、发掘费用的；

（七）建设单位进行基本建设工程涉及不可移动文物，未事先确定文物保护措施，或者未将事先确定的保护措施报请批准的；

（八）擅自利用不可移动文物举办展览、展销、演出或者拍摄电影、电视、广告等活动的；

（九）擅自对考古发掘现场进行新闻报道、电视直播或者制作专题类节目的。前款规定的违法行为人是国家工作人员，对负有责任的主管人员和其他直接责任人员依法给予处分。

第五十四条 违反本条例规定，擅自变更已批准的修缮计划和工程设计、施工方案，对文物保护单位进行修缮、迁移、重建的，由县级以上人民政府文物行政部门责令改正；造成严重后果的，处五万元以上五十万元以下的罚款；情节严重的，由原发证机关吊销资质证书。

第五十五条 违反本条例规定，文物拍卖企业出租、出借或者转让文物拍卖许可证的，由省人民政府文物行政部门没收违法所得，并处二万元以上二十万元以下的罚款。

第五十六条 违反本条例规定，未经批准经营未被认定为文物的监管物品的，由县级以上人民政府文物行政部门责令改正，没收违法所得，并处一万元以上十万元以下的罚款。

第五十七条 违反本条例规定，未经批准擅自进行考古勘探的，由省人民政府文物行政部门责令停止勘探，并处一万元以上五万元以下的罚款。

第五十八条 违反本条例规定，有下列行为之一的，由县级以上人民政府文物行政部门责令改正；情节严重的，处五千元以上五万元以下的罚款：

（一）无正当理由，拒不与文物所在地县（市、区）人民政府文物行政部门签订责任书或者不履行责任书规定义务的；

（二）考古发掘单位因管理不善造成出土文物损毁、丢失的；

（三）擅自处理出土文物以及科研标本的。

第五十九条 违反本条例规定，未经批准进行文物征集活动的，由省人民政府文物行政部门责令改正，没收非法征集的文物，并处五千元以上五万元以下的罚款。

第六十条 违反本条例规定，伪造、涂改文物销售标识和文物拍卖批准文件的，由省人民政府文物行政部门处五千元以上五万元以下的罚款。

第六十一条 违反本条例规定，发展改革、国土资源、住房城乡建设、规划等有关部门及其工作人员未征求相应的文物行政部门意见，或者未经文物行政部门同意擅自审批建设项目的，由主管机关或者监察机关责令改正，对负有责任的主管人员和其他直接责任人员依法给予处分。

第六十二条 违反本条例规定，擅自改变文物保护单位行政隶属关系的，由上级人民政府责令改正，对负有责任的主管人员和其他直接责任人员依法给予处分。

第六十三条 人民法院、人民检察院、公安机关、海关和工商行政管理等部门对追缴的涉案文物，应当登记造册，妥善保管，并在结案后三十日内无偿交还失主或者移交给同级文物行政部门；拒不按时交还或者移交的，由主管机关或者监察机关对负有责任的主管人员和其他直接责任人员依法给予处分。

第六十四条 文物行政部门及其工作人员违反本条例规定，滥用职权、玩忽职守、徇私舞弊的，对负有责任的主管人员和其他直接责任人员依法给予处分；构成犯罪的，依法追究刑事责任。

第六十五条 对违反本条例的行为，法律、行政法规已有行政处理规定的，适用其规定；造成文物灭失、损毁、流失的，依法承担民事责任；构成犯罪的，依法追究刑事责任。

第七章　附　则

第六十六条 本条例所称大遗址，包括反映中国古代历史各个发展阶段涉及政治、文化、宗教、艺术、军事、科技、工业、农业、建筑、交通、水利等方面历史文化信息，具有规模宏大、价值重大、影响深远特点的大型聚落、城址、宫室、陵寝墓葬等遗址、遗址群以及文化景观。

第六十七条 涉案文物的鉴定，由省人民政府文物行政部门或者其指定的设区的市人民政府文物行政部门组织实施。

第六十八条 本条例自2010年12月1日起施行。1990年10月30日山东省第七届人民代表大会常务委员会第十八次会议通过、1994年8月9日山东省第八届人民代表大会常务委员会第九次会议第一次修正、2002年7月27日山东省第九届人民代表大会常务委员会第三十次会议第二次修正的《山东省文物保护管理条例》同时废止。

山东省城乡规划条例

（山东省人民代表大会常务委员会公告　第126号）

第一章　总　则

第一条　为了科学合理地制定城乡规划，加强城乡规划管理，保障城乡规划的实施，统筹城乡空间布局，改善人居环境，促进城乡经济社会全面协调可持续发展，根据《中华人民共和国城乡规划法》等法律、行政法规，结合本省实际，制定本条例。

第二条　在本省行政区域内制定和实施城乡规划，在规划区内进行各项建设活动，应当遵守本条例。

本条例所称城乡规划，包括城镇体系规划、城市规划、县城规划、镇规划、乡规划、村庄规划。城市规划、县城规划、镇规划分为总体规划和详细规划，详细规划分为控制性详细规划和修建性详细规划。

本条例所称规划区，是指城市、县城、镇、村庄的建成区以及因城乡建设和发展需要，必须实行规划控制的区域。规划区的具体范围，由有关人民政府在组织编制的城市总体规划、县城总体规划、镇总体规划和乡规划、村庄规划中，根据城乡经济社会发展水平和统筹城乡发展的需要划定。

第三条　制定和实施城乡规划，应当遵循城乡统筹、合理布局、节约集约利用土地和先规划后建设的原则，正确处理近期建设和长远发展、经济社会发展和生态环境保护的关系，保护耕地等自然资源和历史文化遗产，保持地方特色和传统风貌，优化城乡资源配置，促进城乡一体化发展，并符合区域人口发展、国防建设、防灾减灾和公共卫生、公共安全的需要。

城市总体规划、县城总体规划、镇总体规划、乡规划和村庄规划的编制，应当依据国民经济和社会发展规划，并与土地利用总体规划相互衔接。

第四条　经依法批准的城乡规划，是城乡建设和规划管理的依据，未经法定程序不得修改。各类建设活动应当符合经依法批准的城乡规划。

第五条　各级人民政府应当建立健全城乡规划管理体系，将城乡规划工作纳入国民经济和社会发展规划及年度计划，实行行政首长负责制和规划执行责任追究制度，加强集中统一管理，确保依法实施城乡规划。

各级人民政府应当将城乡规划的编制和管理经费纳入本级财政预算，并根据财政收入的增长情况和规划事业的发展需要适当增加。

第六条　各级人民政府和城乡规划主管部门应当建立城乡规划工作的公众参与制

度。城乡规划的制定、实施、修改，应当充分征求专家和公众意见。

省、城市、县人民政府应当组建由相关部门、专家和公众代表组成的城乡规划委员会，对涉及城乡规划的重大事项进行审议，其审议意见作为城乡规划的决策依据。

第七条 省城乡规划主管部门负责全省城乡规划管理工作。

城市、县城乡规划主管部门负责本行政区域内的城乡规划管理工作。

各类开发区的城乡规划工作，由城市、县城乡规划主管部门集中统一管理。

第八条 鼓励开展城乡规划科学技术研究，推广和应用先进技术，健全城乡规划管理信息系统，推进城乡规划规范化、信息化，提高城乡规划的科技水平和管理效能。

对在城乡规划编制和管理工作中作出突出贡献的单位和个人，由县级以上人民政府或者城乡规划主管部门给予表彰。

第二章　城乡规划制定和修改

第一节　城乡规划编制和审批

第九条 省人民政府依据全国城镇体系规划，组织编制省域城镇体系规划，报国务院审批。

省城乡规划主管部门可以依据省域城镇体系规划，按照区域统筹协调发展的需要，组织编制区域性城镇体系规划，报省人民政府审批。

第十条 城市总体规划、县城总体规划由城市、县人民政府组织编制，报省人民政府审批；依法应当报国务院审批的城市总体规划，由省人民政府审查同意后，报国务院审批。

镇总体规划、乡规划、村庄规划由镇、乡人民政府组织编制，报城市、县人民政府审批。

第十一条 城市总体规划、县城总体规划、镇总体规划、乡规划和村庄规划的编制原则和内容，应当符合有关法律、法规和规章的要求。

城市总体规划、县城总体规划应当包括远景规划，根据合理的资源和环境容量，按照城镇化发展到成熟期的城镇人口数量，对城镇远景规模、空间布局等长远发展作出预测性、前瞻性的安排。

第十二条 省人民政府组织编制的省域城镇体系规划和城市、县人民政府组织编制的城市总体规划、县城总体规划，在报上级人民政府审批前，应当先经本级人民代表大会常务委员会审议，常务委员会组成人员的审议意见交由本级人民政府研究处理。

镇、乡人民政府组织编制的镇总体规划、乡规划在报城市、县人民政府审批前，应当先经镇、乡人民代表大会审议，代表的审议意见交由本级人民政府研究处理。

镇、乡人民政府组织编制的村庄规划，应当经村民会议或者村民代表会议讨论同意，并征求城市、县城乡规划主管部门的意见。

规划组织编制机关报送审批城市总体规划、县城总体规划、镇总体规划、乡规划，应当同时报送本级人民代表大会常务委员会组成人员或者镇、乡人民代表大会代表的审议意见和根据审议意见修改规划的情况。

第十三条 城市、县城乡规划主管部门组织编制城市、县城控制性详细规划，经城市、县人民政府批准后，报本级人民代表大会常务委员会和上一级人民政府备案。

镇人民政府组织编制镇控制性详细规划，经城市、县人民政府批准后，报同级人民代表大会备案。

编制控制性详细规划，不得改变城市、县城、镇总体规划的强制性内容；确需改变的，应当先按照法定程序修改总体规划。

第十四条 城市、县城乡规划主管部门和镇人民政府可以组织编制重要地块的修建性详细规划，报城市、县人民政府审批；其他需要编制修建性详细规划的，可以由建设单位组织编制，并报城市、县城乡规划主管部门依据控制性详细规划审定。

编制修建性详细规划，应当符合控制性详细规划，不得改变控制性详细规划的强制性内容。

第十五条 城市总体规划、县城总体规划确定的规划建设用地范围内的镇、乡和村庄，按照城市总体规划、县城总体规划、控制性详细规划等进行规划管理，不再编制镇规划、乡规划和村庄规划。

镇总体规划确定的规划建设用地范围内的村庄，按照镇总体规划、控制性详细规划等进行规划管理，不再编制村庄规划。

第十六条 城市、县有关部门组织编制的交通、电力、供热、燃气、通信、绿化、消防、抗震、给水排水、人民防空、环境卫生、文物保护、公共服务设施等有关专项规划，经城市、县城乡规划主管部门审查同意，报本级人民政府审批后，纳入城市、县城总体规划。

单独编制的省域和重大的区域性各类专项规划，应当符合省域和区域性城镇体系规划。

第十七条 历史文化名城、名镇、名村批准公布后，城市、县人民政府应当组织编制历史文化名城、名镇、名村保护规划，报省人民政府审批。

城市、县城乡规划主管部门应当组织编制历史文化街区详细规划，经省城乡规划主管部门会同省文物主管部门审查同意后，报城市、县人民政府审批。

第十八条 编制城乡规划，应当符合经依法批准的上位城乡规划，遵守国家和省有关标准和技术规范，采用符合国家和省规定的技术资料。

各相关部门和单位应当根据规划组织编制机关的需要，及时提供有关统计、勘察、测绘、地籍、气象、地震、水资源、水文、环保、文物、地下设施、矿产资源等基础资料。

第十九条 城乡规划报送审批前，规划组织编制机关应当依法将城乡规划草案予以公告，并采取论证会、听证会等方式征求专家和公众的意见。公告时间不得少于三十日。

规划组织编制机关应当充分考虑专家和公众的意见，并在报送审批的材料中附具意见采纳情况及理由。

规划组织编制机关应当在城乡规划获得批准后三十日内，向社会公布规划的主要内容和图纸。

第二节 城乡规划修改

第二十条 省域和区域性城镇体系规划、城市总体规划、县城总体规划、镇总体规划的组织编制机关，应当定期组织规划编制单位、有关部门和专家，对规划实施情况进行评估，并采取论证会、听证会等方式征求公众意见，向城乡规划审批机关提出评估报告。

评估报告应当包括下列内容：

（一）城镇体系规划和城市、县城、镇总体规划的执行情况；

（二）规划阶段性目标的落实情况；

（三）各项强制性内容的执行情况；

（四）各类专项规划、近期建设规划、控制性详细规划的制定情况；

（五）规划评估结论及规划实施建议。

第二十一条 有下列情形之一的，经城乡规划审批机关批准，规划组织编制机关可以按照规定的权限和程序，对省域和区域性城镇体系规划、城市总体规划、县城总体规划、镇总体规划进行修改：

（一）上位城乡规划发生变更，提出修改规划要求的；

（二）行政区划调整确需修改规划的；

（三）经评估确需修改规划的；

（四）法律、法规规定的其他情形。

第二十二条 有下列情形之一的，经城乡规划审批机关批准，规划组织编制机关可以按照规定的权限和程序，对控制性详细规划进行修改：

（一）因城市、县城、镇总体规划修改导致规划无法实施的；

（二）因实施重大基础设施和公共服务设施、防灾减灾等工程项目需要进行修改的；

（三）城市建设用地的限制条件发生改变的；

（四）经评估确需修改规划的；

（五）法律、法规规定的其他情形。

第二十三条 有下列情形之一的，经城乡规划审批机关批准，规划组织编制机关可以按照规定的权限和程序，对修建性详细规划进行修改：

（一）因控制性详细规划的修改导致规划无法实施的；

（二）因文物保护、地质灾害和涉及公共利益原因导致规划无法实施的；

（三）法律、法规规定的其他情形。

第二十四条 修改城乡规划，应当按照法定程序重新进行审批，并向社会公布。

第三节 城乡规划编制单位

第二十五条 对从事城乡规划编制业务的单位实行资质管理制度。

从事城乡规划编制业务的单位，应当在资质许可的范围内承担城乡规划编制业务。

禁止未取得城乡规划编制资质的单位和个人承担城乡规划编制业务。

第二十六条 委托编制和修改城乡规划，应当通过方案征集、公开招标等方式，选择具有相应资质的城乡规划编制单位承担。

禁止委托无城乡规划编制资质的单位和个人承担城乡规划编制业务。

禁止接受委托的城乡规划编制单位转包城乡规划编制业务。

第二十七条 省外城乡规划编制单位进入本省承担城乡规划编制业务的，应当向省城乡规划主管部门备案。

第二十八条 城乡规划编制单位应当在规划编制委托合同签订后十日内，将合同报项目所在地城乡规划主管部门备案。

第二十九条 城乡规划编制行业应当建立健全自律组织，加强行业自律，规范行业行为，维护从业单位及人员的合法权益，促进行业健康发展。

第三章 城乡规划实施

第一节 一般规定

第三十条 各级人民政府应当根据本地区经济社会发展水平和资源环境承载能力，量力而行，尊重群众意愿，有计划、分步骤地组织实施城乡规划。

第三十一条 城市、县、镇人民政府应当依据城市、县城、镇总体规划以及国民经济和社会发展规划，制定近期建设规划，报总体规划审批机关备案。近期建设规划的期限为五年。

城市、县人民政府可以依据近期建设规划，组织编制年度建设规划，明确年度规划实施的主要内容，统筹安排城乡基础设施、公共服务设施和保障性安居工程等项目的建设。

近期和年度投资计划、土地供应计划应当与近期和年度建设规划相衔接。

第三十二条 城市新区和各类开发区的开发和建设，应当合理确定建设规模和时序，系统配置基础设施和公共服务设施，严格保护自然资源和生态环境，体现地方特色。

旧城区的改建，应当保护传统风貌，增加绿地和公共空间，完善基础设施和公共服务设施，优化城市功能布局，按照近期和年度建设规划有序实施城中村的整体改造，改善居住条件和景观环境。

镇的建设和发展，应当统筹安排供水、排水、供电、供气、道路、通信、广播电视等基础设施和学校、卫生院、文化站、幼儿园、福利院、养老院等公共服务设施的建设，为周边农村提供服务。

乡、村庄的建设和发展，应当因地制宜、发挥村民自治组织的作用，改善农村生产、生活条件。鼓励具备条件的中心村建设新型农村社区。

历史文化名城、名镇、名村和历史优秀建筑的保护与利用，应当遵守国家和省有关规定。

第三十三条 实施跨行政区域的城镇体系规划，有关人民政府应当就区域内基础设施和公共服务设施共建共享、生态环境和历史文化遗产保护，以及行政边界相邻地区重大项目建设等事项进行沟通协调。必要时由共同的上一级人民政府组织协调。

第三十四条 城市、县城乡规划主管部门应当会同有关部门组织编制并实施地下空间开发利用规划，充分考虑防灾减灾、人民防空和通讯等需要，对地下的交通设施、人民防空设施、公共服务设施、防洪排涝设施、市政管线、需要保护的文物以及其他地下建筑物、构筑物进行统筹安排。

新建、改建城镇道路，应当推广建设地下综合管廊。

第三十五条 城乡规划主管部门应当在城乡规划确定的建设用地范围内，依法对建设项目作出规划许可。

区域性重大基础设施、公共服务设施等建设项目超出城乡规划确定的建设用地范围的，有权核发建设项目选址意见书的城乡规划主管部门应当会同有关部门，组织专家进行论证，经论证同意建设的，方可作出规划许可。

城乡规划主管部门核发的规划许可证件，应当注明许可有效期。

第三十六条 城乡规划确定的铁路、公路、港口、机场、道路、绿地、输配电设施及输电线路走廊、通信设施、广播电视设施、管道设施、河道、水库、水源地、海岸带、自然保护区、防汛通道、消防通道、垃圾填埋场及焚烧厂、污水处理厂、轨道交通、公交场站、燃气设施、供热设施、给水排水设施和公共服务设施的用地以及其他需要依法保护的用地，禁止擅自改变用途；擅自改变用途进行建设的，城乡规划主管部门不予办理规划审批手续。

第三十七条 城乡规划主管部门在作出建设项目规划许可决定前，应当在规划展示场所和部门网站或者建设工程现场，对拟作出的规划许可有关内容进行公告。公告时间不得少于七日。

城乡规划主管部门应当自作出规划许可决定之日起十五日内，将许可有关内容在规划展示场所和部门网站进行公布。

建设工程开工前，建设单位和个人应当按照要求在施工现场设置建设工程规划公示牌，公开规划许可有关内容。

第二节 建设项目选址规划

第三十八条 根据国家规定应当取得建设项目选址意见书的建设项目，建设单位在报送有关主管部门审批或者核准前，应当持建设项目选址意见书申报表、标明拟选址位置的项目区位图和地形图等材料，向城乡规划主管部门申请核发建设项目选址意见书。

城乡规划主管部门依据城乡规划对建设项目拟选址位置进行审查，符合城乡规划的，核发建设项目选址意见书。

建设项目选址意见书应当载明建设项目依据、选址位置、用地规模和建设规模，并附建设项目区位图和地形图。

第三十九条 建设项目选址意见书实行分级核发。

国家和省审批或者核准的建设项目，经项目所在地城市、县城乡规划主管部门初审同意后，由省城乡规划主管部门核发建设项目选址意见书。

城市、县审批或者核准的建设项目，由同级城乡规划主管部门核发建设项目选址意见书。

第四十条 建设项目选址意见书的具体管理办法，由省城乡规划主管部门制定。

第三节 建设用地规划

第四十一条 国有土地使用权划拨或者出让、转让应当符合城乡规划。城市、县城乡规划主管部门应当参与土地储备年度计划和国有土地供应计划的制定。

第四十二条 使用国有土地进行建设活动的建设单位和个人，应当取得城市、县城乡规划主管部门核发的建设用地规划许可证。

建设用地规划许可证应当载明建设用地的位置、范围、面积、用地性质、建设规模等，并附规划条件、用地红线图等材料。

规划条件包括用地的位置、范围、面积、用地性质、允许建设的范围、容积率、绿地率、建筑密度、建筑高度、基础设施和公共服务设施配套要求、地下空间开发利用要求等内容。

第四十三条 以划拨方式提供国有土地使用权的建设项目，建设单位应当持有关部门批准、核准、备案文件和建设项目选址意见书，向城市、县城乡规划主管部门申请核发建设用地规划许可证。

城乡规划主管部门依据控制性详细规划，提出划拨用地规划条件，核定用地位置、面积和允许建设的范围，核发建设用地规划许可证。

第四十四条 以出让方式提供国有土地使用权的，在国有土地使用权出让前，城市、县城乡规划主管部门应当依据控制性详细规划，提出出让地块的规划条件，作为国有土地使用权出让合同的组成部分。

未经城乡规划主管部门确定规划条件或者未按照规划条件签订国有土地使用权出让合同的，国有土地使用权不得出让。

第四十五条 以出让方式取得国有土地使用权的建设项目，建设单位和个人应当持建设项目批准、核准、备案文件和国有土地使用权出让合同等材料，向城市、县城乡规划主管部门申请核发建设用地规划许可证。

城乡规划主管部门审核相关材料，对符合规划条件的，核发建设用地规划许可证。对未按照规划条件签订国有土地使用权出让合同的，不得核发建设用地规划许可证。

第四十六条 建设单位和个人在取得建设用地规划许可证后，方可办理土地使用权权属证明手续。对未取得建设用地规划许可证的建设单位和个人批准用地的，县级以上人民政府依法撤销有关批准文件。

第四十七条 取得建设用地规划许可证的建设单位和个人，转让以出让方式取得的国有土地使用权的，应当向城市、县城乡规划主管部门申请变更建设用地规划许可证。

国有土地使用权转让合同不得擅自改变原出让合同的规划条件。

第四十八条 建设单位和个人申请变更规划条件中强制性内容的，应当由城乡规划主管部门组织专家论证和征求公众意见，报城市、县城乡规划委员会审议，并经城市、县人民政府批准后，方可办理规划许可变更手续。变更内容不符合控制性详细规划的，不得批准。确需变更的，应当先按照法定程序修改控制性详细规划。

第四十九条 因建设活动需要临时使用土地的，应当取得城市、县城乡规划主管部门核发的临时建设用地规划许可证，并依法办理临时用地批准手续。

临时用地使用期限不得超过两年。确需延期使用的，应当在使用期满三十日前，向城乡规划主管部门申请办理延期使用手续。延期不得超过两次，每次延期使用期限不得超过一年。

第四节　建设工程规划

第五十条 在国有土地上进行各类建设项目的新建、改建、扩建活动，应当按照下列规定办理建设工程规划许可证：

（一）建设单位和个人持建设用地规划许可证、土地使用权证明文件、标明建设项目用地范围的地形图等材料，向城乡规划主管部门提出建设工程规划许可申请。

（二）城乡规划主管部门依据控制性详细规划和建设用地规划条件，提出建设工程规划设计要求。建设单位和个人依据规划设计要求提交建设工程设计方案，规划设计要求中需要建设单位编制修建性详细规划的，应当同时提交修建性详细规划。

（三）城乡规划主管部门审核建设工程设计方案、修建性详细规划，对符合规划设计要求的，核发建设工程规划许可证。

建设工程规划许可证应当载明建设项目位置、建设规模和使用功能等内容，并附经审定的建设工程设计方案、修建性详细规划。

第五十一条 建设单位和个人取得建设工程规划许可证后，方可办理建设工程施工许可等手续。

第五十二条 在国有土地上进行临时建设的，应当取得城市、县城乡规划主管部门核发的临时建设工程规划许可证。

临时建设工程使用期限不得超过两年。确需延期使用的，应当在使用期满三十日前，向城乡规划主管部门申请办理延期使用手续。延期不得超过两次，每次延期使用期限不得超过一年。

临时建设不得擅自改变经批准的使用性质，不得办理房屋产权登记。

第五十三条 建设工程在开工前和建筑基础施工完成后，建设单位和个人应当委托由省城乡规划主管第五十三条部门认定的规划技术服务单位分别进行验线，并经城市、县城乡规划主管部门核发验线确认书后，方可开工或者继续施工。

第五十四条 建设工程竣工后，建设单位和个人应当委托规划技术服务单位进行竣工规划勘验，并持建设工程规划许可证、验线确认书、竣工勘验测绘报告等材料，向城市、县城乡规划主管部门申请竣工规划核实。

城乡规划主管部门受理申请后，应当在法定期限内进行审核，经审核符合规划许可内容的，核发建设工程竣工规划核实认可文件。

第五十五条 未取得建设工程竣工规划核实认可文件的建设工程，建设单位和个人不得组织竣工验收，有关部门不得办理竣工验收备案等相关手续。

建设单位和个人应当在竣工验收后六个月内，向城市、县城乡规划主管部门报送有关竣工验收资料。

第五十六条 已经建成并投入使用的建筑物、构筑物不得擅自改变建设工程规划许可证规定的使用性质。确需改变的，应当向城市、县城乡规划主管部门提出申请，由城乡规划主管部门按照有关法律、法规及本条例规定的程序办理规划许可变更手续。

第五节　乡村建设规划

第五十七条 使用农村集体土地进行乡镇企业、新型农村社区、乡村公共设施和公益事业建设的，建设单位和个人应当持标明建设项目用地范围的地形图、建设项目规划设计方案、建设工程设计方案、建设项目所在地村（居）民委员会同意建设的书面意见等材料，向乡、镇人民政府或者街道办事处提出申请，由乡、镇人民政府或者街道办事处报城市、县城乡规划主管部门核发乡村建设规划许可证。

乡村建设规划许可证应当载明建设项目位置、用地范围和面积、建设规模和主要功能等内容，并附经审定的主要设计图纸。

第五十八条 使用宅基地进行农村村民住宅建设，应当提交乡村建设规划许可证申请表、宅基地使用证明或者房屋权属证明、村（居）民委员会同意建设的书面意见、新建住宅相关图纸，向乡、镇人民政府或者街道办事处提出申请，经审核符合条件的，由城市、县城乡规划主管部门或者其委托的乡、镇人民政府核发乡村建设规划许可证。

第五十九条 使用农村集体土地进行乡镇企业、新型农村社区、乡村公共设施和公益事业建设以及农村村民住宅建设，不得占用农用地；确需占用农用地的，依法办理农用地转用审批手续后，方可办理乡村建设规划许可证。

建设单位和个人在取得乡村建设规划许可证后，方可办理用地审批手续，进行施工建设。

第六十条 乡村建设规划许可证管理办法由省城乡规划主管部门制定。

第四章　监督管理

第六十一条 省、城市、县人民政府及其城乡规划主管部门应当建立健全城乡规划监管制度，对城乡规划的编制、审批、实施、修改等活动实行动态监管，定期进行考核评价。

第六十二条 省人民政府建立派驻城乡规划督察员制度，对有关城市、县人民政府的城乡规划工作进行监督检查。具体办法由省人民政府制定。

第六十三条 各级人民政府应当向本级人民代表大会常务委员会或者乡、镇人民代表大会报告城乡规划的实施情况，并接受监督。

第六十四条 省城乡规划主管部门应当指导、监督城市、县人民政府实施省域和区域性城镇体系规划、城市总体规划、县城总体规划，定期形成专项评价报告，报经省人民政府同意后，对有关人民政府实施城乡规划情况进行通报。

第六十五条 城乡规划主管部门或者乡、镇人民政府对城乡规划的实施情况进行监督检查，有权采取下列措施：

（一）要求有关单位和人员提供与监督事项有关的文件、资料，并进行复制；

（二）要求有关单位和人员就监督事项涉及的问题作出说明，并根据需要进入现场进行勘测；

（三）责令有关单位和人员停止违反有关城乡规划法律、法规的行为。

第六十六条 城乡规划主管部门违反本条例规定作出行政许可的，上级城乡规划主管部门有权责令其撤销或者直接撤销该行政许可。因撤销行政许可给当事人合法权益造成损失的，应当依法给予赔偿。

依法应当给予行政处罚，而有关城乡规划主管部门不给予行政处罚的，上级城乡规划主管部门有权责令其作出行政处罚决定。

第六十七条 城乡规划主管部门应当对城乡规划编制单位和专业技术人员实行动态管理，进行定期监督检查，对不符合资质要求的单位依法进行处理。

第六十八条 乡、镇人民政府、街道办事处对城乡规划主管部门或者其他有关部门依法查处本辖区内违法建设的行为，应当予以配合。

居民委员会、村民委员会、物业服务企业对本区域内违反城乡规划的行为，应当予以劝阻，并及时向城乡规划等部门或者乡、镇人民政府报告。

第六十九条 任何单位和个人都有权对城乡规划的制定、实施提出意见建议，就涉及其利害关系的建设活动是否符合规划要求向城乡规划主管部门查询；有权向城乡规划主管部门或者其他有关部门举报、控告违反城乡规划的行为，城乡规划主管部门或者其他有关部门应当依法及时受理并查处。

第五章 法律责任

第七十条 违反本条例规定的行为，法律、法规已规定法律责任的，从其规定；法律、法规未规定法律责任的，按照本条例的规定执行。

第七十一条 城乡规划主管部门的工作人员违反本条例规定，有下列行为之一的，依法给予处分；构成犯罪的，依法追究刑事责任：

（一）违反法定程序对城乡规划确定的建设用地范围之外的建设项目作出规划许可的；

（二）未依法将规划许可有关内容进行公告的；

（三）违反法定程序办理规划许可变更手续的；

（四）其他玩忽职守、滥用职权、徇私舞弊的行为。

第七十二条 建设单位委托无城乡规划编制资质的单位和个人承担城乡规划编制业务的，由城乡规划主管部门责令改正，处一万元以上三万元以下的罚款。

接受委托的城乡规划编制单位转包城乡规划编制业务的，由城乡规划主管部门责令改正，对其规划编制成果不予审批，没收违法所得，并处一万元以上三万元以下的罚款；情节严重的，降低资质等级或者吊销资质证书。

第七十三条 省外城乡规划编制单位进入本省承担城乡规划编制业务未办理备案手续的，由城乡规划主管部门责令限期改正；逾期不改正的，处一万元以上三万元以下的罚款。

第七十四条 未取得建设工程规划许可证或者未按照建设工程规划许可证的规定进行建设，尚可采取改正措施消除对规划实施的影响的，由城乡规划主管部门责令停止建设，限期改正，处建设工程造价百分之五以上百分之十以下的罚款；无法采取改正措施消除影响的，依法拆除；不能拆除的，没收实物或者违法收入，可以并处建设工程造价百分之十以下的罚款。

前款所称无法采取改正措施消除影响应当限期拆除的情形包括：

（一）擅自占用规划确定的道路、广场、绿地、河湖水面、海岸带、轨道交通、公交场站、燃气设施、供热设施、给水排水设施、公共服务设施用地等进行建设的；

（二）违反建筑间距、建筑退让等技术规范、标准或者规划条件确定的强制性内容进行建设的；

（三）擅自占用物业管理区域内业主共有的道路、绿地或者其他场地进行建设的；

（四）擅自在建筑物顶部、底层或者退层平台进行建设的；

（五）其他对规划实施造成严重影响的违法建设行为。

第七十五条 建设单位和个人未取得验线确认书擅自开工或者继续施工的，由城乡规划主管部门责令停止建设，限期改正；逾期不改正的，处一万元以上三万元以下的罚款。

第七十六条 未经城乡规划主管部门批准，擅自改变已经建成并投入使用的建筑物、构筑物使用性质的，由城乡规划主管部门责令限期改正，处三万元以上十万元以下的罚款。

第七十七条 城乡规划主管部门作出责令停止建设或者限期拆除的决定后，当事人不停止建设或者逾期不拆除的，城乡规划主管部门应当向本级人民政府报告。本级人民政府应当自收到报告之日起七日内书面责成有关部门采取查封施工现场、强制拆除等措施，并依法作出处理。

第六章 附 则

第七十八条 本条例自2012年12月1日起施行。1991年8月31日山东省第七届人民代表大会常务委员会第二十三次会议通过的《山东省实施〈中华人民共和国城市规划法〉办法》同时废止。

山东省城镇化发展纲要(2012—2020年)

(鲁政发【2013】4号)

为深入实施城镇化战略,加快城镇化发展,促进经济文化强省建设,现结合实际,制定本纲要。

一、推进城镇化的总体要求

(一)发展现状。城镇化是现代化发展的必由之路,是新型工业化、信息化和农业现代化的重要载体和依托。近年来,各级各部门大力实施城镇化战略,积极开展"和谐城乡建设行动",取得明显成效。全省城镇规模不断扩大,城镇综合经济实力不断提升,基础设施不断改善,居民生活水平不断提高。

但总体看,我省城镇化发展仍然存在质量不高、速度不快的问题。特别是城市群发展滞后,中心城市综合实力和辐射带动能力不强,小城镇规模小、实力差,城市基础设施和公共服务设施投入不足、承载力不强,城镇土地利用效率不高,城镇化综合配套改革和发展动力不足等问题突出。

(二)指导思想。以"提质加速、城乡一体"为目标,以"人的城镇化"为核心,以提升产业支撑力和城镇承载力为重点,以体制机制创新为动力,积极转变城镇发展方式,同步推进新型工业化、信息化、城镇化和农业现代化,加快培育山东半岛城市群和济南省会城市群经济圈,着力突破县城、小城镇和新型农村社区,加快推进城乡一体化进程,有序推进农业转移人口市民化,彰显资源环境和齐鲁文化特征,走大中小城市和小城镇、城市群协调发展的山东特色城镇化道路。

(三)基本原则。

1. 坚持以人为本,和谐发展。更加关注、重视、改善民生,着力解决城镇化进程中的突出矛盾和问题,提高公共服务水平,提升城乡居民生活品质,提高城乡文明程度,走以人为本、和谐发展的城镇化路子。

2. 坚持规划引领,集约发展。以规划为龙头,科学定位、系统谋划,突出全局性、战略性、整体性,构建科学合理的城镇化格局,合理控制城镇规模和开发强度,不断提高城镇建设的质量和效益,增强城镇综合承载能力,走高效、集约、全面发展的城镇化路子。

3. 坚持城乡一体,统筹发展。着力统筹城乡规划布局、产业协调发展、资源要素配置、基础设施建设、生态环境保护、管理体制创新和公共服务,促进城乡要素平等交换和公共资源均衡配置，协调推进大中小城市、小城镇和新农村建设，逐步实现城乡公共服务均等化，走以工促农、以城带乡、工农互惠、城乡一体的城镇化路子。

4. 坚持生态优先，绿色发展。树立生态文明理念，转变城镇发展方式，着力推进绿色发展、循环发展、低碳发展，加快建设资源节约型和生态型城镇，走资源节约、环境友好、可持续发展的城镇化路子。

5. 坚持因地制宜，多元发展。充分尊重生态环境、历史文化、人口资源和经济发展等方面的差异性，科学确定城镇化发展目标，因地制宜，分类指导，突出个性，多元发展，打造魅力城镇，走具有浓郁地方特色的城镇化路子。

6. 坚持深化改革，创新发展。深化城乡户籍、人口就业、社会保障、土地管理、建设管理、财税、投融资、行政区划等体制机制改革，逐步消除城镇化发展体制机制障碍，走改革创新的城镇化路子。

（四）主要目标。

到2015年，城镇化水平进一步提高，全省城镇化率达到56%（户籍人口城镇化率达到47%）。每年城镇新增就业100万人、新增转移农村劳动力120万人；城镇经济实力进一步增强，人均地区生产总值6.5万元，服务业增加值比重达45%以上，单位地区生产总值能耗5年下降17%；城镇基础设施建设进一步完善，人均城市道路面积25平方米，燃气普及率达到98%，集中供热普及率达到46%，生活垃圾无害化处理率达到96%，污水处理厂集中处理率达到92%；城镇居民生活水平进一步提升，居民人均可支配收入达到3万元以上，居民人均住宅建筑面积35平方米，中低收入家庭住房保障覆盖率达到100%；城乡人居环境进一步优化，人均公园绿地面积16平方米。

到2020年，全省城镇化率达到63%（户籍人口城镇化率达到56.5%），城乡基础设施和公共服务设施显著改善，城乡居民生活品质和文明水平显著提高，城镇集聚辐射创新能力显著增强，城镇化发展质量进入全国前列，基本形成山东半岛城市群、济南省会城市群经济圈、黄河三角洲城镇发展区和鲁南城镇带一体化快速发展新格局，全面构建起支撑经济文化强省建设、大中小城市和小城镇协调发展的城镇体系。

（五）发展策略。

根据不同区域现状特点和发展潜力，因地制宜，实施多元化、差异化的城镇化发展策略，探索地方特色的城镇化发展模式和道路。

1. 城镇密集区。包括城市群、城镇带，按照"空间集聚、交通引导、组群推进、城乡一体"的原则，科学规划城市群规模和布局，健全城市群协调推进机制，加快完善快速交通和基础设施网络，促进城镇集约化、网络化发展。

2. 大城市地区。以中心城为核心，依托快速交通走廊和产业园区，建设若干新城区和新市镇，促进郊区城市化，完善城市公共服务功能，提升城市品质，增强综合实力。

3. 县城和小城镇。着力提升综合承载能力和建设品质，增强产业发展、公共服务、吸纳就业、人口集聚功能，强化集聚辐射作用，实行城乡统筹一体化发展。

4. 各类开发区。发挥产业发展的引领作用，壮大产业规模，提升发展层次，实施产城融合,加快向集经济功能、服务功能、生态功能、宜居功能于一体的新城区转型。

5. 农村地区。遵循因地制宜、分类指导、有序推进的原则,按照新型农村社区建设要求,完善公共服务设施,采取园区带动、村企共建、强村兼并、多村联建等形式,推进农业现代化、农村社区化联动发展,实现生产方式和生活方式融合转变。

二、推进城镇化的发展布局

(一)积极构建新型城镇体系。结合"蓝黄"战略实施,与区域经济发展总体布局相适应,加快构筑以城市群为主体,以区域中心城市为核心,以县域中心城市为支撑,以小城镇和新型农村社区为基础的层次分明、布局合理、功能协调、城乡一体的五级新型城镇体系,促进人口、产业及各类要素资源向重点城市、城镇密集区和发展战略区集聚,基本形成"一群一圈一区一带"省域城镇空间格局。"一群"即山东半岛城市群,是山东半岛蓝色经济区建设的重要载体、具有国际竞争力的城市群;"一圈"即济南省会城市群经济圈,是带动我省中西部发展、加快城镇化进程的经济增长极;"一区"是依托黄河三角洲高效生态经济区的开发建设,培植的环渤海经济圈新的经济增长极和城镇发展区;"一带"是依托鲁南经济带开发建设,构筑的欧亚大陆桥东部新的经济增长极和城镇带。到2020年,全省城区人口超过100万人的特大城市16个;50—100万人的大城市20个;20—50万人的中等城市40个;20万人以下的小城市30个;镇区人口5万人以上的小城镇100个;新型农村社区10000个。

(二)全面提升城市群综合竞争力。积极推进山东半岛城市群、济南省会城市群经济圈、黄河三角洲城镇发展区、鲁南城镇带规划建设,实施"强化核心、多元增长、区域联动、县域支撑"的发展战略,构建区域统筹规划体系、产业统筹布局体系、设施统筹建设体系和市场共建体系,促进区域产业发展互补、基础设施共建、生态网络相联、资源信息同享,使之成为引领全省、辐射周边地区的城市群,成为全省科学发展的示范区、创业创新的先行区。

1. 山东半岛城市群。依托山东半岛蓝色经济区建设,发挥青岛龙头带动作用,坚持陆海统筹、城海互动,积极向西拓展山东城市经济发展腹地,不断优化产业结构,发展战略性新兴产业和先进制造业,壮大现代服务业,加快改善需求结构,大力推进区域能源、交通、通信等基础设施一体化,加快城际快速交通网络建设,努力建成功能互补的高端产业聚集区、布局合理的都市连绵区、改革开放先行区、城乡一体化示范区。

2. 济南省会城市群经济圈。以功能一体化为核心,坚持区域联动、布局统筹、协作共建,加快发展以济南交通枢纽为中心的综合型、立体化、信息化城际基础设施网络,加快培育层次分明、优势互补的产业集群,切实增强城市快速集聚与高效辐射功能,着力建设成为交通发达、产业繁荣、开放创新、生态宜居的城市群。

3. 黄河三角洲城镇发展区。以生态环境承载力为基础,率先转变发展方式,加快构建高效生态产业体系,加快建设四大临港产业区,引导人口、产业向中心城市集聚。重点培育东营、滨州区域中心城市,加快县城和重点小城镇发展,构筑网络化、生态化城镇格局。

4. 鲁南城镇带。依托人口和资源优势，创新发展形式，积极引导劳动密集型、资金密集型产业向区内延伸转移，加快集聚高端要素，使其发展成为我国重要的能源化工产业基地和临港产业基地；以城乡基础设施和公共服务设施建设为重点，全面提升城镇综合承载能力，重点培育日照、临沂、济宁、枣庄、菏泽等5个中心城市，增强辐射带动功能，建设成为空间布局合理、城镇职能协调的城镇带。

（三）加快提升区域中心城市发展质量。着力把济南、青岛打造成为具有国际影响力的国家区域性中心城市，把其他15个设区市打造成省域综合性中心城市。

济南市要充分发挥省会优势，实行轴带辐射、组团发展，拓展发展空间，完善城市功能，加快推进国家创新型试点城市建设和开放型经济建设，积极促进工业优化升级，建设综合性国家高新技术产业基地。深化国家服务业综合改革试点，大力发展高端服务业，加快建设中央商务区，着力发展总部经济，形成聚集效应，切实提高在区域发展中的首位度，努力建设区域性经济中心、金融中心、科技教育中心、文化旅游中心、物流中心，成为黄河中下游地区的中心城市。

青岛市要按照"全域统筹、三城联动、轴带展开、生态间隔、组团发展"的空间战略格局，充分发挥龙头带动作用，强化城市功能，发展高端高质产业，打造"蓝色硅谷"，努力建设区域性贸易中心、东北亚航运中心、高技术产业中心、滨海旅游中心和财富管理中心，成为山东半岛蓝色经济区先导示范区、全省对外开放的龙头、黄渤海地区的中心城市。

淄博、烟台、潍坊、济宁、临沂等城市要依托区位条件、资源禀赋和发展基础，科学定位区域功能和作用，强化产业支撑，壮大经济实力，推动组团发展，拓展发展空间，完善城市功能，提高承载能力，进一步巩固提升区域中心城市的地位和辐射带动能力；其他设区市要进一步加快发展，不断扩大城市规模和提高服务管理水平，争取早日跨入特大城市或大城市行列。

（四）整体提升县域中心城市发展水平。充分发挥县（市）数量多、基础好的优势，继续推进省管县改革，实施扩权强县，不断简政放权，优化环境，大力推进县级市和县建设发展。紧紧围绕县域经济发展，优化资源配置，推动技术创新，主动承接大中城市产业转移，提升综合承载能力和建设品质，打造成为城乡统筹发展的强大载体、经济文化强省建设的关键支撑。即墨、滕州、龙口、寿光、诸城、新泰、荣成、文登、邹平等要率先发展成为公共服务水平高、人口集聚能力强的大城市；章丘、胶州、平度、广饶、蓬莱、莱州、招远、莱阳、海阳、青州、高密、昌邑、兖州、邹城、曲阜、肥城、乳山、沂水、郯城、禹城、乐陵、博兴、临清、高唐等要加快发展成为经济实力雄厚的中等城市；其他县（市）要提升经济实力，扩大城市规模，完善基础设施，建设成为综合实力较强的小城市。青岛西海岸经济新区、东营临港产业区、莱州临港产业区、潍坊滨海新城、文登南海新区、临沂临港开发区、滨州临港产业区等，要按照资源禀赋、发展基础和环境容量，通过提质加速，发展成为功能完善、特色鲜明的城市新区。

（五）着力突破小城镇建设。坚持以实施城镇化战略为主线，以农业现代化和新型工业化为支撑，按照"规模适度、产业集聚、功能集成、要素集约"的要求，全面推进示范镇和中心镇建设，认真抓好国家小城镇发展改革试点，着力打造经济强镇和县域经济社会发展次中心，推进小城镇向小城市转型。结合"百镇建设示范行动"，积极推进扩权强镇改革，通过政府推动、政策扶持、市场运作，实现产业向园区集中、人口向镇区集中、居住向社区集中，把100个示范镇打造成为县域产业成长的新载体、创业发展的新平台、人才集聚的新高地，使其成为承接城市产业转移、就近就地吸纳农村人口的重要载体。重点选择10—20个基础好、潜力大的小城镇，力争将其培育成布局合理、经济发达、设施完善、环境优美、特色鲜明、进入全国先进行列的小城市。通过示范引领，带动全省小城镇承载能力明显提升、经济实力明显增强、人口规模明显扩大、城镇面貌明显改善。

（六）加快新型农村社区建设。按照"规划先行、建设集约、因地制宜、群众自愿"的原则，坚持以中心村为核心，以居住向社区集中、土地向规模经营集中为导向，积极推进新型农村社区建设。要以优化土地资源配置、强化集约节约用地、提高农民生活质量为目标，把农村住房建设与危房改造等统筹纳入新型农村社区建设，提高建设水平，实现集聚发展。要加快城市公共服务向农村地区延伸，建立健全城乡公交、供水、供电、供气、广电、通讯、消防、环保以及太阳能等新能源供给、污水处理、防灾减灾体系，加强农村社区服务中心建设，不断优化完善农村商业连锁、基础教育、文化娱乐、卫生医疗和社会养老等公共服务设施，提高农村的基础设施和公共服务水平。到2020年，建成10000个左右功能齐全、特色明显、环境良好、生态宜居、管理健全的高品质新型农村社区。

三、推进城镇化的主要任务

（一）健全完善规划体系，强化规划综合引导作用。加强对山东特色城镇化发展规律的研究，抓紧制定省、市、县城镇化发展规划，与经济社会发展规划、城乡规划、土地利用规划、生态环境保护规划、人口发展规划、综合交通规划、文物保护规划、矿产资源规划相衔接，以人口城镇化为核心，统筹考虑城乡经济、社会、资源环境、区域关系，明确城镇化发展目标、方向、空间布局、支撑体系，形成促进城镇化科学发展的指标体系，建立完善规划实施机制，引导城镇化科学有序发展。牢固树立"理性增长"和建设紧凑型、复合型城市的规划理念，加快建立包括城镇体系规划、城市总体规划、镇（乡）规划、农村社区规划、村庄规划以及专业规划和专项规划的覆盖全域的城乡规划体系。加快编制省域城镇体系规划和城镇密集区规划、重点协调区域规划以及城际轨道交通规划、城市综合交通规划、区域绿道网规划、防洪排水规划等专项规划。编制完善控制性详细规划，增强引导和控制城市土地开发和建设的能力。加快编制城市地下空间开发利用规划，促进城市由平面开发向立体开发转型。加强城市设计，提升城市品质。重视城市中心区、城市新区和大型公共建筑的规划设计，打造地域特色建筑精品。进一步健全城乡一体的规划实施管理体制,强化市辖区、各类开发区(园区)、乡村规划的集中统一管理。全面实施"阳光规划",充分发挥城市(乡)规划委员会作用,加快建设完善规划展览馆和展览场。推进规划民主决策、科学决策、依法决策,建立实施省派驻城乡规划督察员制度和城乡规划监督评估制度,加强城乡规划执法队伍建设,推进城乡规划信息化建设,强化规划实施监督管理,提升规划执行效力,维护规划的严肃性和权威性。

(二)加快构建现代产业体系,推进产城融合互动发展。立足于新型工业化、信息化、城镇化、农业现代化协调发展,加快发展现代农业、先进制造业、现代服务业,积极发展城市经济,探索服务经济新模式,不断优化提升城乡产业结构,夯实城镇化的经济基础。加快推进农业现代化建设,大力发展高效生态和高端高质农业,不断完善农业现代产业体系,提高农业产业化水平,提升农业综合生产能力,促进农民增产增收,以农业现代化筑牢城镇化发展基础。围绕构建城镇化战略格局,优化重大生产力布局,推动生产要素向城市群、城镇带、区域中心城市和小城镇集聚,加快壮大产业规模。以自主创新和技术进步为动力,改造提升传统产业,积极培育知识技术密集、产业关联度高、带动性强的战略性新兴产业,加快工业转型升级。强化城镇体系专业化分工协作,提升中小城市产业承接能力。推动各类开发区(园区)转型升级,积极倡导"数镇一园"和"多社区一园"等发展模式,实现产城联动发展。加强产业园区建设与城市建设的有机衔接,发展特色鲜明、功能完善、宜业宜居的城市新区,推进城市新区产业高端化,促进产业集聚,带动人口集聚。大力发展建筑业,加快建设建筑强省。加快发展节能省地环保建筑,提高住宅产业化水平,加强住宅工程质量监管,推动房地产业转型升级,促进房地产业平稳健康发展。注重增强就业吸纳能力,提高城镇产业发展和经济增长的就业弹性,发展吸纳就业能力强的现代城镇产业体系。推动城镇化与服务业融合发展,着力提高城镇服务业比重,强化服务业重点地区、重点园区、重点企业和重点项目"四大载体"支撑,积极发展金融保险、休闲旅游、现代商贸、文化创意、物流配送等现代服务业,积极营造有利于服务业发展的政策和体制环境。坚持生产性服务业与生活性服务业并重、现代服务业与传统服务业并举,拓展新领域、发展新业态、培育新热点。鼓励特大城市和大城市加快形成以服务经济为主的经济结构,不断增强城市现代服务业向广大农村辐射能力,协调推进城市服务业和农村服务业共同发展。大力发展县域经济、镇域经济,增强县域综合实力,壮大优势产业,以市为单位整体提升县域经济发展水平。加快完善城乡各项服务网络,推动城市资本、技术优势与农村资源优势结合,促进城乡产业协调发展。

(三)提升城镇基础设施承载能力,推进城乡公用设施现代化。按照"统一规划、适度超前、合理布局、整体推进"的原则,统筹推进城乡电力、交通、能源、水利、燃气热力、通信、给排水等基础设施建设,促进城市基础设施向农村延伸。完善现代能源产业体系,加强智能电网以及新型能源建设。加快建设"四纵四横"铁路运输网络,优化港口布局,加快济南机场扩建和青岛机场迁建,不断加强铁路、公路、机场、港口、轨道交通之间的衔接配套，提高组合效率，发挥整体优势，构建便捷、高效的现代化综合交通运输体系，引导城镇群集约协调发展。大力加强公路路网建设，构建以高速公路为骨架、普通国省道干线公路为支撑、农村公路为基础的结构合理、层次分明的公路网，不断提高城乡公路通达深度和通畅水平。实施公交优先战略，大力发展公共交通，鼓励发展非机动车交通，科学引导小汽车交通，不断优化公交线网和公交站场枢纽布局，推进城乡客运公交化，努力构建现代化城乡公共交通体系。围绕城镇布局和形态，完善综合运输通道和区际交通骨干网络，加快建设客运专线和城际轨道交通，推进城际交通多通道高速化，强化城市群内外交通联系。加快济南、青岛等中心城市轨道交通网络建设，力争到2015年建成100公里以上城市轨道交通运营线路，到2020年山东半岛城市群内主要城市实现城际轨道交通相连。充分发挥海岸线和海岛资源优势，积极开发风能和潮汐能等可再生能源，优化能源供给结构。加快实施老旧管网改造，强化城市给水排水设施建设。加强城市桥梁安全管理，加强城市防洪、抗震、人防等功能设施建设，提高城乡综合防灾减灾能力。合理开发利用城市地下空间，发展地下停车、地下交通、地下商业、地下仓储等设施。加强地下管网建设，在城市道路新建和大修改造工程中集中配套建设地下公共管沟，统筹协调各类工程管线的规划、建设和管理。因地制宜建设集中供热采暖系统，加快提高城镇集中供热普及率。加快建立完善与城镇发展水平相适应的城镇科技、教育、文化、体育、医疗卫生、养老服务、人口计生、商业网点等现代化服务设施，不断优化设施空间布局，全面提升城乡公共设施服务水平。

（四）加强信息化建设，构建新型城乡管理体系。以信息化、智能化助推城镇化，推广应用物联网、云计算等信息技术，推进智慧社区、智慧园区、智慧城区等智慧城市建设。以推进网络宽带化和应用智能化为核心，推动信息技术与城市发展全面深入融合。加强城市信息基础设施建设，推动电信网、广电网、互联网"三网融合"，加快建设光纤宽带网络，完善城市地理信息、交通通信、社会治安、环境管理、市容管理、灾害应急处理等智能化信息系统，强化城市智能管理。进一步推进"数字城管"，加快实现县城及县级以上城市"数字城管"全覆盖，逐步实行省、市、县三级联网，推动城市管理模式转型升级。加强城乡应急管理体系、治安防控体系、消防安全体系建设，建立健全各类预警预防机制，提高应对突发事件和抵御灾害风险的能力，保障城乡经济社会正常安全运行。适应城市社会转型的需要，加强社会管理体制改革，实行城乡统筹管理，提高社会管理能力。加强城镇管理法制化建设，提高依法行政水平。深入开展"和谐城管"创建活动，积极推进城区基层管理扁平化、网络化改革试点工作，创新基层社会服务管理模式，推进城镇管理重心下移，建立精简高效、分工合理、职责明确的城镇管理新体制。强化区、街道（镇）政府的管理职责，理顺街道办事处与社区居委会的事权关系，培育发展民间组织和社区服务组织，加快形成社区居民自我管理、自我教育、自我服务新机制。加强城乡社会治安综合治理，增强公共安全和社会治安保障能力，全面推进"平安山东"建设，维护城乡社会和谐稳定。加强城乡社会管理队伍规范化建设，不断提升城乡社会管理服务能力和水平。

（五）实行城乡生态共保，提高人居环境品质。加强城乡生态建设，促进城乡环境统筹规划和整治。着眼城乡生态系统源头保护和综合治理，建立城乡优势互补的环境保护和治理机制，推进生态保护与建设分区分类管理，实现城市环境管理与农村生态建设良性互保互促。建立多层次、全方位的资源有偿使用制度和生态补偿制度，健全生态环境保护责任追究制度和环境损害赔偿制度，加强城乡生态环境监管。强化风景名胜资源保护和管理，加快全省生态网络规划建设，加大对生态敏感地区的空间管制力度，划定基本生态控制线，加快形成宜居宜业的城乡生态环境。大力推进节能减排，严格落实节能减排责任制，集中抓好重点行业和重点领域节能减排。加强节约型城乡建设的区域集成和技术综合运用，加快以低碳交通、低碳能源、低碳建筑和低碳生活为导向的低碳生态城市建设，积极参与国家低碳生态城（镇）建设试点示范，积极发展绿色生态城区。全力推进城市绿荫行动，建设一批高质量的林荫道路、林荫停车场、林荫庭院、林荫公园和立体绿化工程。继续做好园林城市（城镇）创建工作，积极开展人居环境（范例）奖创建活动，不断改善城乡人居环境。大力实施绿色城镇行动计划，在100个示范镇中先行先试。深入实施清洁空气行动计划，推进城乡生活垃圾无害化处理，着力改善城乡环境质量。积极推进城市餐厨废弃物、建筑垃圾和电子垃圾无害化处理、资源化利用工作，鼓励推广应用安全可靠的垃圾焚烧综合利用等新工艺、新技术、新设备。大力推进城乡污水处理厂和配套管网改造建设，重点加快南水北调沿线和小清河流域城镇污水处理厂建设，尽快解决城市（含县城）污水直排环境问题。到2015年，70%的建制镇驻地实现生活污水集中处理。加强水源地保护和用水总量管理，加强水质监管和检测，确保城乡供水水质。深入开展节水型城市创建，推进水循环利用，提高用水效率。大力实施绿色建筑行动，深入实施供热计量改革和既有建筑节能改造，加快推进公共建筑节能，突出抓好太阳能光热建筑一体化应用。鼓励城乡居民广泛使用节能产品，开展各项节能降耗活动，限制高能耗高物耗产品生产，提高能源综合利用效率。开展城乡美化活动，加强城乡环境综合整治，加快背街小巷和老城区绿色改造，提高城乡绿化美化亮化水平，建设美丽山东。

（六）推进城乡民生共享，提升公共服务水平。创新基本公共服务均等化体制机制，建立健全统筹城乡的公共服务体系，努力提高城乡基本公共服务均等化水平。加快完善公共财政体系，进一步加大对公共服务的支持力度。切实提高城乡居民收入水平，实现居民收入增长与经济发展基本同步。优化教育结构和布局，整合城乡教育资源，着力构建城乡双向沟通、良性互动、动态均衡的体制机制，促进城乡教育资源共享、优势互补，缩小城乡之间教育差距，实现城乡教育均衡协调发展。实施积极的就业政策，支持劳动者多渠道就业创业，充分发挥政府投资、重点项目建设和产业规划对就业的促进作用，努力增加就业岗位。完善公共卫生和基本医疗服务体系，健全农村三级医疗卫生服务网络和城市社区卫生服务体系，推进城乡医疗卫生事业均衡发展，率先基本建立覆盖城乡居民的基本医疗卫生制度。加强示范镇、中心镇和小城市医疗卫生机构建设，继续推进乡镇卫生院和村级卫生室标准化、规范化建设，切实提升基层卫生服务能力。改革和完善食品药品安全监管体制机制。建立完善城乡计划生育服务体系，提高计划生育社区、村（居）自治水平，强化流动人口服务管理。建立市场配置和政府保障相结合的住房制度，加强保障性住房建设管理，不断完善城镇住房保障准入退出机制，确保保障房分配公开、公平、公正。加强房地产市场和住房公积金监管，抑制投资投机性住房需求，引导合理、梯度住房消费。加强和改进城乡社区服务，加快推进和谐社区建设。不断完善城乡社会保障制度，健全城乡社会保险体系和救助体系，切实做好向城镇转移的"五保"、"低保"、优抚对象、产业工人等群体的城镇社会福利与社会保障制度的衔接。重视旧城区、城中村、城郊结合部、农村社区等基础设施和公共服务设施建设，切实改善城乡低收入人群、弱势群体聚居地的人居和交通环境。建立多元化的基本公共服务供给机制，健全社会保障经办管理体制，推行政府购买社会服务制度，鼓励社会组织和社会资本参与提供服务。

（七）推动文化繁荣发展，突出城乡风貌特色。大力推进文化强市建设，提高城市文化软实力，建设市民的精神家园。加快构建城乡公共文化设施服务网络，大力推进重大公共文化工程和文化项目建设，增强城乡公共文化服务供给能力。大力发展文化创意、影视服务、新闻出版、数字内容与动漫、文体休闲娱乐、文化产品流通、文化产品制造业等重点产业。突出城镇文化特色，打造城镇品牌，提升城镇品位。广泛吸收国内外城市规划建设先进理念，系统挖掘地方建筑文化特质和文化基因，研究梳理地域特色鲜明的建筑符号、建筑材料和建造工艺，形成与城镇的历史、文化、经济、社会、环境相适应的建筑风格和城镇风貌。注重城镇和村落的历史文化遗产保护、非物质文化遗产发掘保护和民间艺术传承，弘扬传统文化和地域文化特色，提升城镇村落文化内涵，彰显山东民俗文化魅力。丰富文明城市、文明城区、文明社区、文明家庭等创建活动的内涵，全面加强城乡居民的社会主义道德教育、法治教育和科学文化教育，不断提高城乡居民的道德素质。

四、推进城镇化的政策机制

（一）建立城市群发展协调机制。坚持协作共赢、融合发展，建立完善城市群发展综合协调机制，推动城市群内部市场体系、产业布局、基础设施、公共服务、环境保护一体化发展，协调解决城市群发展的重大问题，加快推进城市群一体化进程。积极探索建立城市群决策协调机制和执行监督机制。各级各有关部门要建立相关制度，强化决策协调机制，定期研究确定区域合作方向、目标与重点等重大问题。加强城市群发展的法制化建设，制定城市群规划实施条例，把城市群发展纳入法制化轨道。充分发挥经济发展、规划建设、社会管理、体制改革等方面专家的作用，为城市群建设发展重大问题提供决策咨询。

（二）深化户籍管理制度改革。在统一城乡户口登记的基础上，按照"分层次批次、就地就近"的原则，加快农村人口向城镇转移，及时解决符合条件的农业转移人口落户城镇问题。鼓励在县级市市区、县政府驻地和其他建制镇有合法稳定职业、合法稳定住所（含租赁）的人员及其共同居住的近亲属在当地登记常住户口；设区市要结合本地实际，继续降低市区务工经商、投资兴业、购租住房、引进人才等方面的外来人口的落户限制；济南、青岛城区要继续完善并落实现行落户政策，积极探索建立居住证制度与户口登记制相衔接的机制，为长期在城市居住生活、参加社会保险一定年限的外来人员落户提供阶梯通道。积极推进配套制度改革，依法保护进城落户农民的宅基地使用权和土地承包权，保留一定的生育政策调节过渡期，保障一定时期内仍享有原农村集体经济组织资产收益、分红等。创新流动人口服务管理体制机制，全面实施居住证制度，为暂不具备城镇落户条件的流动人口提供劳动就业、医疗卫生、社会保障等公共服务和权益保障，促进人口有序流动、合理分布和社会融合。加快"城中村"改造，积极稳妥推进"村改居"工作，将"城中村"、"村改居"居民统一登记为城镇居民，统一纳入城镇社区公共服务管理，享受城镇居民同等待遇。要运用公共资源和市场机制，推动人口向城镇转移，吸引西部人口密集地区的人口向东部、滨海发达地区流动和适度聚集，形成合理的人口分布格局。

（三）有序推进农业转移人口市民化。积极探索农业转移人口市民化的有效路径，促进农业转移人口个人融入企业、子女融入学校、家庭融入社区。鼓励各地根据实际在推进户籍制度改革的基础上，实现城镇基本公共服务常住人口全覆盖。强化各级政府责任，探索建立农业转移人口市民化成本分担机制，加快农业转移人口市民化进程。加快完善城乡平等的就业创业制度，构建以提高就业创业能力为核心的职业培训体系，形成城乡一体的就业创业推动机制和协调机制，有效保障农民工的合法劳动权益。加快推进农民工社会保障全覆盖，逐步实现与城镇职工平等享有相应待遇。探索建立社会保险跨区域转移接续机制，加强企业社保缴费的监管力度，切实提高农民工参与城镇社保的参保率。扩大社会救济覆盖面，将符合条件的农民工逐步纳入社会救济范围。推进社区医疗服务向农民工聚居地延伸，保障农民工享有国家规定的同等医疗卫生服务。完善农民工城镇住房保障的政策措施，逐步解决进城农民工基本住房问题。保障农民工随迁子女在居住地受教育的权利，将农民工随迁子女义务教育纳入城市教育发展规划和财政保障范围。

（四）深化土地管理制度改革。坚持最严格的耕地保护制度和节约集约用地制度，按照"管住总量、严控增量、盘活存量"的原则，深化土地管理制度改革，不断完善土地产权、用途管制、市场配置、收益分配等配套制度建设，提高城镇化发展的土地资源保障能力。继续稳步推进城乡建设用地增减挂钩试点，健全土地综合整治工作机制，增减挂钩周转指标优先满足农村建设发展需要，土地增值收益足额返还农村。实行差别化的土地利用和管理政策，提高耕地占用成本，引导新增建设用地向重点地区、重要领域倾斜，保障重点产业、重点建设项目和保障性住房建设用地。启动农村产权制度改革，开展农村集体土地所有权、集体建设用地（宅基地）使用权、土地承包经营权、房屋所有权等确权登记发证工作。进一步完善征地补偿机制，规范征地程序，优化征地补偿安置办法，有效保障农民的财产权益。坚持"依法、自愿、有偿"原则，积极推进土地承包经营权流转，探索建立进城农民承包经营权和宅基地使用权有偿退出机制，创新农村集体土地上房产产权产籍管理制度。在充分保障农民权益的前提下，探索允许农民进城落户后依法处置承包地、宅基地等农村土地的有效形式。推进集体建设用地市场化改革，探索集体建设用地使用权以转让、出租、作价入股等方式流转，逐步建立城乡统一的建设用地市场。对符合规划、经批准使用农村集体建设土地的城镇经营性项目，探索由农民或农村集体经济组织以多种方式参与土地开发经营。构建节约集约用地机制，强化各类建设用地标准控制，合理提高城镇建筑容积率，提高土地利用效率，实现土地综合利用和收益最大化。

（五）深化行政管理体制改革。坚持权责利相统一，合理划分政府事权，进一步简政放权，适当扩大县级政府和小城镇经济社会管理权限。优化行政层级和行政区划设置，适时适度调整行政区规模和管理幅度，逐步改变按照行政等级配置公共资源的管理体制。创新城镇管理和服务体制，科学设置管理机构和人员编制，强化城市政府公共服务和社会管理职能，提高政府履行公共服务的能力。按照城镇化发展需要，积极稳妥推进行政区划调整。支持有条件的设区市进行行政区划调整，逐步将单一城区设区市市区近郊的县（市）纳入城市行政区范围，逐步解决一市一区问题，拓展中心城市发展空间。根据经济社会发展和城镇化建设情况，稳步推进撤乡设镇、撤乡（镇）设街道、"村改居"。按照新型农村社区建设要求，积极推进旧村改造、村庄合并、整体搬迁等，合理调整和优化村庄布局。完善规划、环境、住房、社会保障等与人民群众生产生活密切相关领域的决策、执行和监督机制，推进决策民主化、规范化。

（六）拓展投融资渠道。协调运作财政资金与金融资本、社会资本，充分发挥政府资金引导和市场融资功能，加快建立多元化的城镇建设投融资新机制。不断完善公共财政体制，调整财政支出结构，进一步加大对城镇基础设施的投入，集中用好各类城镇建设、城镇规划、区域发展等专项资金，探索按照常住人口规模安排财政转移支付，建立激励吸纳外来人口、扩大就业的长效机制。加强建设、财政和金融政策的协调配合，优化政府资金使用方式，通过贷款贴息、贷款风险补偿、融资担保等间接投入方法，撬动更多信贷资金和社会资金投向城镇基础建设发展。进一步开放城镇基础设施建设和运营市场，积极争取国家政策性银行、商业性银行、国际金融组织和外国政府贷款，采用BOT、TOT等多种方式吸引社会资本全面进入城镇基础设施建设领域和公共服务领域。进一步加快市政公用事业改革，完善特许经营制度和市政公用事业服务标准，建立健全有利于资源节约、环境保护和推进市政公用事业市场化的价格机制。构建完善基础设施投融资平台，鼓励引导设区市、县（市）和小城镇按照国家有关政策，搭建市场化运作的新型融资平台，采取发行城市建设债券、上市融资、发行信托计划、引进私募股权基金、融资租赁、保险资金运用、资产证券化等形式筹集建设资金。探索建立公益性基础设施和商业性基础设施开发相结合的"公商协同、以商补公"机制。

五、推进城镇化的组织保障

（一）强化组织领导。各有关部门要强化全局意识，切实履行职责，根据本纲要提出的目标、任务，完善配套政策措施，形成推进城镇化的发展合力。要建立健全城镇化研究机制，加强城镇化重大问题的研究，为政府决策提供参考和依据。

（二）有序推进试点工作。按照"试点先行、典型引路、以点带面、整体推进"的原则，开展智慧城市、低碳生态城市、宜居城市试点工作，积极探索城镇化的模式和机制。同时，选择部分县（市）进行试点工作，探索县域城镇化发展经验。各试点市、县（市）要结合实际，突出特色，大胆探索，注重积累经验，杜绝概念炒作和搞形象工程。各级要加大对试点城市在财政资金、用地指标、管理体制和资源配置等方面的政策支持力度，抓紧制定和完善试点工作实施方案并报省住房城乡建设厅备案。

（三）强化督查考评。建立健全城镇化考核机制，组织开展"城镇化提质加速行动"，科学制定考核指标体系和考核办法，每年考核一次，并把考核结果和工作情况纳入各市、县（市）领导干部科学发展总体目标考核的重要内容。建立完善推进城镇化激励机制，对考核成绩突出的美丽宜居城市，根据有关规定给予表彰。建立健全推进城镇化监督机制，继续做好城镇化监测评价工作，加大对城镇化工作的监督力度。

（四）强化社会参与机制。充分调动和凝聚社会力量参与城镇化发展全过程，对涉及规划、环境、住房、社会保障、交通收费等与人民群众生产生活密切相关的重大决策，必须按规定履行听证程序，听取市民意见，接受社会监督。对重大城市建设项目要进行社会稳定风险评估，确保其合法性、合理性、可行性和安全性。要大力宣传加快城镇化发展的重要意义和政策措施，积极推介各级城镇化工作的成功经验，充分展示我省未来城镇化的发展蓝图，在全社会形成关注城镇化工作、参与城镇化建设、合力推进城镇化发展的浓厚氛围。

第三篇
技术篇

山东"乡村记忆"工程技术导则(试行)

1 总 则

1.1 编制目的

为有效探索新型城镇化建设中乡土文化遗产的保护与传承,科学指导山东省"乡村记忆"工程的实施,综合提升乡村基础设施和公共文化服务体系建设水平,特制订"乡村记忆"工程技术导则(以下简称《导则》)。

1.2 适用范围

1.2.1 《导则》适用于山东省行政区域内"乡村记忆"工程单位的保护整治和合理利用。在执行过程中,涉及行政审批的,依法报有关部门审批。

1.2.2 "乡村记忆"工程的保护、管理与实施除应遵守本导则外,尚应符合国家及山东省现行相关法律、法规、标准、规范的规定与要求。

1.3 基本原则

1.3.1 整体保护,规划优先。科学编制"乡村记忆"工程单位整体保护规划,依据审批通过的规划要求,有序推进"乡村记忆"工程单位的保护、利用和传承。

1.3.2 科学保护,兼顾发展。贯彻文化遗产整体性、真实性保护要求,在科学保护前提下,兼顾发展与利用,构建传统村镇、街区永续发展之路。

1.3.3 民生为本,因地制宜。坚持以人为本,尊重村民的知情权、参与权、监督权;尊重村民提高生活质量的合理需求,努力改善人居环境,提高现代文明生活品质。

1.3.4 政府主导,公众参与。以改善民生为核心,将文化传承、生态保护、经济发展有机结合。切实加大公共财政对"乡村记忆"工程单位保护传承和整治建设的支持力度,广泛引导和发动社会各方力量投资投劳,做到保护利用依靠社会,成果全民共享。

2 传统村镇、街区保护整治

2.1 基本要求

2.1.1 全面保护传统村镇、街区的传统格局,即包括与其整体形态相互依存的山形水系、空间尺度、街巷肌理以及农耕渔猎文化景观、基于理想景观居住模式所呈现的地域人文空间和其他历史文化与环境要素在内的总体格局。

2.1.2 全面保护传统村镇、街区的历史风貌与形态特色,传统村镇、街区范围内不得随意新建、扩建、改建;确需进行建设时,应经政府相关部门审批,并遵守已批准的保护规划相关要求,在高度、体量、色彩等方面与既有的传统风貌相协调。

2.1.3 需要保护修缮并具有相应实施条件的村镇、街区，应按照历史文化遗产保护要求与乡土特色制定和实施保护措施；保存良好者应维系遗产现状，制定和实施日常维护措施；暂不具备保护实施条件者，可视病害严重程度适当采取临时性、可逆性抢救保护措施。

2.2 空间格局保护与整治

2.2.1 保护传统村镇、街区的空间格局，包括村落的平面形态、传统轴线、建筑布局、街巷肌理、视线通廊、重要天际线等在内的总体布局。

2.2.2 保护传统建筑布局及地形地貌，不得在传统村镇、街区内大填大挖，破坏历史地形与地势，生硬建设现代格局特征的建筑。

2.2.3 如需重构或改善传统村镇、街区功能布局，应在保护其历史、人文与肌理的基础上，协调好各功能分区的关系和定位，合理调整功能分区。

2.2.4 不得擅自新建、扩建、改建历史道路，确需对现有传统道路进行改扩建时，应按照保护规划及相关保护要求，顺应原有路网格局、比例尺度、路面材质、色彩以及原有环境风貌。

2.2.5 保护传统村镇、街区天际轮廓线，应严格限控新建、改建建筑物与构筑物的体量与高度，确保观景视线开阔通畅。

2.3 传统风貌保护与整治

2.3.1 传统村镇、街区保护范围内维修、整饬活动，不得破坏其传统格局和历史风貌，并应符合相关保护规划的要求。

2.3.2 对未核定公布为文物保护单位的传统建筑，在不影响建筑外观风貌的前提下可适度改善民居室内相关设施及环境，以适应当代生活需要。

2.3.3 传统村镇、街区内应切实保护并合理利用传统设施，保护范围内对市政设施的改善、整治及新建，必须以保持传统村落风貌的完整性为前提，新增的基础设施管线应尽可能埋地敷设，确实需在地面以上敷设时应力求隐蔽，保持与传统风貌相协调。

2.3.4 应保护并整饬村镇、街区核心保护范围内建筑物、构筑物、街巷两侧建筑外部装饰、广告、牌匾等设施。新增街巷公共设施，应适度控制其位置、形式、材料和尺寸，与传统风貌相协调。

2.4 街巷保护与整治

2.4.1 保护传统村镇、街区内具有历史文化价值的传统街巷的整体性和真实性，维系其传统乡土气息，保持地域乡土风貌与人文特色。

（1）保持街巷原有走向和空间比例尺度，不得随意改变传统街巷的长度和宽度。

（2）保护原有沿街建筑界面和天际轮廓线的统一性、连续性和完整性，确需添建、整修沿街建筑时，应当组织专家充分调研论证，且应保持其传统的形式、高度、色彩和材质。

（3）街巷地面铺装应选用当地传统铺砌方式与材料，且应兼顾街巷风貌特色与功能需求。

（4）对已毁坏的街巷格局可适度恢复，应重视街巷的转折和对景关系，适当美化街巷环境。

（5）保持街巷立面的历史真实性和完整性，拆除、整饬后世添建的低劣建筑，并应协调控制增补建筑的比例尺度、外形特征、色彩、材质、细部装饰。

（6）保留街巷的历史名称，明了并展示其源流，以街巷物质空间为载体，加强对地域人文空间及其承载的非物质文化遗产的展示和宣传，采用多种方式保护、恢复，标识部分已消失的乡土人文，扩大文化遗产的影响力。

2.5 历史环境要素保护

2.5.1 对城（寨）墙、城（寨）门、墙垣、护城河等标志性建筑与设施以及能反映历史风貌的古塔、古井、牌坊、戏台、围墙、石阶、铺地、驳岸、古树名木、公共陈设、历史印记等历史环境要素进行合理有效的保护，并注意保护其周边历史环境，保持风貌的协调性。

2.5.2 历史环境要素的保护、维修、整饬应坚持"不改变原状"的原则。确无条件坚持此原则的情况，应通过专家评审。

2.5.3 应注重对与农耕渔猎等当地赖以生存的生产生活相关的历史古迹的保护、标示与展示，维系当地农耕渔猎历史文化景观要素特色。

2.5.4 古树名木及古树群应建立普查档案，设立保护标志，树龄在100年以上以及与重大历史事件、历史人物相关的具有纪念意义的古树名木应划定保护范围进行保护，不得随意砍伐、移植。如有特殊养护需求，应及时报行政主管部门批准，在工程技术人员现场指导下实施特殊养护。

2.5.5 历史上公共区域安置的地域传统民间信仰标志物及其相关陈设应保护其要素格局，一般不得移位、改变。

3 传统建筑（构筑）物及其附属设施保护整治

3.1 建筑分类

传统村镇、街区内建筑（构筑物）及其附属设施依其遗产价值及保护管理现状，分为文物建筑、历史优秀建筑、传统风貌建筑及其他建筑四类，其中：

（1）文物建筑：指核定公布为各级文物保护单位或登记公布为不可移动文物的建筑遗产，该类建筑的保护依据《中华人民共和国文物保护法》及《山东省文物保护条例》等相关法律法规实施，本《导则》中不再予以规定。

（2）历史优秀建筑：指经市、县人民政府挂牌公布的具有一定保护价值，能够反映历史风貌和地方特色，未公布为文物保护单位，也未登记为不可移动文物的建筑物、构筑物。

（3）传统风貌建筑：指具有一定保护价值，能够反映一定历史风貌和地方特色、并未公布为文物建筑及历史优秀建筑的建筑遗产，该类建筑往往以整体群落彰显其地域风貌与特色。

（4）其他建筑：指后世所建造的新建建筑，根据与其所处传统村镇、街区整体风貌协调程度，可分为风貌协调建筑和风貌不协调建筑。

本《导则》中该部分内容主要针对后三者提出相关保护、整治要求。

3.2 保护流程

"乡村记忆"工程村镇、街区范围内所有建（构）筑物保护整治应遵循调查研究、类别划分、勘察测绘、保护方案设计、方案评审、工程施工、竣工验收、资料存档的流程进行。

（1）调查研究：通过文献查阅和现场走访调研，就其年代、品质、制式、人文、价值等内容展开调查，掌握基础资料。

（2）类别划分：依据调研资料，明确文物建筑、历史优秀建筑、传统风貌建筑和其他建筑及其相关概况。

（3）勘察测绘：勘察分为制式勘察与残毁勘察。其中制式勘察主要是建筑风格、式样、构造、做法、工艺等方面的勘察，残毁勘察主要是建筑损坏程度的勘察。对于历史优秀建筑与传统风貌建筑，制定保护方案前必须进行相关勘察与建筑测绘，其他建筑依实际情况处理。

（4）保护方案设计、评审、报批、施工与竣工验收、资料存档等环节参考文物保护单位保护要求实施。

3.3 一般要求

3.3.1 对传统村镇、街区范围内的建（构）筑物明确类别后，应根据其现状分别采取相关措施，其中传统风貌建筑，可以在不改变外观风貌的前提下，维护、修缮、整治、改善内部设施。

3.3.2 传统建筑保护整治前，应详细勘察其所留存的历史信息与印记，有如下情况时，应采取保护措施保持其现有状态，严禁拆除、修补、掩盖、清洗等整治手段。

（1）经过重大自然灾害后遗留下的有研究价值的残损状态；

（2）在重大历史事件中被损坏后有纪念价值的残损状态，如重大战役遗留的枪眼、炮洞等痕迹；

（3）墙面张贴或书写的科举捷报、戏剧、维修及其他历史题记；

（4）近现代报纸及标语，包括民国及新中国建国至改革开放初期宣传标语；

（5）其他具有历史价值的信息附着物。

3.3.3 "乡村记忆"工程各单位应建立并实施传统建筑日常管理维护机制，做好建筑日常保养和加固维修。

3.4 历史优秀建筑保护

3.4.1 "乡村记忆"工程村镇范围内的历史优秀建筑，其保护整治应坚持保护为主、改善利用的原则。

3.4.2 历史优秀建筑的所有权人应当按照保护规划的要求，负责历史优秀建筑的维护和修缮。

（1）历史优秀建筑有损毁危险，所有权人不具备维护和修缮能力的，当地人民政府应当采取措施进行保护；

（2）任何单位和个人不得损坏或者擅自迁移、拆除历史优秀建筑。

3.4.3 当地人民政府应当对历史优秀建筑设置保护标志，建立历史优秀建筑档案。历史优秀建筑档案应当包括下列内容：

（1）建筑艺术特征、历史特征、建设年代及稀有程度。

（2）建筑的有关技术资料。

（3）建筑的使用现状和权属变化情况。

（4）建筑的修缮、装饰装修过程中形成的文字、图纸、图片、影像等资料。

（5）建筑的测绘信息记录和相关资料。

3.4.4 属于历史优秀建筑特征要素的结构、墙体、门窗、屋顶、构件、彩画、雕塑、装饰、陈设及具有历史价值的附属设施，在维修时不得随意改动。对于室内各时期的添加、修补物应慎重对待，需保留其有价值的部分，拆除对原有空间格局及形态造成严重破坏的部分。

3.4.5 历史优秀建筑的保护应使用原有材料与工艺，以往修缮中改变部分已经成为该建筑特征要素时，应予以保护。

3.4.6 保护和修复历史优秀建筑的立面，包括门面、门楼、围墙、承重墙、封火墙等及其附属装修装饰（如墙面、墙帽、栏杆、门窗、石雕、砖雕、木雕、灰塑、彩画墨字等），应保持其原有体量、形式、材料、质感、色彩等。

3.4.7 对历史优秀建筑的保护性干预应充分考虑在未来使用中节约能源，在不损害历史优秀建筑的价值和特征要素的前提下，宜采用适当方式降低建筑能耗。

节能措施的设计应基于对历史优秀建筑现状物理性能的检测和评估，应充分考虑历史优秀建筑自身的结构、材料与空间、构造的节能效果。

3.4.8 历史优秀建筑在一般情况下宜延用其原有功能，功能确需置换或调整时，应遵循如下要求：

（1）可适度更新内部设施，设施外观应与传统建筑风貌协调。

（2）新的功能宜在荷载、空间尺度、使用方式、温湿度需求、对环境的影响等方面适用于保护对象，不损害其特征要素。

3.5 传统风貌建筑保护整治

3.5.1 传统风貌建筑的保护整治，应坚持外观保护为主、结构体系加固维系、内部设施适度改善的原则。

3.5.2 传统风貌建筑的日常维护由具体使用者承担并应满足相关保护整治要求，倡导地方政府适度奖励、扶持。保护整治实施中为满足居住或公共服务需要，应在保持外观制式、风貌的前提下，加固、维系其原有结构体系，适度优化改善室内格局及相关设施。

3.5.3 应保护传统风貌建筑的建筑外观风格、形式、高度、装饰、色彩、质感，维系传统村镇、街区历史风貌的独特性与地域性。保护整治过程中对于隐蔽项目可使用现代建筑材料，如混水墙面的墙体，可使用砖混砌筑、空心砖砌筑；墙体外观、漏窗、墙帽等应保持传统形式及做法。

3.5.4 传统风貌建筑可因地制宜地改善和利用内部设施，宅院庭院、天井及其院落陈设等应保持传统风貌。

3.5.5 寺庙、宫观、教堂、祠堂、祖屋、书院等较为重要的公共类传统风貌建筑的改造更新，应遵循与其历史风貌相协调的原则。

3.6 其他建筑改造整治

3.6.1 其他建筑，应结合建筑与村镇历史风貌协调与否等情况，分别采取拆除或保留整治的措施。

3.6.2 保留的其他建筑，位于乡土文化遗产密集区域，应以协调传统村镇、街区历史风貌为要求予以改造利用，可优化建筑平面和结构，改进相关设施，提升宜居条件。

4 非物质文化遗产保护传承

4.1 基本要求

应依据《中华人民共和国非物质文化遗产法》及相关法律法规，紧密结合乡村文化遗产保护工作实际，在"保护为主，抢救第一，合理利用，传承发展"基本方针的指导下，做好"乡村记忆"工程中有关非物质文化遗产的保护、展示和传承等工作。

4.2 非物质文化遗产调查与录入

4.2.1 应在充分吸收以往调查成果的基础上，组织专业人员开展实地调查。对调查新发现的非物质文化遗产项目，应按照国家非物质文化遗产普查的要求，规范做好遗产项目认定、记录和建档等工作，并为以后申报名录、保护级别做好资料准备。先前已经发现并经过审定在册的项目，如果有新的补充内容，应做好相应的记录和说明，并向原审核机关提供备案资料。

4.2.2 对调查成果和资料，应进行规范录入，建立资料库，以便于资料共享。调查中发现的与非物质文化遗产直接相关的实物，如表演类的服装、道具、乐器、加工工具及非物质文化遗产产品等，要按国家非物质文化遗产普查的要求进行保护或征集，其中属于文物的需按《中华人民共和国文物保护法》的相关规定对待。

4.3 非物质文化遗产保护措施

4.3.1 应充分发挥非物质文化遗产传承人的作用，既对其进行扶持和帮助，又要经过培训使其履行其职责和义务，特别需要加强传承人后继有人的工作。

4.3.2 对濒危的非物质文化遗产项目，在完成认定、记录、建档等工作的前提下，视其发展前景，对有突出地方特色和具有一定影响力的优秀项目，在经费、传承人、基本队伍等方面，给予扶持帮助，恢复其生存活力。

4.3.3 加大地域传统营造技艺类非物质文化遗产的保护，大力培养本土的工匠队伍，在设计机会、项目委托上予以倾斜，为本土传统建造工艺创造设计和机会，建立可持续的传承机制。

4.4 非物质文化遗产的宣传与展示

4.4.1 充分利用媒体优势，通过多种渠道加强宣传，扩大传播力度，增进人们对"乡村记忆"工程建设中非物质文化遗产重要性的共识。

4.4.2 可因地制宜，采用设立乡村记忆博物馆、表演类演出场所、排练场所、遗产项目作坊、传承人住所等多种方式、手段，对乡土文化遗产进行展示。

5 乡村记忆博物馆

5.1 总体定位

乡村记忆博物馆是以村镇、街区为主筹办的，展示地域历史、人文特色与优秀传统文化为主要目标的展示举措。宜依托传统村镇、街区既有空间，结合固有场景原址展示，如有必要亦可利用现有建筑专辟展馆，不宜新建展馆建筑；当地有条件的企、事业单位和个人也可根据本地情况，筹办专题性实体与网络博物馆，当地政府应给予扶持和指导。

5.2 基本功能

5.2.1 保护并展示地域文化的多样性，包括征集、整理和展示有地域特色的自然与文化生态景观及物化环境、反映地域社会民间生活及其变迁的乡土器物与印记、地域民俗艺术以及生活生产方式、风俗习惯、传承人口述史等物质和非物质文化遗产。

5.2.2 应充分发挥乡村记忆博物馆的社会功能，以"民俗馆"、"乡情展"等形式，全面记录地域乡土文化的历史、沿革及变迁。鼓励和支持遗产传承人、持有人依托博物馆开展传承与传播活动。

5.2.3 强化文化展示传播功能，开展相关文化遗产调查研究，搜集物质和非物质文化遗产资料、信息，通过实体与网络博物馆展示手段向外界宣传，提高文化遗产资源价值和利用率。

5.3 展陈建设

5.3.1 乡村记忆博物馆的建设宜采取多种形式，如依托传统村镇、街区既有多样性空间的开放式生态博物馆形式；以乡土器物、影像图片展示为主的封闭式展馆形式；与地域文化空间相结合，融汇民间艺术表演、民间艺术品现场制作、展示等的互动式展示形式等。

5.3.2 博物馆展陈，宜因地制宜，不拘规模，充分依托其固有场景空间。

5.4 展品收录

5.4.1 乡村记忆博物馆的藏品和展品，主要源自本乡本土，反映由古至今的地域民众生活、生产及其演进变迁，有代表性的器物、影像、图片、文字均可入藏和展示。

5.4.2 展品收录应注重对反映当代民间社会生活状态的器物的资料征集、登记录入，藏品进馆前要严格履行入藏登记手续和分类存放要求。

5.5 资金保障

对建成后正常对外开放的博物馆，通过管理绩效评估，由市、县（区）级财政对其日常管理运行给予积极扶持。

6 基础设施整治

6.1 基本要求

6.1.1 各项基础设施的规划与建设应做好前期影响评估和现场特征要素认定，以保护传统村镇、街区历史风貌为前提，同时满足生活生产要求。

6.1.2 应因地制宜、合理安排各项基础设施的分期实施。

6.1.3 提倡采用国内外新技术、新方法进行维修施工和管理。

6.2 道路工程

6.2.1 传统村镇、街区道路整治改造应符合乡土文化遗产保护的要求，结合村庄规模形态、地形地貌、河流走向和交通布局，满足公共交通、慢行交通和防灾疏散等功能需要。

6.2.2 传统村镇、街区道路系统宜延续传统道路格局；确需进行改造的道路，其断面尺寸、建筑材料、交通标识、铺装形式的选择应充分考虑原有传统风貌特征。

6.2.3 传统村镇、街区道路管线工程应采用落地方式；必须掘地埋管时，应统筹规划设计，避免大面积挖掘和反复挖掘，施工完成后以原材料、原式样修复路面。

6.2.4 应适当利用村庄周边、空余场地，规划建设公共停车场（泊位），其布设应避免对传统风貌的不利影响，并与环境特征相协调。

6.2.5 消防通道应按照消防规范的要求进行整治建设，并应兼顾传统村镇、街区历史风貌保护的要求。

6.3 给水排水工程

6.3.1 给水工程

（1）给水设施整治的主要内容包括水源、给水方式、给水处理工艺、现有设备设施和输配水管道的整治，应根据当地实际情况完善现有设施，建立安全、卫生、便捷的供水系统。

（2）给水设施整治应实现给水满足用水需求，水质达标。禁止任何可能危害水源水质的设施建设和活动，保证居民用水安全。

（3）供水设施的布设应避免对传统风貌的不利影响，其外观应与环境特征相协调。

（4）供水工程设计施工及给水设备、管材和用水器具应当符合国家现行标准、行业标准或者地方标准。

6.3.2 排水工程

（1）排水设施整治包括确定排放标准、整治排水收集系统和污水处理设施。排水工程设计施工及污水排放、农田灌溉应符合国家现行标准或地方标准的有关规定。

（2）整治排水收集系统，应根据村落自身条件，采用雨污分流制；条件不具备时，宜采用不完全分流制或截流式合流制。

（3）雨水排放应充分利用历史街巷、院落原有的地面、边沟、暗渠和天然沟渠，并应定期清理。雨水沟渠砌筑的选材宜就地取材，并应与现场环境风貌相协调。

（4）整治污水收集系统，应根据自身条件，采取相应措施。位于城镇污水处理厂服务范围的村庄，应将污水纳入城镇污水处理厂集中处理；位于城镇污水处理厂服务范围之外的村庄，应联村或单村建设污水处理站；集中污水处理站选址应充分考虑各种不利因素，确保安全、可靠，并应与现场环境风貌相协调。

（5）污水收集宜采用管网为主。管道铺设应因地制宜，满足污水重力自流和冻土埋深要求，并依据排污量合理选用管材，管网铺设还应与道路铺设同步，避免重复施工。

6.4 电力电信工程

6.4.1 电力电信设施应满足使用要求，保证信号通畅，线路架设应安全有序，严禁私拉乱接电线、电缆的现象；有条件的传统村镇、街区架空线缆可以改为地下敷设或者沿墙明敷的形式，根据需要提高区域内干线传输负荷能力，并连结成网。

6.4.2 入户线路敷设应与室内景观风格相协调，线路明装或暗装部分均应确保使用安全，宜选用技术先进的材料和做法。

6.4.3 经评估确认为传统特色的设备器物应保留，能继续使用的宜修复后使用；不能继续使用而须保留的，可另外设置以供使用。

6.4.4 电力电信设施的布设应避免对传统风貌的不利影响，其外观应与现场环境风貌相协调。

6.5 垃圾收运工程

6.5.1 应按服务半径需求合理配置垃圾收集点、清运配套设施等，并应规范卫生防护措施，避免二次污染。垃圾收集及处理设施的布设应避免对传统风貌的不利影响，其外观应与现场环境风貌相协调。

6.5.2 应全面清理保护范围内积存的垃圾，清除河道、河沟、坑塘内多年积存的垃圾渣土和庭院垃圾。

6.5.3 村庄生活垃圾宜就地分类收集利用，以减少集中处理量。村落生活垃圾、农业混合物、粪便、污水等垃圾，在分类基础上可采用农家堆肥、减量填埋、焚烧或定点集中处理等方式处置。

6.5.4 公共厕所和户用厕所的整治和粪便处理，均应符合国家现行有关技术标准的要求，厕所类型选择应综合考虑当地经济、自然条件、民俗习惯及农业生产方式等因素，有条件的村庄，应采用水冲式厕所。厕所选址及外观应与整体环境风貌相协调。

6.6 公共服务设施建设

6.6.1 公共服务设施配置应坚持分区统筹、区域共享的原则；坚持科学配置、完善功能、相对集中、方便使用、有利管理的原则。

6.6.2 应根据村庄经济条件和实际需要，充分利用现有的场所，确定和建设公共服务设施的配置项目，达到"规模适度、相对集中"的基本要求。

6.6.3 公共服务设施及场地的布设和整治应充分评估对所在环境的影响，保护好原有景观要素，其建（构）筑物外观及铺装应与传统风貌相协调。

7 防灾减灾建设

7.1 基本要求

7.1.1 综合考虑火灾、洪灾、震灾及其他地质灾害等的影响，采用防、抗、避、救相结合的方法，安全防灾设施应与传统村镇、街区风貌相协调，综合整治、平灾结合，保障重要设施和建筑安全。

7.1.2 新建建筑物应按照国家有关防灾标准进行设计和建造；村落中建造年代较长、存在安全隐患的建筑，应根据其自身条件，进行加固整改以提高安全等级。

7.1.3 根据不同自然灾害类型建立相应的防灾和避灾场所，并按有关要求管理。

7.1.4 健全防灾安全体系，应做好灾害救助应急预案和补救措施，并保证相关物资的供给。

7.2 消防与安防工程

7.2.1 村落消防整治应贯彻预防为主、防消结合的方针，积极推进消防工作社会化，针对消防安全布局、消防站、消防供水、消防通信、消防通道、消防装备、建筑防火等内容进行综合整治。

7.2.2 所有安防设备应因地制宜，服从"保护为主"的原则，在不影响正常效用的情况下尽量无损安装、隐蔽安装，外观色彩应与建筑及周边环境相协调。

7.2.3 村落消防供水宜采用消防、生产、生活合一的供水系统，并应符合国家现行消防规范及农村建筑防火的有关规定；当给水管网或天然水源不能满足消防用水时，宜设置消防水池，容积应满足消防水量的要求；利用天然水源或消防水池作为消防水源时，应配置消防泵或手抬机动泵等消防供水设备。

7.2.4 应在村落固定地点按照国家有关规定配置消防设施，可采用地埋式或墙嵌式，并应设有醒目的标志，尽可能与绿化、建筑小品布置结合，以避免妨碍景观。

7.2.5 宜在村落周边增设环形消防车道，并有通向外部城市干道的村镇道路；消防通道应符合国家现行消防规范及农村建筑防火的有关规定。

7.2.6 制定和完善安防制度，成立值班巡查队伍，依法负责村落安防与管理的日常工作；加强宣传，提高当地村民对乡土遗产的保护意识。

7.3 防洪与防涝工程

7.3.1 受河流、湖泊、海洋、山洪、内涝威胁的村落应进行防洪整治，并应符合下列规定：

（1）防洪整治应结合实际，遵循综合治理、确保重点、防汛与抗旱相结合、工程措施与非工程措施相结合的原则。

（2）应合理利用岸线，防洪设施选线应适应防洪现状和天然岸线走向。

（3）受台风、暴雨、潮汐威胁的地区，保护和整治时应符合防御台风、暴雨、潮汐的要求。

（4）根据历史降水资料易形成内涝的平原、洼地等地区的村落应完善除涝排水系统。

7.3.2 村落的防洪工程、措施应与当地海河流域、农田水利、水土保持、绿化造林等规划相结合。

7.3.3 村落应采取适宜的防内涝措施，当村落用地外围有较大汇水汇入或穿越村落用地时，宜用边沟或排（截）洪沟组织用地外围的地面汇水排除。

7.3.4 建立防洪救援系统，应包括应急疏散点、救生机械（船只）、医疗救护、物资储备和报警装置等。

7.3.5 防洪工程设施的建设应与自然环境和历史环境协调，保持滨水特色，重视历史上防洪构筑物的保护与利用。

7.4 其他防灾工程

7.4.1 地质灾害综合整治应符合下列规定：

（1）应根据所在地区灾害环境和可能发生灾害的类型重点防御，山区村落重点防御滑坡、崩塌和泥石流等灾害；矿区和岩溶发育地区的村庄重点防御塌陷和沉降灾害。

（2）地质灾害危险区应及时采取工程治理或者搬迁避让措施，保证村民生命和财产安全。地质灾害治理工程应与地质灾害规模、严重程度以及对人民生命和财产安全的危害程度相适应。

（3）地质灾害危险区内禁止进行爆破、削坡等可能引发地质灾害的活动。

7.4.2 位于易受雷击地区，或体量高大的建筑、构筑物，要安装防雷设施。

7.4.3 应加强地震灾害防御能力。对现状有严重残损的传统建筑，应进行保护维修，并制定相关应急预案。

8 生态环境保护整治

8.1 基本要求

传统村镇、街区生态环境保护整治的基本目标是保护其历史、人文景观风貌与特色，改善传统村镇、街区的生态环境，保持、维护其地域生态环境，彰显传统村镇、街区的文化与自然环境特色，营建特色格局、美丽宜居的传统家园。

8.2 历史风貌保护整治

保护以村镇和山形地势、水系田园、地理人文为依托的历史景观风貌格局，以及各景观廊道上透景、对景、借景在内的多元景观视野。

8.2.1 传统村镇周边山体，应划定保护范围，包括禁止建设范围和限制建设范围；制定山体保护与利用措施，保护山峦自然形态，包括山脉走向、山体肌理、原始植被和山脊线等；应严格控制山体周边的建设，处理好山体与道路、建筑的关系，保持历史景观及其生态环境。

8.2.2 传统村镇、街区保护范围内的水系，包括水口、海滨、河流、湖泊、水库、坑塘、沟渠、水井及其附属设施等，应整体保护；对于已枯竭的坑塘，应通过原有水系维系水源补给或人工补给，不宜填埋。

（1）对于沟渠和河道等自然地貌应结合水系现状适度保护，不得随意更改或填挖，必要时设立保护围栏或疏浚修复；

（2）加强对经营性场所的排污监管与治理，不得从河渠中大量抽水作为内部生活或经营用水，保护河岸环境及公共滨水空间，防止垃圾、污水等污染水体，对已破坏的区域应积极进行生态修复。

8.2.3 保护农耕渔猎等传统经济活动、生产工具和生产方式，维系村域范围内自然植被、传统农作物种类及分布，适度利用自然资源优势，发展以休闲观光、文化交流为主要内容的乡村文化旅游。

（1）保护其重要元素不被破坏，如田埂、灌溉沟渠、塘基、护岸和海岸线等。

（2）保护生态环境，避免社会经济活动过度开发利用农田林地、池塘湖泊、海洋滩涂等自然资源。

8.3 环境景观绿化整治

8.3.1 景观设施的形态外观应具备可识别性，并应与所在环境协调；应注重突出本土特色，避免不和谐的奢华倾向。

8.3.2 保护原有村落与水系的关系，不得随意破坏地形、改变水系；结合现有河网水系岸线，整治边坡及滨水空间环境，合理配置绿化，改善岸线生态景观。

8.3.3 传统村镇、街区的道路及景观绿化，应结合地域实际，优先采用适于本地生长的植被、树种，对于影响传统风貌的植物配植应进行调整，使其与地域特征相匹配，兼顾生态、经济和景观效益。

8.3.4 充分利用村内闲置及废弃用地，并结合村民休闲活动，整治建设公共绿地，兼顾实用、绿化、环境美观。

8.3.5 传统村镇、街区内的杂物以整治为主、清理为辅，在方便村民的前提下，应对堆放场地和堆放形式综合考虑，制定合理方案，降低其对环境的影响。

8.3.6 规范设置传统村镇、街区的宣传栏、广告牌及其他标识系统，其样式、外观宜具有本土特色。

8.3.7 传统村镇、街区夜间亮化工程，宜使用节能灯具，根据使用需求合理配置照明方式，营造与环境整体和谐的照明氛围。

9 保护规划与保护设计

9.1 保护规划

9.1.1 基本要求

（1）保护规划应当衔接其他相关规划，并应就文化遗产资源的关联性同周边其他相关区域进行整体分析与研究。

（2）保护规划应兼顾传统村镇、街区的保护与发展，应在整体性保护的基础上分析、提出永续发展的规划措施与要求。

（3）保护规划的主要任务是提出保护目标，明确保护内容，确定保护重点，划定保护和控制范围，制定保护与利用规划措施。

（4）规划要素应包括：传统乡村格局和风貌；基于传统理想景观居住模式衍生的人文格局；与历史文化密切相关的自然地貌、水系、风景名胜、古树名木等要素；反映历史和传统风貌的建筑、街区、村镇；民俗精华、传统技艺、传统文化等。

（5）编制保护规划，应当在提出保护与管理措施的前提下，明确历史文化遗产展示与利用的目标和内容，核定展示利用的环境容量，提出展示与合理利用的措施与建议。

9.1.2　调研与评估

编制保护规划，应对规划区域内自然与人文资源的价值、特色、现状、保护情况等进行调研与评估，主要包括以下内容：

（1）建制、沿革、演进、变迁、重大历史事件等。

（2）传统格局、历史风貌、历史人文与自然环境要素等。

（3）文物建筑、历史建筑、传统风貌建筑、其他名胜古迹等的详细信息。

（4）规划区域内人口、用地性质，其他一般性建筑物和构筑物的年代、质量、风貌、高度、材料等信息。

（5）反映民间社会历史与当今生活的乡土器物、乡土印记等信息。

（6）方言、民间文学、传统表演艺术、传统技艺、礼仪节庆等民俗、传统体育和游艺等。

（7）基础设施、公共安全设施和公共服务设施现状。

（8）保护管理机构、乡规民约建设、保护资金筹集等情况。

9.1.3　保护范围划定

保护规划应在综合评价保护对象的遗产价值、特色基础上，结合现状划定保护范围，包括核心保护范围和建设控制地带。

（1）传统文化村镇、街区内传统格局和历史风貌较为完整、历史建筑和传统风貌建筑集中成片的地区划为核心保护范围；在核心保护范围之外合理划定建设控制地带。核心保护范围和建设控制地带的确定应边界清楚，便于管理。

（2）规划区域内各级文物保护单位的保护范围和建设控制地带以各级人民政府公布的保护范围、建设控制地带为准。

（3）历史建筑的保护范围应包括历史建筑本身和必要的建设控制协调区。

9.1.4　保护规划文件

（1）保护规划文件应包括规划文本、规划图纸和附件，附件包括规划说明书、基础资料汇编。

（2）保护规划文本应当完整、准确地表述保护规划的各项内容，语言简洁、规范。规划说明书包括遗产价值和特色评估、现状问题分析、规划意图阐释等内容。

（3）保护规划图纸要求清晰准确，图例统一。图纸应以近期测绘的现状地形图为底图进行绘制，规划图上应显示出现状和地形。图纸上应标注图名、编号、比例尺、图例、绘制时间、规划设计单位名称。

保护规划的图纸主要包括：

① 历史资料图。

② 现状分析图。

A. 区位图；

B. 文物古迹分布图；

C. 用地现状图；

D. 反映建筑年代、质量、格局、风貌、高度等的现状图；

E. 历史环境要素现状图；

F. 基础设施、公共安全设施与公共服务设施等现状图。

③ 保护规划图。

A. 保护区划图；

B. 建筑分类保护规划图；

C. 高度控制规划图；

D. 用地规划图；

E. 道路交通规划图；

F. 基础设施、公共安全设施和公共服务设施规划图。

9.2 保护设计

9.2.1 基本要求

（1）保护设计的主要任务是保存历史建筑和风貌建筑，展示、提升其价值，促使其有效利用。具体包括为保护工程决策提供方案、造价和施工招标依据，指导保护工程的科学实施；保存工程实施前后的完整信息；提升保护对象的展示效果；为保护对象的经营管理提供参考。

（2）保护设计应包括信息采集、分析评估、保护措施、实施效果评价等主要环节。

9.2.2 前期研究

（1）保护设计应通过对保护对象的文献研究、社会调查、现状勘察、检测和测绘等方式来采集信息，采集范围包括：

① 历史信息：原建和历次改建状况、图像、风格样式，设计与施工者，所有者与使用者，功能与空间变化及相关事件等。

② 现状信息：环境状况，使用状况，本体保护的具体信息，如尺寸、构造、结构、材料、状况、变形、病理及相关设施等。

（2）保护设计应通过现场、实验室和论证会等方式对采集信息进行分析评估，包括：

① 价值分析：分析保护对象价值构成，确定特征要素与重点保护部位。

② 技术分析：分析保护对象结构、承载力和变化情况，评估安全性；分析保护对象的材料构成和状况。

9.2.3 保护措施

（1）应在信息采集和分析评估基础上制定适当的保护措施，包括建筑修缮、结构加固、空间利用、效能提升、环境整治、经营管理与计划等主要内容。

（2）对传统建（构）筑物因功能置换所导致的结构承载变化应有结构与构造分析，应在原有承载体系基础上因循外观视感采取相关工程技术措施。

（3）保护设计实施后，应对实施工程进行验收，包括保护对象的特征要素是否改变、保护内容的完整性是否损害、保护设计的适用性目标是否达到等。

9.2.4 方案设计文件主要架构包括：

（1）保护对象历史状况、固有特征和损害情况的勘察评估报告、实测图、照片。

（2）保护利用采取的技术措施、环境整治方案、设计图及相关技术文件。

（3）分期建设与运营计划。

（4）工程设计概算。

（5）必要时应提供材料试验报告、环境污染情况报告、工程地质和水文地质资料及勘探报告。

村庄整治技术规范

（GB50445-2008）

1 总 则

1.0.1 为提高村庄整治的质量和水平，规范村庄整治工作，改善农民生产生活条件和农村人居环境质量，稳步推进社会主义新农村建设，促进农村经济、社会、环境协调发展，制定本规范。

1.0.2 本规范适用于全国现有村庄的整治。

1.0.3 村庄整治应充分利用现有房屋、设施及自然和人工环境，通过政府帮扶与农民自主参与相结合的形式，分期分批整治改造农民最急需、最基本的设施和相关项目，以低成本投入、低资源消耗的方式改善农村人居环境，防止大拆大建、破坏历史风貌和资源。

1.0.4 村庄整治应因地制宜、量力而行、循序渐进、分期分批进行；并应充分传承当地历史文化传统，防止违背群众意愿，搞突击运动。并应符合下列基本原则：

1. 充分利用已有条件及设施，坚持以现有设施的整治、改造、维护为主，尊重农民意愿、保护农民权益，严禁盲目拆建农民住宅；

2. 各类设施整治应做到安全、经济、方便使用与管理，注重实效，分类指导，不应简单套用城镇模式大兴土木、铺张浪费；

3. 根据当地经济社会发展水平、农民生产方式与生活习惯，结合农村人口及村庄发展的长期趋势，科学制定支持村庄整治的县域选点计划；

4. 综合考虑整治项目的急需性、公益性和经济可承受性，确定整治项目和整治时序，分步实施；

5. 充分利用与村庄整治相适应的成熟技术、工艺和设备，优先采用当地原材料，保护、节约和合理利用能源资源，节约使用土地；

6. 严格保护村庄自然生态环境和历史文化遗产，传承和弘扬传统文化。严禁毁林开山，随意填塘，破坏特色景观与传统风貌，毁坏历史文化遗存。

1.0.5 村庄整治项目应包括安全与防灾、给水设施、垃圾收集与处理、粪便处理、排水设施、道路桥梁及交通安全设施、公共环境、坑塘河道、历史文化遗产与乡土特色保护、生活用能等。具体整治项目应根据实际需要与经济条件，由村民自主选择确定，涉及生命财产安全与生产生活最急需的整治项目应优先开展。

村庄整治应符合有关规划要求。当村庄规模较大、需整治项目较多、情况较复杂时，应编制村庄整治规划作为指导。

1.0.6 村庄整治除应符合本规范外，尚应符合国家现行有关标准的规定。

2 术语

2.0.1 村庄整治 village rehabilitation

对农村居民生活和生产的聚居点的整顿和治理。

2.0.2 次生灾害 secondary induced disasters

自然灾害造成工程结构和自然环境破坏而引发的连锁性灾害。常见的有次生火灾、爆炸、洪水、有毒有害物质溢出或泄漏、传染病、地质灾害等。

2.0.3 基础设施 infrastructures

维持村庄或区域生存的功能系统和对国计民生、村庄防灾有重大影响的供电、供水、供气、交通及对抗灾救灾起重要作用的指挥、通信、医疗、消防、物资供应与保障等基础性工程设施系统，也称生命线工程。

2.0.4 浊度 turbidity

反映天然水及饮用水物理性状的指标，是悬浮物、胶态物或两者共同作用造成的在光线方面的散射或吸收状态，也称浑浊度。

2.0.5 可生物降解的有机垃圾 biodegradable waste

指可以腐烂的有机垃圾，如食物残渣、树叶、草等植物垃圾等。

2.0.6 堆肥 composting

在有氧和有控制的条件下通过微生物的作用对分类收集的有机垃圾进行的生物分解过程，制作产生肥料。

2.0.7 粪便无害化处理 feces harmless treatment

有效降低粪便中生物性致病因子数量，使病原微生物失去传染性，控制疾病传播的过程。

2.0.8 卫生厕所 sanitary latrine

有墙、有顶，厕坑及贮粪池不渗漏，厕内清洁，无蝇蛆，基本无臭，贮粪池密闭有盖，粪便及时清除并进行无害化处理的厕所。

2.0.9 户厕 household latrine

供农村家庭成员便溺用的场所，由厕屋、便器、贮粪池组成。

2.0.10 水冲式厕所 water closed latrine

具有给水和完整的排水设施的厕所。

2.0.11 人工湿地 artificial wetland

人工筑成的水池或沟槽，底面铺设防渗漏隔水层，填充一定深度的土壤或填料层，种植芦苇类维管束植物或根系发达的水生植物，污水由湿地一端通过布水管渠进入，与生长在填料表面的微生物和水中溶解氧进行充分接触而获得净化。

2.0.12 生物滤池 biological filter

污水处理构筑物，内置填料做载体，污水由上往下喷淋过程中与载体上的微生物及自下向上流动的空气充分接触，获得净化。

2.0.13 稳定塘 stabilization pond

污水停留时间长的天然或人工塘。主要依靠微生物好氧和（或）厌氧作用，以多级串连运行，稳定污水中的有机污染物。

2.0.14 表面水力负荷 hydraulic surface loading

每平方米表面积单位时间内通过的污水体积数。

2.0.15 坑塘 pit-pond

人工开挖或天然形成的储水洼地，包括养殖、种植塘及湖泊、河渠形成的支汊水体等。

2.0.16 滚水坝 overflow dam

高度较低的溢流水坝，控制坝前较低的水位，也称滚水堰。

2.0.17 塘堰 small reservoir

山丘区的小型蓄水工程，用以拦蓄地面径流，供灌溉及居民生活用水，也称塘坝。

2.0.18 历史文化遗产 cultural heritage

具有历史文化价值的古遗址、建（构）筑物、村庄格局。

2.0.19 历史文化名村 historic village

由建设部和国家文物局公布的、保存文物特别丰富并具有重大历史价值或革命纪念意义，能较完整地反映一定历史时期的传统风貌和地方民族特色的村落。

2.0.20 生物质成型燃料 biomass briquette

将农作物秸秆、农林废弃物、能源作物等生物质通过高压在高温或常温下压缩成热值达11932~18840kJ/kg的高密度棒状或颗粒状的燃料。

2.0.21 太阳房 solar house

依靠建筑物本身构造和建筑材料的热工性能，吸收和储存太阳光热量，满足使用需要的房屋。

3 安全与防灾

3.1 一般规定

3.1.1 村庄整治应综合考虑火灾、洪灾、震灾、风灾、地质灾害、雷击、雪灾和冻融等灾害影响，贯彻预防为主，防、抗、避、救相结合的方针，坚持灾害综合防御、群防群治的原则，综合整治、平灾结合，保障村庄可持续发展和村民生命安全。

3.1.2 村庄整治应达到在遭遇正常设防水准下的灾害时，村庄生命线系统和重要设施基本正常，整体功能基本正常，不发生严重次生灾害，保障农民生命安全的基本防御目标。

3.1.3 村庄整治应根据灾害危险性、灾害影响情况及防灾要求，确定工作内容，并应符合下列规定：

1. 火灾、洪灾和按表3.1.3确定的灾害危险性为C类和D类等对村庄具有较严重威胁的灾种，村庄存在重大危险源时，应进行重点整治，除应符合本规范规定外，尚应按照国家有关法律法规和技术标准规定进行防灾整治和防灾建设，条件许可时应纳入城乡综合防灾体系统一进行；

灾害危险性分类　　　　　　　　　　　　　　　　表3.1.3

灾种 灾害危险性	划分依据	A	B	C	D
地震	地震基本加速度a（g）	a<0.05	0.05≤a<0.15	0.15≤a<0.3	a≥0.3
风	基本风压W_0（KN/m²）	W_0<0.3	0.3≤W_0<0.5	0.5≤W_0<0.7	W_0≥0.7
地质	地质灾害分区	一般区	易发区、地质环境条件为中等和复杂程度		危险区
雪	基本雪压S_0（KN/m²）	S_0<0.3	0.45>S_0≥0.3	0.6>S_0≥0.45	S_0≥0.6
冻融	最冷月平均气温（℃）	>0℃	0℃～-5℃	-5℃～-10℃	<-10℃

2. 除第1款规定外的一般危险性的常见灾害，可按群防群治的原则进行综合整治；
3. 应充分考虑各类安全和灾害因素的连锁性和相互影响，并应符合下列规定：

1）应按各项灾害整治和避灾疏散的防灾要求，对各类次生灾害源点进行综合整治。

2）应按照火灾、水灾、毒气泄漏扩散、爆炸、放射性污染等次生灾害危险源的种类和分布，对需要保障防灾安全的重要区域和源点，分类分级采取防护措施，综合整治。

3）应考虑公共卫生突发事件灾后流行性传染病和疫情，建立临时隔离、救治设施。

3.1.4　现状存在隐患的生命线工程和重要设施、学校和村民集中活动场所等公共建筑应5进行整治改造，并应符合现行标准《建筑抗震设计规范》GB 50011、《建筑设计防火规范》GB 50016、《建筑结构荷载规范》GB 50009、《建筑地基基础设计规范》GB 50007、《冻土地区建筑地基基础设计规范》JGJ 118等的要求。

存在结构性安全隐患的农民住宅应进行整治，消除危险因素。

3.1.5　村庄洪水、地震、地质、强风、雪、冻融等灾害防御中，宜将下列设施作为重点保护对象，按照国家现行相关标准优先整治：

1. 变电站（室）、邮电（通信）室、粮库（站）、卫生所（医务室）、广播站、消防站等生命线系统的关键部位；
2. 学校等公共建筑。

3.1.6　村庄现状用地中的下列危险性地段，禁止进行农民住宅和公共建筑建设，既有建筑工程必须进行拆除迁建，基础设施现状工程无法避开时，应采取有效措施减轻场地破坏作用，满足工程建设要求：

1. 可能发生滑坡、崩塌、地陷、地裂、泥石流等的场地；
2. 发震断裂带上可能发生地表位错的部位；
3. 行洪河道；
4. 其他难以整治和防御的灾害高危害影响区。

3.1.7 对潜在危险性或其他限制使用条件尚未查明或难以查明的建设用地，应作为限制性用地。

3.2 消防整治

3.2.1 村庄消防整治应贯彻预防为主、防消结合的方针，积极推进消防工作社会化，针对消防安全布局、消防站、消防供水、消防通信、消防通道、消防装备、建筑防火等内容进行综合整治。

3.2.2 村庄应按照下列安全布局要求进行消防整治：

1. 村庄内生产、储存易燃易爆化学物品的工厂、仓库必须设在村庄边缘或相对独立的安全地带，并与人员密集的公共建筑保持规定的防火安全距离。

严重影响村庄安全的工厂、仓库、堆场、储罐等必须迁移或改造，采取限期迁移或改变生产使用性质等措施，消除不安全因素；

2. 生产和储存易燃易爆物品的工厂、仓库、堆场、储罐等与居住、医疗、教育、集会、娱乐、市场等之间的防火间距不应小于50m，并应符合下列规定：

1）烟花爆竹生产工厂的布置应符合现行国家标准《民用爆破器材工厂设计安全规范》GB 50089的要求。

2）《建筑设计防火规范》GB 50016规定的甲、乙、丙类液体储罐和罐区应单独布置在规划区常年主导风向下风或侧风方向，并应考虑对其他村庄和人员聚集区的影响；

3. 合理选择村庄输送甲、乙、丙类液体、可燃气体管道的位置，严禁在其干管上修建任何建筑物、构筑物或堆放物资。管道和阀门井盖应有明显标志；

4. 应合理选择液化石油气供应站的瓶库、汽车加油站和煤气、天然气调压站、沼气池及沼气储罐的位置，并采取有效的消防措施，确保安全。

燃气调压设施或气化设施四周安全间距需满足城镇燃气输配的相关规定，且该范围内不能堆放易燃易爆物品。通过管道供应燃气的村庄，低压燃气管道的敷设也应满足城镇燃气输配的有关规范，且燃气管道之上不能堆放柴草、农作物秸秆、农林器械等杂物；

5. 打谷场和易燃、可燃材料堆场，汽车、大型拖拉机车库，村庄的集贸市场或营业摊点的设置以及村庄与成片林的间距应符合农村建筑防火的有关规定，不得堵塞消防通道和影响消火栓的使用；

6. 村庄各类用地中建筑的防火分区、防火间距和消防通道的设置，均应符合农村建筑防火的有关规定；在人口密集地区应规划布置避难区域；原有耐火等级低、相互毗连的建筑密集区或大面积棚户区，应采取防火分隔、提高耐火性能，开辟防火隔离带和消防通道，增设消防水源，改善消防条件，消除火灾隐患。防火分隔宜按30~50户的要求进行，呈阶梯布局的村寨，应沿坡纵向开辟防火隔离带。防火墙修建应高出建筑物50cm以上；

7. 堆量较大的柴草、饲料等可燃物的存放应符合下列规定：

1）宜设置在村庄常年主导风向的下风侧或全年最小频率风向的上风侧。

2）当村庄的三、四级耐火等级建筑密集时，宜设置在村庄外。

3）不应设置在电气设备附近及电气线路下方。

4）柴草堆场与建筑物的防火间距不宜小于25m。

5）堆垛不宜过高过大，应保持一定安全距离。

8. 村庄宜在适当位置设置普及消防安全常识的固定消防宣传栏；易燃易爆区域应设置消防安全警示标志。

3.2.3 村庄建筑整治应符合下列防火规定：

1. 村庄厂（库）房和民用建筑的耐火等级、允许层数、允许占地面积及建筑构造防火要求应符合农村建筑防火的有关规定；

2. 既有耐火等级低的老建筑有条件时应逐步加以改造，采取提高耐火等级等措施消除火灾隐患；

3. 村庄电气线路与电气设备的安装使用应符合国家电气设计技术规范和农村建筑防火的有关规定。村庄建筑电气应做接地，配电线路应安装过载保护和漏电保护装置，电线宜采用线槽或穿管保护，不应直接敷设在可燃装修材料或可燃构件上，当必须敷设时应采取穿金属管、阻燃塑料管保护；

4. 现状存在火灾隐患的公共建筑，应根据《建筑设计防火规范》GB 50016等国家相关标准进行整治改造；

5. 村庄应积极采用先进、安全的生活用火方式，推广使用沼气和集中供热。火源和气源的使用管理应符合农村建筑防火的有关规定；

6. 保护性文物建筑应建立完善的消防设施。

3.2.4 村庄消防供水宜采用消防、生产、生活合一的供水系统，并应符合下列规定：

1. 具备给水管网条件时，管网及消火栓的布置、水量、水压应符合现行国家标准《建筑设计防火规范》GB 50016及农村建筑防火的有关规定；利用给水管道设置消火栓，间距不应大于120m；

2. 不具备给水管网条件时，应利用河湖、池塘、水渠等水源进行消防通道和消防供水设施整治；利用天然水源时，应保证枯水期最低水位和冬季消防用水的可靠性；

3. 给水管网或天然水源不能满足消防用水时，宜设置消防水池，消防水池的容积应满足消防水量的要求；寒冷地区的消防水池应采取防冻措施；

4. 利用天然水源或消防水池作为消防水源时，应配置消防泵或手抬机动泵等消防供水设备。

3.2.5 村庄整治应按照国家有关规定配置消防设施，并应符合下列规定：

1. 消防站的设置应根据村庄规模、区域位置、发展状况及火灾危险程度等因素确定，确需设置消防站时应符合下列规定：

1）消防站布局应符合接到报警5分钟内消防人员到达责任区边缘的要求，并应设在责任区内的适中位置和便于消防车辆迅速出动的地段。

2）消防站的建设用地面积宜符合表3.2.5的规定。

3）村庄的消防站应设置由电话交换站或电话分局至消防站接警室的火警专线，并应与上一级消防站、邻近地区消防站，以及供水、供电、供气、义务消防组织等部门建立消防通信联网；

消防站规模分级 表3.2.5

消防站类型	责任区面积（km²）	建设用地面积（m²）
标准型普通消防站	≤7.0	2400—4500
小型普通消防站	≤4.0	400—1400

2. 5000人以上村庄应设置义务消防值班室和义务消防组织，配备通信设备和灭火设施。

3.2.6 村庄消防通道应符合现行国家标准《建筑设计防火规范》GB 500016及农村建筑防火的有关规定，并应符合下列规定：

1. 消防通道可利用交通道路，应与其他公路相连通。消防通道上禁止设立影响消防车通行的隔离桩、栏杆等障碍物。当管架、栈桥等障碍物跨越道路时，净高不应小于4m；

2. 消防通道宽度不宜小于4m，转弯半径不宜小于8m；

3. 建房、挖坑、堆柴草饲料等活动，不得影响消防车通行；

4. 消防通道宜成环状布置或设置平坦的回车场。尽端式消防回车场不应小于15m×15m，并应满足相应的消防规范要求。

3.3 防洪及内涝整治

3.3.1 受江、河、湖、海、山洪、内涝威胁的村庄应进行防洪整治，并应符合下列规定：

1. 防洪整治应结合实际，遵循综合治理、确保重点；防汛与抗旱相结合、工程措施与非工程措施相结合的原则。根据洪灾类型确定防洪标准：

1）沿江河湖泊村庄防洪标准应不低于其所处江河流域的防洪标准。

2）邻近大型或重要工矿企业、交通运输设施、动力设施、通信设施、文物古迹和旅游设施等防护对象的村庄，当不能分别进行防护时，应按"就高不就低"的原则确定设防标准及防洪设施；

2. 应合理利用岸线，防洪设施选线应适应防洪现状和天然岸线走向；

3. 受台风、暴雨、潮汐威胁的村庄，整治时应符合防御台风、暴雨、潮汐的要求；

4. 根据历史降水资料易形成内涝的平原、洼地、水网圩区、山谷、盆地等地区的村庄整治应完善除涝排水系统。

3.3.2　村庄的防洪工程和防洪措施应与当地江河流域、农田水利、水土保持、绿化造林等规划相结合并应符合下列规定：

1. 居住在行洪河道内的村民，应逐步组织外迁；

2. 结合当地江河走向、地势和农田水利设施布置泄洪沟、防洪堤和蓄洪库等防洪设施。对可能造成滑坡的山体、坡地，应加砌石块护坡或挡土墙。防洪（潮）堤的设置应符合国家有关标准的规定；

3. 村庄范围内的河道、湖泊中阻碍行洪的障碍物，应制定限期清除措施；

4. 在指定的分洪口门附近和洪水主流区域内，严禁设置有碍行洪的各种建筑物，既有建筑物必须拆除；

5. 位于防洪区内的村庄，应在建筑群体中设置具有避洪、救灾功能的公共建筑物，并应采用有利于人员避洪的建筑结构形式，满足避洪疏散要求。避洪房屋应依据现行国家标准《蓄滞洪区建筑工程技术规范》GB 50181的有关规定进行整治；

6. 蓄滞洪区的土地利用、开发必须符合防洪要求，建筑场地选择、避洪场所设置等应符合《蓄滞洪区建筑工程技术规范》GB 50181的有关规定并应符合下列规定：

1）指定的分洪口门附近和洪水主流区域内的土地应只限于农牧业以及其他露天方式使用，保持自然空地状态。

2）蓄滞洪区内的高地、旧堤应予保留，以备临时避洪。

3）蓄滞洪区内存在有毒、严重污染物质的工厂和仓库必须制定限期拆除迁移措施。

3.3.3　村庄应选择适宜的防内涝措施，当村庄用地外围有较大汇水汇入或穿越村庄用地时，宜用边沟或排（截）洪沟组织用地外围的地面汇水排除。

3.3.4　村庄排涝整治措施包括扩大坑塘水体调节容量、疏浚河道、扩建排涝泵站等，应符合下列规定：

1. 排涝标准应与服务区域人口规模、经济发展状况相适应，重现期可采用5~20年；

2. 具有排涝功能的河道应按原有设计标准增加排涝流量校核河道过水断面；

3. 具有旱涝调节功能的坑塘应按排涝设计标准控制坑塘水体的调节容量及调节水位，坑塘常水位与调节水位差宜控制在0.5~1.0m；

4. 排涝整治应优先考虑扩大坑塘水体调节容量，强化坑塘旱涝调节功能。主要方法包括：

1）将原有单一渔业养殖功能坑塘改为养殖与旱涝调节兼顾的综合功能坑塘。

2）调整农业用地结构，将地势低洼的原有耕地改为旱涝调节坑塘。

3）受土地条件限制地区，宜采用疏浚河道、新、扩建排涝泵站的整治方式。

3.3.5　村庄防洪救援系统，应包括应急疏散点、救生机械（船只）、医疗救护、物资储备和报警装置等。

3.3.6　村庄防洪通讯报警信号必须能送达每户家庭，并应能告知村庄区域内每个人。

3.4 其他防灾项目整治

3.4.1 地质灾害综合整治应符合下列规定：

1. 应根据所在地区灾害环境和可能发生灾害的类型重点防御：山区村庄重点防御边坡失稳的滑坡、崩塌和泥石流等灾害；矿区和岩溶发育地区的村庄重点防御地面下沉的塌陷和沉降灾害；

2. 地质灾害危险区应及时采取工程治理或者搬迁避让措施，保证村民生命和财产安全。地质灾害治理工程应与地质灾害规模、严重程度以及对人民生命和财产安全的危害程度相适应；

3. 地质灾害危险区内禁止爆破、削坡、进行工程建设以及从事其他可能引发地质灾害的活动；

4. 对可能造成滑坡的山体、坡地，应加砌石块护坡或挡土墙。

3.4.2 位于地震基本烈度六度及以上地区的村庄应符合下列规定：

1. 根据抗震防灾要求统一整治村庄建设用地和建筑，并应符合下列规定：

1）对村庄中需要加强防灾安全的重要建筑，进行加固改造整治。

2）对高密度、高危险性村区及抗震能力薄弱的建筑应制定分区加固、改造或拆迁措施，综合整治；位于本规范3.1.6条规定的不适宜用地上的建筑应进行拆迁、外移，位于本规范3.1.7条规定的限制性用地上的建筑应进行拆迁、外移或消除限制性使用因素；

2. 地震设防区村庄应充分估计地震对防洪工程的影响，防洪工程设计应符合现行行业标准《水工建筑物抗震设计规范》SL 203的规定。

3.4.3 村庄防风减灾整治应根据风灾危害影响统筹安排进行整治，并应符合下列规定：

1. 风灾危险性为D类地区的村庄建设用地选址应避开与风向一致的谷口、山口等易形成风灾的地段；

2. 风灾危险性为C类地区的村庄建设用地选址宜避开与风向一致的谷口、山口等易形成风灾的地段；

3. 村庄内部绿化树种选择应满足抵御风灾正面袭击的要求；

4. 防风减灾整治应根据风灾危害影响，按照防御风灾要求和工程防风措施，对建设用地、建筑工程、基础设施、非结构构件统筹安排进行整治，对于台风灾害危险地区村庄，应综合考虑台风可能造成的大风、风浪、风暴潮、暴雨洪灾等防灾要求；

5. 风灾危险性C类和D类地区村庄应根据建设和发展要求，采取在迎风方向的边缘种植密集型防护林带或设置挡风墙等措施，减小暴风雪对村庄的威胁和破坏。

3.4.4 村庄防雪灾整治应符合下列规定：

1. 村庄建筑应符合现行国家标准《建筑结构荷载规范》GB 50009的有关规定，并应符合下列规定：

1）暴风雪严重地区应统一考虑本规范3.4.3条防风减灾的整治要求。

2）建筑物屋顶宜采用适宜的屋面形式。

3）建筑物不宜设高低屋面；

2．根据雪压分布、地形地貌和风力对雪压的影响，划分建筑工程的有利场地和不利场地，合理布局和整治村庄建筑、生命线工程和重要设施；

3．雪灾危害严重地区村庄应制定雪灾防御避灾疏散方案，建立避灾疏散场所，对人员疏散、避灾疏散场所的医疗和物资供应等做出合理规划和安排；

4．雪灾危险性C类和D类地区的村庄整治时应符合本规范3.4.3条第5款的规定。

3.4.5 村庄冻融灾害防御整治应符合下列规定：

1．多年冻土不宜作为采暖建筑地基，当用作建筑地基时，应符合现行国家标准的有关规定；

2．山区建筑物应设置截水沟或地下暗沟，防止地表水和潜流水浸入基础，造成冻融灾害；

3．根据场地冻土、季节冻土标准冻深的分布情况，地基土的冻胀性和融陷性，合理确定生命线工程和重要设施的室外管网布局和埋深。

3.4.6 雷暴多发地区村庄内部易燃易爆场所、物资仓储、通信和广播电视设施、电力设施、电子设备、村民住宅及其他需要防雷的建（构）筑物、场所和设施，必须安装避雷、防雷设施。

3.5 避灾疏散

3.5.1 村庄避灾疏散应综合考虑各种灾害的防御要求，统筹进行避灾疏散场所与避灾疏散道路的安排与整治。

3.5.2 村庄道路出入口数量不宜少于2个，1000人以上的村庄与出入口相连的主干道路有效宽度不宜小于7m，避灾疏散场所内外的避灾疏散主通道的有效宽度不宜小于4m。

3.5.3 避灾疏散场地应与村庄内部的晾晒场地、空旷地、绿地或其他建设用地等综合考虑，与火灾、水灾、海啸、滑坡、山崩、场地液化、矿山采空区塌陷等其他防灾要求相结合，并应符合下列规定：

1．应避开本规范3.1.6条规定的危险用地区段和次生灾害严重的地段；

2．应具备明显标志和良好交通条件；

3．有多个进出口，便于人员与车辆进出；

4．应至少有一处具备临时供水等必备生活条件的疏散场地。

3.5.4 避灾疏散场所距次生灾害危险源的距离应满足国家现行有关标准要求；四周有次生火灾或爆炸危险源时，应设防火隔离带或防火林带。避灾疏散场所与周围易燃建筑等一般火灾危险源之间应设置宽度不少于30m的防火安全带。

3.5.5 村庄防洪保护区应制定就地避洪设施规划，有效利用安全堤防，合理规划和设置安全庄台、避洪房屋、围埝、避水台、避洪杆架等避洪场所。

3.5.6 修建围埝、安全庄台、避水台等就地避洪安全设施时，其位置应避开分洪口、主流顶冲和深水区，其安全超高值应符合表3.5.6规定。安全庄台、避水台迎流面应设护坡，并设置行人台阶或坡道。

就地避洪安全设施的安全超高　　　　　　　　　　　　　　表3.5.6

安全设施	安置人口（人）	安全超高（m）
围垸	地位重要、防护面大、安置人口≥10000的密集区	>2.0
	≥10000	2.0—1.5
	≥1000—<10000	1.5—1.0
	<1000	1.0
安全庄台、避水台	≥1000	1.5—1.0
	<1000	1.0—0.5

3.5.7　防洪区的村庄宜在房前屋后种植高杆树木。

3.5.8　蓄滞洪区内学校、工厂等单位应利用屋顶或平台等建设集体避洪安全设施。

4　给水设施

4.1　一般规定

4.1.1　村庄给水设施整治应充分利用现有条件，改造完善现有设施，保障饮水安全。

4.1.2　村庄给水设施整治应实现水量满足用水需求，水质达标。整治后生活饮用水水量不应低于40~60L/（人·d），集中式给水工程配水管网的供水水压应满足用户接管点处的最小服务水头。水质应符合现行国家标准《生活饮用水卫生标准》GB 5749的规定。

4.1.3　村庄给水设施整治的主要内容包括水源、给水方式、给水处理工艺、现有设备设施和输配水管道的整治，并应根据当地实际情况完善其他必要的设备设施。

4.1.4　集中式给水工程整治的设计、施工应根据供水规模，由具有相应资质的专业单位负责。

4.1.5　生活饮用水必须经过消毒。凡与生活饮用水接触的材料、设备和化学药剂等应符合国家现行有关生活饮用水卫生安全的规定。

4.1.6　村庄给水设施整治应符合本规范3.1.6条的规定。

4.2　给水方式

4.2.1　给水方式分为集中式和分散式两类。

4.2.2　给水方式应根据当地水源条件、能源条件、经济条件、技术水平及规划要求等因素进行方案综合比较后确定。

4.2.3　村庄靠近城市或集镇时，应依据经济、安全、实用的原则，优先选择城市或集镇的配水管网延伸供水。

4.2.4　村庄距离城市、集镇较远或无条件时，应建设给水工程，联村、联片供水或单村供水。无条件建设集中式给水工程的村庄，可选择手动泵、引泉池或雨水收集等单户或联户分散式给水方式。

4.3 水源

4.3.1 水源整治内容为现有水源保护区内污染源的清理整治，或根据需要选择新水源。

4.3.2 应建立水源保护区。保护区内严禁一切有碍水源水质的行为和建设任何可能危害水源水质的设施。

4.3.3 现有水源保护区内所有污染源应进行清理整治。

4.3.4 选择新水源时，应根据当地条件，进行水资源勘察。所选水源应水量充沛、水质符合相关要求，无条件地区可收集雨（雪）水作为水源。

水源水质应符合下列规定：

1. 采用地下水为生活饮用水水源时，水质应符合现行国家标准《地下水质量标准》GB/T 14848的规定；

2. 采用地表水为生活饮用水水源时，水质应符合现行国家标准《地表水环境质量标准》GB 3838的规定。

4.3.5 水源水质不能满足上述要求时，应采取必要的处理工艺，使处理后的水质符合现行国家标准《生活饮用水卫生标准》GB 5749的规定。

4.4 集中式给水工程

4.4.1 给水处理工艺的整治应符合下列规定：

1. 应根据水源水质、设计规模、处理后水质要求，参照相似条件下已有水厂的运行经验，确定水处理工艺流程与构筑物；

2. 原水含铁、锰量超标，可采用曝气氧化工艺；

3. 原水含氟量超标，可采用活性氧化铝吸附或混凝沉淀工艺；

4. 原水含盐量（苦咸水）超标，可采用电渗析或反渗透工艺；

5. 原水含砷量超标，可采用多介质过滤工艺；

6. 原水浊度超标可采用下列处理工艺：

1）原水浊度长期不超过20NTU，瞬时不超过60NTU，可采用慢滤或接触过滤工艺。

2）原水浊度长期不超过500NTU，瞬时不超过1000NTU，可采用两级粗滤加慢滤或混凝沉淀（澄清）工艺；

7. 原水藻类、氨氮或有机物超标（微污染的地表水），可采用在混凝沉淀前增加预氧化工艺，或在混凝沉淀后增加活性炭深度处理工艺。

4.4.2 设备设施的整治应符合下列规定：

1. 给水工程设施的整治主要包括现有给水厂站及生产建（构）筑物、调节构筑物以及水泵、消毒等设备设施的整治或根据整治需要增加必要的设备设施；

2. 给水厂站及生产建（构）筑物的整治应符合下列规定：

1）应符合本规范3.1.6条的规定。

2）给水厂站生产建（构）筑物（含厂外泵房等）周围30m范围内现有的厕所、化粪池和禽畜饲养场应迁出，且不应堆放垃圾、粪便、废渣和铺设污水管渠。

3）有条件的厂站应配备简易水质检验设备。

4）出厂水总干管无计量装置的应增设计量装置；

3．调节构筑物的整治应符合下列规定：

1）清水池、高位水池应有保证水的流动、避免死角的措施，容积大于50m³时应设导流墙，增加清洗及通气等措施。

2）清水池和高位水池应加盖，设通气孔、溢流管和检修孔，并有防止杂物和爬虫进入池内的措施。

3）室外清水池和高位水池周围及顶部宜覆土。

4）无避雷设施的水塔和高位水池应增设避雷设施；

4．水泵的整治应符合下列规定：

1）不能满足水量、水压要求的水泵宜进行更换。

2）不能适应水量、水压变化要求的水泵宜增设变频设施。

3）当水泵向高地供水时，应在出水总干管上安装水锤防护装置；

5．消毒设施的整治应符合下列规定：

1）消毒方法和消毒剂的选择应根据当地条件、消毒剂来源、原水水质、出水水质要求、给水处理工艺等，通过技术经济比较确定。可采用氯、二氧化氯、臭氧、紫外线等消毒方法，消毒剂与水的接触时间不应小于30分钟。

2）消毒剂以及消毒系统应符合国家相关标准、规范的规定。

4.4.3 输配水管道的整治应符合下列规定：

1．现有供水不畅的输配水管道应进行疏通或更新，以解决跑、冒、滴、漏和二次污染等问题；

2．输水管道的整治应符合下列规定：

1）应满足管道埋设要求，尽量缩短线路长度，避免急转弯、较大的起伏、穿越不良地质地段，减少穿越铁路、公路、河流等障碍物；

2）新建或改造的管道应充分利用地形条件，优先采用重力流输水；

3．配水管道宜沿现有道路或规划道路敷设，地形高差较大时，宜在适当位置设加压或减压设施；

4．村庄生活饮用水配水管道不应与非生活饮用水管道、各单位自备生活饮用水管道连接；

5．输配水管道的埋设深度应根据冰冻情况、外部荷载、管材性能等因素确定。露天管道宜设调节管道伸缩设施，并设置保证管道稳定的措施，还应根据需要采取防冻保温措施；

6．输配水管道在管道隆起点上应设自动进（排）气阀。排气阀口径宜为管道直径的1/8～1/12，且不小于15mm；

7．管道低凹处应设泄水阀，泄水阀口径宜为管道直径的1/3～1/5；

8．管道分水点下游侧的干管和分水支管上应设检修阀；

9. 室外管道上的闸阀、蝶阀、进(排)气阀、泄水阀、减压阀、消火栓、水表等宜设在井内,并有防冻、防淹措施。

4.5 分散式给水工程

4.5.1 手动泵给水工程的整治应符合下列规定:

1. 手动泵给水工程由水源井、井台和手动泵组成;

2. 水源井应选择在水量充沛、水质良好、环境卫生、运输方便、靠近用水中心、便于施工管理、易于排水、安全可靠的地点;并应符合本规范4.3.2条的规定;

3. 水源井周边应保持环境卫生,并应有排水设施;

4. 井台应高出周边地面,高差应不小于20cm。

4.5.2 引泉池给水工程的整治应符合下列规定:

1. 引泉池给水工程由山泉水水源、引泉池与供水管网组成;

2. 整治前应对泉水出露的地形、水文地质条件等进行实地勘察,确定水源的补给及泉水类型;

3. 引泉池应设顶盖封闭,并设通风管。管口宜向下弯曲,包扎细网。引泉池进口、检修孔孔盖应高出周边地面0.1~0.2m,池壁应密封不透水,壁外用黏土夯实封固,黏土层厚度为0.3~0.5m。引泉池周围应作不透水层,地面以一定坡度坡向排水沟;

4. 引泉池池壁上部应设置溢流管,管径比出水管管径大一级,出水管距池底0.1~0.2m,可在池底设置排空管。

4.5.3 雨水收集给水工程的整治应符合下列规定:

1. 依据收集场地的不同,雨水收集系统可分为屋顶集水式与地面集水式雨水收集系统两类;

2. 屋顶集水式雨水收集系统由屋顶集水场、集水槽、落水管、输水管、简易净化装置(粗滤池)、贮水池、取水设备等组成;

3. 地面集水式雨水收集系统由地面集水场、汇水渠、简易净化装置(沉砂池、沉淀池、粗滤池)、贮水池、取水设备等组成;

4. 集水场的整治应符合下列规定:

1)集水能力应满足用水量需求,并应与贮水池的容积相配套。

2)集水面应采用集水性好的材料。

3)集水面的坡度应大于0.2%,并设集水槽(管)或汇水渠(管)。

4)集水面应避开畜禽圈、粪坑、垃圾堆、农药、肥料等污染源。

5)贮水池应符合本规范4.4.2条有关调节构筑物的整治要求。

4.6 维护技术

4.6.1 验收应符合下列规定:

1. 集中式给水工程应通过竣工验收后,方可投入运行;

2. 建(构)筑物、给水管井、混凝土结构、砌体结构、管道工程、机电设备等施工及验收均应符合国家有关施工及验收规范的规定。

4.6.2 运行管理应符合下列规定：

1. 集中式给水工程应设置管理机构或由相关部门兼管，明确职责，落实管理人员；
2. 供水单位应根据具体情况，建立包括水源卫生防护、水质检验、岗位责任、运行操作、安全规程、交接班、维护保养、成本核算、计量收费等运行管理制度和突发事件处理预案，按制度进行管理；
3. 供水单位应取得取水许可证、卫生许可证，运行管理人员应有健康合格证；
4. 供水单位应根据工程具体情况建立水质检验制度，配备检验人员和检验设备，对原水、出厂水和管网末梢水进行水质检验，并接受当地卫生部门的监督。水质检验项目和频率等应根据当地卫生主管部门的要求进行；
5. 分散式给水村庄的供水主管部门应建立巡视检查制度，了解水源保护和村民饮水情况，发现问题应及时采取措施，保证安全供水。

5 垃圾收集与处理

5.1 一般规定

5.1.1 村庄垃圾应及时收集、清运，保持村庄整洁。

5.1.2 村庄生活垃圾宜就地分类回收利用，减少集中处理垃圾量。

5.1.3 人口密度较高的区域，生活垃圾处理设施应在县域范围内统一规划建设，宜推行村庄收集、乡镇集中运输、县域内定点集中处理的方式，暂时不能纳入集中处理的垃圾，可选择就近简易填埋处理。

5.1.4 工业废弃物、家庭有毒有害垃圾宜单独收集处置，少量非有害的工业废弃物可与生活垃圾一起处置。塑料等不易腐烂的包装物应定期收集，可沿村庄内部道路合理设置废弃物遗弃收集点。

5.2 垃圾收集与运输

5.2.1 生活垃圾宜推行分类收集，循环利用。

5.2.2 垃圾收集点应放置垃圾桶或设置垃圾收集池（屋），并应符合下列规定：

1. 收集点可根据实际需要设置，每个村庄应不少于一个垃圾收集点；
2. 收集频次可根据实际需要设定，可选择每周1~2次。

5.2.3 垃圾收集点应规范卫生保护措施，防止二次污染。蝇、蚊滋生季节，应定时喷洒消毒及灭蚊蝇药物。

5.2.4 垃圾运输过程中应保持封闭或覆盖，避免遗撒。

5.3 垃圾处理

5.3.1 废纸、废金属等废品类垃圾可定期出售。

5.3.2 可生物降解的有机垃圾单独收集后应就地处理，可结合粪便、污泥及秸秆等农业废弃物进行资源化处理，包括家庭堆肥处理、村庄堆肥处理和利用农村沼气工程厌氧消化处理。

5.3.3 家庭堆肥处理可在庭院或农田中采用木条等材料围成约1m³空间堆放可生物

降解的有机垃圾，堆肥时间不宜少于2个月。庭院里进行家庭堆肥处理可用土覆盖。

5.3.4　村庄集中堆肥处理，宜采用条形堆肥方式，时间不宜少于2~3个月。条形堆肥场地可选择在田间、田头或草地、林地旁。

5.3.5　设置人畜粪便沼气池的村庄，可将可生物降解的有机垃圾粉碎后与畜粪混合处理。

5.3.6　砖、瓦、石块、渣土等无机垃圾宜作为建筑材料进行回收利用；未能回收利用的砖、瓦、石块、渣土等无机垃圾可在土地整理时回填使用。

5.3.7　暂时不能纳入集中处理的其他垃圾，可采用简易填埋处理，并应符合下列规定：

1. 简易填埋处理场严禁选址于村庄水源保护区范围内，宜选择在村庄主导风向下风向，且应避免占用农田、林地等农业生产用地；宜选择地下水位低并有不渗水黏土层的坑地或洼地；选址与村庄居住建筑用地的距离不宜小于卫生防护距离要求；

2. 简易填埋（堆放）场主要处置暂时不能纳入集中处理的其他垃圾，倾倒过程应进行简单覆盖，场址四周宜设置简易截洪设施；

3. 简易填埋处理场底部宜采用自然黏性土防渗。

6　粪便处理

6.1　一般规定

6.1.1　村庄整治应实现粪便无害化处理，预防疾病，保障村民身体健康，防止粪便污染环境。

6.1.2　应按实际需要选择厕所类型，其改造和建设应符合国家有关疾病防控的规定。户厕改造宜实现一户一厕。

6.1.3　人、畜粪便应在无害化处理后进行农业应用，减少对水体与环境的污染。

6.1.4　当地主管部门应对新改建厕所的粪便无害化处理效果进行抽样检测，粪大肠菌、蛔虫卵应符合现行国家标准《粪便无害化卫生标准》GB 7959的规定；血吸虫病流行地区的厕所应符合卫生部门的有关规定。

6.2　卫生厕所类型选择

6.2.1　村庄整治中应综合考虑当地经济发展状况、自然地理条件、人文民俗习惯、农业生产方式等因素，选用适宜的厕所类型：

1. 三格化粪池厕所；
2. 三联通沼气池式厕所；
3. 粪尿分集式生态卫生厕所；
4. 水冲式厕所；
5. 双瓮漏斗式厕所；
6. 阁楼堆肥式厕所；
7. 双坑交替式厕所；

8．深坑式厕所。

6.2.2 厕所类型选择应符合下列规定：

1．不具备上、下水设施的村庄，不宜建水冲式厕所。水冲式厕所排出的粪便污水应与通往污水处理设施的管网相连接；

2．家庭饲养牲畜的农户，宜建造三联通沼气池式厕所；

3．寒冷地区建造三联通沼气池式厕所应保持温度，宜与蔬菜大棚等农业生产设施结合建设；

4．干旱地区的村庄可建造粪尿分集式生态卫生厕所、双坑交替式厕所、阁楼堆肥式厕所或双瓮漏斗式厕所；

5．寒冷地区的村庄可采用深坑式厕所，贮粪池底部应低于当地冻土层；

6．非农牧业地区的村庄，不宜选用粪尿分集式生态卫生厕所。

6.2.3 户厕应满足建造技术要求、方便使用与管理，与饮用水源保持必要的安全卫生距离，并应符合下列规定：

1．地上厕屋应满足农户自身需要；

2．地下结构应符合无害化卫生厕所要求、坚固耐用、经济方便。特殊地质条件地区，应由当地建筑设计部门提出建造的质量安全要求。

6.2.4 应避免人畜共患病，并应符合下列规定：

1．禁止人畜混居，避免人禽混居；

2．血吸虫病流行地区与其他肠道传染病高发地区村庄的沼气池式户厕，不应采用可随时取沼液与沼液随意溢流排放的设计模式，严禁将沼液作为牲畜的饲料添加剂、养鱼、养禽等，严禁向任何水域排放粪便污水和沼液。

6.2.5 使用预制式贮粪池、便器与厕所其他关键设备前，应进行安全性与功能性的技术鉴定，符合要求的方可生产。

6.3 厕所建造与卫生管理要求

6.3.1 厕所建造与卫生管理应符合下列规定：

1．三格化粪池厕所：

1）厕所内应有贮水容器。

2）排气管应与三格化粪池的第一池相通，高于厕屋500mm以上。

3）使用前，贮粪池应进行渗漏测试，不渗漏方可投入使用。

4）贮粪池投入运行前，应向第一池注入水至浸没第一池过粪管口。

5）应定期检查过粪管是否堵塞，并及时进行疏通。

6）第三格的粪液应及时清掏，清掏的粪渣、粪皮及沼气池的沉渣应进行堆肥等无害化处理。

7）禁止在第一池取粪用肥；禁止向二、三池倒入新鲜粪液；禁止将洗浴水、畜禽粪通入贮粪池。

8）厕纸不宜丢入厕坑；

2. 三联通沼气池式厕所：

1）厕所内应有贮水容器。

2）新建沼气池需经7天以上养护，经试水、试压，不漏气、漏水后方可投料使用。

3）首次投料启动采用沼气池沉渣或污染物作为接种物时，接种量为总发酵液的10%~15%，采用旧沼气池发酵液作为接种物时，应大于30%。

4）沼气池发酵液含水量一般为90%~95%。料液碳氮比一般为20∶1。发酵最宜pH值为6.8。沼液应经沉淀后于溢流贮存处掏取。

5）根据当地用肥季节和习惯，沼气池宜每年出料1~2次。

6）使用和检查维修沼气池时，必须严格防火、防爆和防止窒息事故发生。

7）严禁在进粪端取粪用肥。严禁将洗浴水通入厕所的发酵间。严禁向沼气池投入剧毒农药和各种杀虫剂、杀菌剂；

3. 粪尿分集式生态卫生厕所：

1）厕所内应有覆盖料。

2）应设置贮粪池与贮尿池，贮粪池向阳采光，贮尿池避光密封。应单独设置男士使用的小便器，管道与贮尿池连接。

3）出粪口盖板应用涂黑金属板制作。

4）便器为粪尿分别收集型，南方村庄尿收集口直径宜为30mm，北方村庄尿收集口直径宜为60mm。

5）地下水位高的地区宜建造地上或半地上式贮粪池。

6）新厕所使用前在坑内垫入约100mm干灰。便后在粪坑内加入干灰（草木灰、炉灰、庭院土等），用量为粪便量3倍以上。厕坑潮湿时应加入适量干灰。尿肥施用时需兑入3~5倍的水。冬季非耕作期不使用尿肥时，应密闭和低温保存。

7）单坑在使用过程中，应不定期将粪坑堆积的粪便向外翻倒，翻倒时将外侧干燥储存6个月以上的粪便清掏出。

8）厕纸不宜丢入厕坑；

4. 水冲式厕所：

1）需有适度用水量。

2）便器应用水封。

3）寒冷地区厕所宜建造在室内，上下水管线应采取防冻措施；

5. 双瓮漏斗式厕所：

1）厕所内应有贮水容器。

2）排气管应与厕所的前瓮相通，高于厕屋500mm以上。

3）使用前应先加水试渗漏，不渗漏后方可投入运行。

4）启用前，应向前瓮加清水至浸没前瓮过粪管口。

5）后瓮粪液应及时清掏，严禁向后瓮倒入新鲜粪液。

6）后瓮粪液如形成白色菌膜，表明运行良好；未形成白色菌膜应调整用水量。

7）厕纸不宜丢入厕坑；

6. 阁楼堆肥式厕所：

1）应保持贮粪池通风。粪便、垃圾可作为堆肥原料。

2）贮粪池内的粪便发酵堆肥储存期为半年，厕坑容积根据每人每天粪便量与覆盖料量按4kg计算。

3）需要用肥前1个月，应增加湿度达到可以升温的条件并保持粪堆温度50℃以上5~7天，放置20~30天腐熟，清出粪肥，循环应用；

7. 双坑交替式厕所：

1）便后应用干细土覆盖吸收水分并使粪尿与空气隔开。

2）应集中使用其中一个厕坑，满后封闭，为封存坑；同时启用另一个坑，为使用坑，满后封闭；将第一个粪便清掏后，继续交替使用。

3）封存半年以上的厕粪可直接用作肥料，不足半年的清掏后应经堆肥等无害化处理；

8. 深坑式厕所：

1）清掏粪便应进行堆肥处理后方可施肥应用。

2）滑粪道斜坡长与排粪口长之比宜为2：1，坡度应达到60°，排便口应加盖。

3）排气管设计应与贮粪池连通，设在厕屋内侧、外侧均可，可用砖砌或采用陶管，直径100mm。修建时应高出厕屋顶500mm以上，同时安装防风帽。

4）贮粪池口应有盖、口（直）径不应大于300mm，并高于地面100~150mm。

6.3.2 贮粪池应避免粪便裸露。

7 排水设施

7.1 一般规定

7.1.1 村庄排水设施整治包括确定排放标准、整治排水收集系统和污水处理设施。

7.1.2 排水量包括污水量和雨水量，污水量包括生活污水量及生产污水量。排水量可按下列规定计算：

1. 生活污水量可按生活用水量的75%~90%进行计算；

2. 生产污水量及变化系数可按产品种类、生产工艺特点及用水量确定，也可按生产用水量的75%~90%进行计算；

3. 雨水量可按照临近城市的标准进行计算。

7.1.3 污水排放应符合现行国家标准《污水综合排放标准》GB 8978的有关规定；污水用于农田灌溉应符合现行国家标准《农田灌溉水质标准》GB 5084的有关规定。

7.1.4 村庄应根据自身条件，建设和完善排水收集系统，采用雨污分流或雨污合流方式排水。

7.1.5 有条件且位于城镇污水处理厂服务范围内的村庄，应建设和完善污水收集系统，将污水纳入到城镇污水处理厂集中处理；位于城镇污水处理厂服务范围外的村庄，应联村或单村建设污水处理站。

无条件的村庄，可采用分散式排水方式，结合现状排水，疏通整治排水沟渠，并应符合下列规定：

1. 雨水可就近排入水系或坑塘，不应出现雨水倒灌农民住宅和重要建筑物的现象；
2. 采用人工湿地等污水处理设施的村庄，生活污水可与雨水合流排放，但应经常清理排水沟渠，防止污水中有机物腐烂，影响村庄环境卫生。

7.1.6 粪便污水、养殖业污水、工业废水不应污染地表水和地下水饮用水源及其他功能性水体。并应符合下列规定：

1. 粪便污水应经化粪池、沼气池等进行卫生处理或制作有机肥料，出水达到标准后引至村庄水系下游的低质水体或直接利用；
2. 养殖业污水宜单独收集入沼气池制作有机肥料，出水达到标准后引至水系下游的低质水体或直接利用；
3. 工业废水处理达到标准后，应排入村庄排水沟渠或村庄水系。

7.1.7 缺水地区的村庄应合理利用生活污水。

7.1.8 村庄排水设施应符合本规范3.1.6条的规定。

7.2 排水收集系统

7.2.1 排水宜采用雨污分流，统一排放。条件不具备时，可采用雨污合流，但应逐步实现分流。雨污分流时的雨水就近排入村庄水系，雨污分流时的污水、雨污合流时的合流污水应输送至污水处理站进行处理，或排入村庄水系的低质水体。

7.2.2 雨水应有序排放，雨水沟渠可与道路边沟结合。污水应有序暗流排放，可采用排水管道或暗渠。雨水和污水管渠均按重力流计算。

7.2.3 排水沟渠沿道路敷设，应尽量避免穿越广场、公共绿地等，避免与排洪沟、铁路等障碍物交叉。

7.2.4 寒冷地区，排水管道应铺设在冻土层以下，并有防冻措施。

7.2.5 排水收集系统整治应符合下列规定：

1. 雨水排放可根据当地条件，采用明沟或暗渠收集方式；雨水沟渠应充分利用地形，及时就近排入池塘、河流或湖泊等水体，并应定时清理维护，防止被生活垃圾、淤泥淤积堵塞；
2. 雨水排水沟渠的纵坡不应小于0.3%，雨水沟渠的宽度及深度应根据各地降雨量确定，沟渠底部宽度不宜小于150mm，深度不宜小于120mm；
3. 雨水排水沟渠砌筑可选用混凝土或砖石、条石等地方材料；
4. 南方多雨地区房屋四周应设置排水沟渠；北方地区房屋外墙外地坪应设置散水，宽度不应小于0.5m，外墙勒脚高度不应低于0.45m，一般采用石材、水泥等材料砌筑；特殊干旱地区房屋四周可用黏土夯实排水；
5. 有条件的村庄，宜采用管道收集生活污水，应根据人口数量和人均用水量计算污水总量，并估算管径，管径不应小于150mm；
6. 污水管道宜依据地形坡度铺设，坡度不应小于0.3%，距离建筑物外墙应大于

2.5m，距离树木中心应大于1.5m，管材可选用混凝土管、陶土管、塑料管等多种地方材料。污水管道应设置检查井。

7.3 污水处理设施

7.3.1 有条件的村庄，应联村或单村建设污水处理站。并应符合下列规定：

1．雨污分流时，将污水输送至污水处理站进行处理；

2．雨污合流时，将合流污水输送至污水处理站进行处理；在污水处理站前，宜设置截流井，排除雨季的合流污水；

3．污水处理站可采用人工湿地、生物滤池或稳定塘等生化处理技术，也可根据当地条件，采用其他有工程实例或成熟经验的处理技术。

7.3.2 村庄污水处理站应选址在夏季主导风向下方、村庄水系下游，并应靠近受纳水体或农田灌溉区。

7.3.3 村庄的工业废水和养殖业污水经过处理达到现行国家标准《污水综合排放标准》GB 8978的要求后，可输送至村庄污水处理站进行处理。

7.3.4 污水处理站出水应符合现行国家标准《城镇污水处理厂污染物排放标准》GB18918的有关规定；污水处理站出水用于农田灌溉时，应符合现行国家标准《农田灌溉水质标准》GB 5084的有关规定。

7.3.5 人工湿地适合处理纯生活污水或雨污合流污水，占地面积较大，宜采用二级串联。

7.3.6 生物滤池的平面形状宜采用圆形或矩形。填料应质坚、耐腐蚀、高强度、比表面积大、空隙率高，宜采用碎石、卵石、炉渣、焦炭等无机滤料。

7.3.7 地理环境适合且技术条件允许时，村庄污水可考虑采用荒地、废地以及坑塘、洼地等稳定塘处理系统。用作二级处理的稳定塘系统，处理规模不宜大于5000m^3/d。

7.4 维护技术

7.4.1 村庄排水设施中的构筑物、砌体结构、管道工程、机电设备等施工验收均应符合国家有关施工及验收的规定，并应进行必要的复验和外观检查。

7.4.2 运行与管理应符合下列规定：

1．井盖开启、损坏或遗失时，应立即采取安全防护措施，并及时更换；

2．井深不超过3m，在穿竹片牵引钢丝绳和掏挖污泥时，不宜下井操作；

3．下井人员应经过安全技术培训，学会人工急救和防护用具、照明及通信设备的使用方法；

4．操作人员下井作业时，应开启上下游检查井盖通风，井上应有两人监护，监护人员不得擅离职守。每次下井连续作业时间不宜超过1小时；

5．严禁进入管径小于0.8m的管道作业；

6．严禁把杂物投入下水道。

8 道路桥梁及交通安全设施

8.1 一般规定

8.1.1 道路桥梁及交通安全设施整治应遵循安全、适用、环保、耐久和经济的原则。

8.1.2 道路桥梁及交通安全设施整治应利用现有条件和资源,通过整治,恢复或改善道路的交通功能,并使道路布局科学合理。

8.1.3 道路桥梁及交通安全设施整治应按照规划、设计、施工、竣工验收和养护管理阶段分步进行。

8.1.4 当地主管部门应组织对道路桥梁及交通安全设施进行质量验收。

8.2 道路工程

8.2.1 村庄整治应合理保留原有路网形态和结构,必要时应打通断头路,保证有效联系。并应考虑消防需要设置消防通道,并应符合本规范3.2.6条的规定。

8.2.2 道路路面宽度及铺装形式应满足不同功能要求,有所区别。路肩宽度可采用0.25～0.75m。

1. 主要道路:

主要道路路面宽度不宜小于4m。路面铺装材料应因地制宜,宜采用沥青混凝土路面、水泥混凝土路面、块石路面等形式,平原区排水困难或多雨地区的村庄,宜采用水泥混凝土或块石路面;

2. 次要道路:

次要道路路面宽度不宜小于2.5m。路面宽度为单车道时,可根据实际情况设置错车道。路面铺装宜采用沥青混凝土路面、水泥混凝土路面、块石路面及预制混凝土方砖路面等形式;

3. 宅间道路:

宅间道路路面宽度不宜大于2.5m。路面铺装宜采用水泥混凝土路面、石材路面、预制混凝土方砖路面、无机结合料稳定路面及其他适合的地方材料。

8.2.3 村庄道路标高宜低于两侧建筑场地标高。路基路面排水应充分利用地形和天然水系及现有的农田水利排灌系统。平原地区村庄道路宜依靠路侧边沟排水,山区村庄道路可利用道路纵坡自然排水。各种排水设施的尺寸和形式应根据实际情况选择确定,并应符合本规范7.2.5条的规定。

8.2.4 村庄道路纵坡度应控制在0.3%～3.5%之间,山区特殊路段纵坡大于3.5%时,宜采取相应的防滑措施。

8.2.5 村庄道路横坡宜采用双面坡形式,宽度小于3m的窄路面可以采用单面坡。坡度应控制在1%～3%之间,纵坡度大时取低值,纵坡度小时取高值;干旱地区村庄取低值,多雨地区村庄取高值;严寒积雪地区村庄取低值。

8.2.6 村庄道路路堤边坡坡面应采取适当形式进行防护。宜采用干砌片石护坡、浆砌片石护坡、植草砖护坡及植草护坡等多种形式。

8.2.7 村庄道路采用水泥或沥青路面时，土质路基压实应采用重型击实标准控制，路基压实度应符合表8.2.7的规定，达不到表8.2.7要求的路段，宜采用砂石等其他路面结构类型。

路基压实度 表8.2.7

填挖类别	零填及挖方	填方	
路床顶面以下深度（m）	0~0.3	0~0.8	≥0.8
压实度（%）	≥90	≥90	≥87

8.2.8 路面结构层所选材料应满足强度、稳定性及耐久性的要求，并结合当地自然条件、地方材料及工程投资等情况确定。各种结构层厚度应根据道路使用功能、施工工艺、材料规格及强度形成原理等因素综合考虑确定。

8.2.9 沥青混凝土路面适用于主要道路和次要道路，施工工艺流程及方法可按照现行相关标准规定进行，施工过程中应加强质量监督，保证工程质量。

8.2.10 水泥混凝土路面适用于各类村庄道路，施工工艺流程及方法可按照现行相关标准规定进行，施工过程中应加强质量监督，保证工程质量。

8.2.11 石材类路面及预制混凝土方砖类路面适用于次要道路和宅间道路，块石路面可用于主要道路，施工工艺流程可参照整平层施工、放线、铺砌石材或预制混凝土方砖、勾缝或灌缝、养护的步骤进行。

8.2.12 无机结合料稳定路面适用于宅间道路，施工工艺流程及方法可按照现行相关标准规定进行，施工过程中应加强质量监督，保证工程质量。

8.3 桥涵工程

8.3.1 当过境公路桥梁穿越村庄时，在满足过境交通的前提下，应充分考虑混合交通特点，设置必要的机动车与非机动车隔离措施。

8.3.2 现有桥梁荷载等级达不到相关规定的，应采用限载通行、加固等方式加以利用。新建桥梁荷载等级应符合有关标准的规定。

8.3.3 现有窄桥加宽应采用与原桥梁相同或相近的结构形式和跨径，使结构受力均匀，并保证桥梁基础的抗冲刷能力。

8.3.4 应对现有桥涵防护设施进行整修、加固及完善，重点部位为桥梁栏杆、桥头护栏。

8.3.5 桥面坡度过大的机动车与非机动车混行的中小桥梁，桥面纵坡不应大于3%；非机动车流量很大时，桥面纵坡不应大于2.5%。

8.3.6 村庄道路整治中，应考虑桥梁两端与道路衔接线形顺畅，交通组织合理；行人密集区的桥梁宜设人行步道，宽度不宜小于0.75m。

8.3.7 河湖水网密集地区，桥下净空应符合通航标准，还应考虑排洪、流冰、漂流物及河床冲淤等情况。

8.3.8　因自然条件分隔，居民出行困难而搭设的行人便桥，应确保安全、并与周围环境相协调。

8.3.9　现有桥涵及其他排水设施应进行必要整合，进行疏浚，保证正常发挥排水作用。

8.4　交通安全设施

8.4.1　村庄道路整治中，应结合路面情况完善各类交通设施，包括交通标志、交通标线及安全防护设施等。

8.4.2　当公路穿越村庄时，村庄入口应设置标志，道路两侧应设置宅路分离挡墙、护栏等防护设施；当公路未穿越村庄时，可在村庄入口处设置限载、限高标志和限高设施，限制大型机动车通行。

8.4.3　在公路与村庄道路形成的平面交叉口处应设置减速让行、停车让行等交通标志，并配合划定减速让行线、停车让行线等交通标线；还可设置交通信号灯。

8.4.4　村庄道路通过学校、集市、商店等人流较多路段时，应设置限制速度、注意行人等标志及减速坎、减速丘等减速设施，并配合划定人行横道线，也可设置其他交通安全设施。

8.4.5　村庄道路遇有滨河路及路侧地形陡峭等危险路段时应设置护栏标志路界，对行驶车辆起到警示和保护作用。护栏可采用垛式、墙式及栏式等多种形式。

8.4.6　现有各类桥梁及通道可分别设置限载、限高及限宽标志，必要时应设置限高、限宽设施，保证桥梁与通道的行车安全与畅通。

8.4.7　村庄道路建筑限界内严禁堆放杂物、垃圾，并应拆除各类违章建筑。

8.4.8　可在村庄主要道路上设置交通照明设施，为机动车、非机动车及行人出行提供便利。

8.4.9　村庄中零散分布的空地，可开辟为停车位，供机动车及其他农用车辆停放。

8.4.10　交通标志、标线的形状、规格、图案及颜色应符合现行国家标准《道路交通标志和标线》GB 5768的规定。

9　公共环境

9.1　一般规定

9.1.1　村庄公共环境整治应遵循适用、经济、安全和环保的原则，恢复和改善村庄公共服务功能，美化自然与人工环境，保护村庄历史文化风貌，并应结合地域、气候、民族、风俗营造村庄个性。

9.1.2　村庄公共环境整治应覆盖村庄建设用地范围内除家庭宅院外的全部公有空间，包括：河道水塘、水系；晾晒场地等设施整治；建设用地整治；景观环境整治；公共活动场所整治及公共服务设施整治等内容。

9.1.3　应根据村民需要，并考虑老年人、残疾人和少年儿童活动的特殊要求进行村庄公共环境整治。

9.2 整治措施

9.2.1 村庄内部废弃农民住宅、闲置房屋与建设用地，可采取下列措施改造利用：

1. 闲置且安全可靠的村办企业厂房、仓库等集体用房应根据其特点加以改造利用。原有建筑与新功能要求不符时，可进行局部改造；

2. 废弃农民住宅应根据一户一宅和村民自愿的原则，合理整治利用；

3. 暂时不能利用的村庄内部闲置建设用地，应整治绿化。

9.2.2 村庄景观环境整治应符合下列规定：

1. 村庄主要街道两侧可采用绿化等手法适当美化，街巷两侧乱搭乱建的违章建（构）筑物及其他设施应予以拆除；

2. 公共场所的沟渠、池塘、人行便道的铺装宜采用当地砖、石、木、草等材料，手法宜提倡自然，岸线应避免简单的直锐线条，人行便道避免过度铺装；

3. 村庄重要场所可布置环境小品，应简朴亲切，以农村特色题材为主，突出地域文化民族特色；

4. 公共服务建筑应满足基本功能要求，宜小不宜大，建筑形式与色彩应与村庄整体风貌协调；

5. 根据村庄历史沿革、文化传统、地域和民族特色确定建筑外观整治的风格和基调；

6. 引导村民逐步整合现有农民住宅的形式、体量、色彩及高度，形成整洁协调的村容风貌；

7. 保留利用村庄现有水系的自然岸线，整治边坡与岸线建筑环境，形成自然岸线景观；

8. 保护利用村庄内部的古树名木、祠堂、名人故居、碑牌甬道、井台渡口等特色文化景观，并应符合本规范11.2.3条的规定。

9.2.3 村庄公共活动场所整治应符合下列规定：

1. 公共活动场所宜靠近村委会、文化站及祠堂等公共活动集中的地段，也可根据自然环境特点，选择村庄内水体周边、坡地等处的宽阔位置设置。并应符合本规范3.1.6条的规定；

2. 已有公共活动场所的村庄应充分利用和改善现有条件，满足村民生产生活需要；无公共活动场所或公共活动场所缺乏的村庄，应采取改造利用现有闲置建设用地作为公共活动场所的方式，严禁以侵占农田、毁林填塘等方式大面积新建公共活动场所；

3. 公共活动场所整治时应保留现有场地上的高大乔木及景观良好的成片林木、植被，保证公共活动场所的良好环境；

4. 公共活动场地应平整、畅通，无坑洼、无积水、雨雪天无淤泥。条件允许的村庄可设置照明灯具；

5. 公共活动场所可根据村民使用需要，与打谷场、晒场、非危险品的临时堆场、小型运动场地及避灾疏散场地等合并设置。当公共活动场地兼作村庄避灾疏散场地使用时，应符合本规范3.5.3条的规定；

6．公共活动场所可配套设置坐凳、儿童游玩设施、健身器材、村务公开栏、科普宣传栏及阅报栏等设施，提高综合使用功能；

7．公共活动场所上下台阶处应设置缓坡，方便老年人、残疾人使用。

9.2.4　村庄公共服务设施的整治应按照科学配置、完善功能、相对集中、方便使用、有利管理的原则，并应符合下列规定：

1．应根据村庄经济条件及实际需要确定公共服务设施的配置项目、建设规模，严禁超越本村实际，盲目求大求全；

2．公共服务设施的设置应符合有关部门要求及相关规划内容；

3．小学的设置及规模应符合当地教育部门的要求及相关规划，合理确定。

9.2.5　村庄人员活动密集的场所宜设置公共厕所，并应符合本规范6.2.1条的规定。

10　坑塘河道

10.1　一般规定

10.1.1　坑塘河道应保障使用功能，满足村庄生产、生活及防灾需要。严禁采用填埋方式废弃、占用坑塘河道。坑塘使用功能包括旱涝调节、渔业养殖、农作物种植、消防水源、杂用水、水景观及污水净化等，河道使用功能包括排洪、取水和水景观等。

10.1.2　坑塘河道应符合下列规定：

1．具备补水和排水条件，满足水体利用要求；

2．水体容量、水深、控制水位及水质标准应符合相关使用功能。不同功能的坑塘河道对水体的控制标准可按表10.1.2确定。

不同功能坑塘河道水体控制标准　　　　　　表10.1.2

坑塘功能	最小水面面积（m²）	河道宽度（m）	适宜水深（m）	水质类别
旱涝调节坑塘	50000	——	1.0—2.0	Ⅴ
渔业养殖坑塘	600—700	——	>1.5	Ⅲ
农作物种植坑塘	600—700	——	1.0	Ⅴ
杂用水坑塘	1000—2000	——	05—1.0	Ⅳ
水景观坑塘	500—1000	——	>0.2	Ⅴ
污水处理坑塘（厌氧）	600—1200	——	2.5—5.0	
污水处理坑塘（好氧）	1500—3000	——	1.0—1.5	
行洪河道	——	≮自然河道宽度	——	
生活饮用水河道	——		>1.0	Ⅱ—Ⅲ

续表

坑塘功能	最小水面面积（m²）	河道宽度（m）	适宜水深（m）	水质类别
工业取水河道	—	≤自然河道宽度	>1.0	Ⅳ
农业取水河道	—		>1.0	Ⅴ
水景观河道	—		>0.2	Ⅴ

注：水质类别所规定标准为不低于此标准。

10.1.3 坑塘河道存在下列情况时，应根据当地条件进行整治：

1. 坑塘河道使用功能受到限制，影响村庄公共安全、经济发展或环境卫生；
2. 废弃坑塘土地闲置，重新使用具有明显的生态、环境或经济效益。

10.1.4 坑塘河道整治应结合村庄综合整治统一实施，处理好与防洪、灌溉等相关设施的关系。

10.1.5 应根据自然条件、环境要求、产业状况及坑塘现有水体容量、水质现状等调整和优化坑塘功能，并应符合下列规定：

1. 临近湖泊的坑塘应以旱涝调节为主要功能，兼顾渔业养殖功能；临近村庄的坑塘应以消防备用水源、生活杂用水为主要功能；临近村庄集中排污方向的坑塘宜优先作为污水净化功能使用；
2. 坑塘功能调整不应取消和降低原有坑塘旱涝调节功能；
3. 河道整治不应改变原有功能，应以维护河道行洪、取水功能为主要目的。已废弃坑塘在满足本规范10.1.2条有关规定的情况下，可采取拆除障碍物、清理坑塘、疏浚坑塘进出水明渠、改造相关涵闸等措施整治，恢复其基本使用功能。

10.2 补水

10.2.1 雨量充沛、地下水位较高地区的村庄，应充分利用降雨、地下水进行坑塘河道的自然补水；自然补水不能满足水体容量要求时，可采用人工方式。

10.2.2 坑塘河道补水整治应贯彻开源节流方针，并应符合下列规定：

1. 根据当地水资源条件调整用水结构，发展与水资源相适应的产业类型，提高工业循环用水率，减少或取缔高耗水、低产能的中小型企业；
2. 污水宜集中收集、集中处理，经处理水质达标后可用于农业灌溉，减少新鲜水取用量。

10.2.3 山区、丘陵地区的村庄宜充分利用现有水库效能进行蓄水；平原河网、湖泊密集地区的村庄宜充分利用现有取水泵站能力引水，并适度增加旱涝调节坑塘，提高村庄旱季补水应变能力。

10.2.4 坑塘人工补水可根据当地条件，选择人工引水和人工蓄水两种方式。

1. 人工引水应符合下列规定：

1）原有引水明渠水源基本断流时，宜重新选择水源，采用人工引水方式补水。水源地宜选择临近坑塘、水量充沛的河道、湖泊、水库或其他旱涝调节坑塘，并应符合本规范4.3.2、4.3.4的规定。

2）引水方式宜优先选择涵闸控制的自流引水方式，其次选择泵站抽升引水方式。

3）引水明渠的布置应根据引水方位、地形条件选择在地势低洼、顺坡、线路较短的位置。引水明渠构造结合自然地形可采用浆砌砖、块石护砌明渠或土明渠。

4）平原地区宜采用土明渠，山区及丘陵地区宜采用块石、砖护砌明渠；

2. 人工蓄水应符合下列规定：

1）坑塘原有引水明渠水源出现季节性缺水时，可选用人工蓄水方式补水。

2）可采用在坑塘下游排水口处设置节制闸或滚水坝的蓄水方式补水。

3）水深要求变化较大的坑塘应采用节制闸控制，按坑塘不同水深要求控制节制闸的开启水位；水深要求变化不大的坑塘可采用滚水坝控制，坝顶高度按坑塘正常水深相应水位高度控制。

10.2.5 有取水功能的河道出现自然补水不足时，可采取下列措施：

1. 因水源断流出现自然补水不足时，下游取水构筑物较多的河道应采用人工引水方式保障河道最小流量；下游取水构筑物较少的河道可废弃原有取水构筑物，另选水源地取水，并应符合本规范4.3.2、4.3.4的规定；

2. 因季节性缺水出现自然补水不足时，可采取局部工程措施人工蓄水。可在取水构筑物处适当挖深河床，降低进水孔或吸水管高度，满足取水水泵有效吸水深度，河床挖深不宜超过1m。

10.3 扩容

10.3.1 坑塘水体容量不能满足功能要求时，可进行坑塘扩容。

10.3.2 可通过扩大坑塘用地面积、提高坑塘有效水深两种形式进行坑塘扩容，并应符合下列规定：

1. 应结合坑塘使用功能、用地条件选择扩容方案，宜首先选择清淤疏浚方式，满足坑塘有效水深；

2. 坑塘扩容规模除特殊要求外，水面面积和水深应符合本规范10.1.2条的有关规定。

10.3.3 坑塘扩容整治与周边其他土地利用发生矛盾时，对旱涝调节、污水处理等涉及生产保障、公共安全、环境卫生的坑塘，应遵循扩容优先的原则，其他坑塘应遵循因地制宜、相互协调的原则。

10.3.4 旱涝调节坑塘扩容整治应与村庄防灾、排水工程整治相协调，水体调节容量、调蓄水位应达到原有水利排灌控制要求。无相关规定的，其水面面积、常年水深应满足本规范10.1.2条有关规定的低限要求，并应符合本规范3.3.4条的相关规定。

10.3.5 旱涝调节坑塘扩容整治应充分利用地势低洼区域的湖汊，并应符合下列规定：

1. 严禁随意在湖汊等地势低洼的坑塘上填土建造房屋，已建房屋应逐步拆除；

2. 原有单一渔业养殖功能坑塘可改为养殖与旱涝调节兼顾的综合功能坑塘；

3. 调整农业用地结构，退田还湖，宜将地势低洼的原有耕地改为旱涝调节坑塘；

4. 受土地条件限制、无法实施旱涝调节坑塘扩容整治的村庄,应按照统一防灾要求进行整治,弥补现有旱涝调节坑塘水体调节容量的不足。

10.3.6 水景观坑塘扩容整治应根据用地现状,利用闲置土地扩容,满足水景观要求。

10.4 水环境与景观

10.4.1 加强坑塘河道水环境保护,充分发挥功能作用。

10.4.2 坑塘河道水环境保护应符合下列规定:

1. 设有集中式饮用水源取水口的河道、塘堰水体保护应符合本规范4.3.2、4.3.3条的规定;

2. 作为生活杂用水的坑塘不得有污水排入。

10.4.3 村庄采用氧化沟和稳定塘技术处理污水的,应选择距离村庄不小于300m、并位于夏季主导风向下风向的坑塘,其周边应建设旁通渠,疏导汇流雨水直接排入下游水体。

10.4.4 不满足使用功能的水体应进行重点整治,按照先截污、后清淤、再修复的顺序逐步提高水体水质,并应符合下列规定:

1. 现有污水排放口应进行截污整治,建设截污管道排入污水集中处理场地;

2. 未接纳工业有毒有害污水的坑塘,清淤淤泥宜用作旱地作物肥料,且不应露天堆放。接纳工业有毒有害污水的坑塘,清淤淤泥应运送到附近污泥处置场进行无害化处置,无条件的可结合村庄垃圾简易填埋场处理,并应符合本规范5.3.7条的规定;

3. 水体修复宜采用岸边带形种植芦苇、水中种植荷花等喜水植物方式。

10.4.5 村庄内部或临近村庄的水体可结合村庄布局进行景观建设,包括修建水边步道、开辟滨水活动场所、局部设置亲水平台及修整岸边植物等内容。水体护坡宜采用自然护坡、适度采用硬质护砌。严禁在水上建设餐饮、住宅等可能污染水体的建筑,水上游览设施建设不应分隔水体和减少水面面积。

10.5 安全防护与管理

10.5.1 有危险和存在安全隐患的坑塘河道应实施安全防护整治。

10.5.2 坑塘安全防护应针对坑塘水深采用不同措施,保障村民生命安全。安全措施包括设置护栏、设置警示标志牌、改造边坡、降低水深、拓宽及平整岸边道路等措施,并应符合下列规定:

1. 水深在0.8~1.2m的水体、拦洪溪沟及蓄水塘堰的泄洪沟渠,应在显著位置设置固定的警示标志牌。水深超过1.2m的水体除设置警示标志牌以外,还应采取安全措施;

2. 坑塘水体宜减少直立式护坡,采用缓坡形式边坡,边坡系数不应小于1:2;

3. 不宜设置缓坡的水体,应在临水村庄的道路、公共场所等地段设置安全护栏,高度不应低于1.05m,栏条净间距不应大于12cm。其他临水区段水边通道宽度不应小于1.2m,且应保证通道平整。

10.5.3 禁止在坑塘河道内倾倒垃圾、建筑渣土。

10.5.4 对坑塘河道实施维护管理,定期清淤保洁,保障整治效果。

11 历史文化遗产与乡土特色保护

11.1 一般规定

11.1.1 村庄整治中应严格、科学保护历史文化遗产和乡土特色，延续与弘扬优秀的历史文化传统和农村特色、地域特色、民族特色。对于国家历史文化名村和各级文物保护单位，应按照相关法律法规的规定划定保护范围，严格进行保护。

11.1.2 村庄中历史文化遗产和乡土特色应严格进行保护，并符合下列规定：

1．下列内容应按照现行相关法律、法规、标准的规定划定保护范围，严格进行保护：

1）国家、省、市、县级文物保护单位。

2）国家历史文化名村。

3）树龄在100年以上的古树以及在历史上或社会上有重大影响的中外历代名人、领袖人物所植或者具有极其重要的历史、文化价值、纪念意义的名木；

2．其他具有历史文化价值的古遗址、建（构）筑物、村庄格局和具有农村特色、地域特色以及民族特色的建筑风貌、场所空间和自然景观应经过认定，严格进行保护。

11.1.3 村庄历史文化遗产和乡土特色保护工作应包括：

1．调查、甄别、认定保护对象；

2．制定保护及管理措施。

11.1.4 村庄整治不得破坏或改变经认定应予以保护的历史文化遗产，整治措施应确保遗存的安全性和遗产环境的和谐性。

历史文化遗产分布区内的村庄整治应制定专项方案，并会同文物行政部门论证通过后方可实施；涉及文物保护单位的整治措施应符合国家文物保护法律法规的相关规定。

11.1.5 村庄整治应注重保护具有乡土特色的建（构）筑物风貌、山水植被等自然景观、及与村庄风俗、节庆、纪念等活动密切关联的特定建筑、场所和地点等，并保持与乡土特色风貌的和谐。

11.2 保护措施

11.2.1 历史文化遗产与乡土特色保护应符合下列规定：

1．保护范围的划定和管理应按照《中华人民共和国文物保护法》、《城市紫线管理办法》执行，保护范围内严禁从事破坏历史文化遗产和乡土特色的活动；

2．具备保护修缮需求和相应技术、经济条件的村庄，应按照历史文化遗产与乡土特色保护要求制定和实施保护修缮措施；

3．暂不具备保护修缮需求和技术、经济条件的村庄，应严格保护遗存与特色现状、严禁随意拆除翻新，可视病害情况严重程度适当采取临时性、可再处理的抢救性保护措施。

11.2.2 历史文化遗产与乡土特色保护措施，应以保护历史遗存、保存历史和乡土文化信息、延续和传承传统、特色风貌为目标，主要包括下列内容：

1．历史遗存保护主要采取保养维护、现状修整、重点修复、抢险加固、搬迁及破坏性依附物清理等保护措施；

2. 建（构）筑物特色风貌保护主要采取不改变外观特征，调整、完善内部布局及设施的改善措施；

3. 村庄特色场所空间保护主要采取完整保护特定的活动场所与环境，重点改善安全保障和完善基础设施的保护措施；

4. 自然景观特色风貌保护主要采取保护自然形貌、维护生态功能的保护措施。

11.2.3 历史文化遗产的周边环境应实施景观整治，周边的建（构）筑物形象和绿化景观应保持乡土特色并与历史文化遗产的历史环境和传统风貌相和谐。

文物保护单位、历史文化名村保护范围及建设控制地带内的村庄整治应符合国家有关文物保护法律法规的规定，并应与编制的文物保护规划和历史文化名村保护规划相衔接。

11.2.4 历史文化名村的整治工作中应保护村庄的历史文化遗产、历史功能布局、道路系统、传统空间尺度及传统景观风貌。并应按照国家法律法规的有关规定制定、实施保护和整治措施。

12 生活用能

12.1 一般规定

12.1.1 村庄生活应节约能源，保护生态环境，开发利用可再生能源。

12.1.2 能源使用时应保证安全，防止燃烧排放物危害身体健康。

12.1.3 村庄炊事及生活热水用能应逐步以太阳能、改良的生物质燃料等清洁环保能源代替低效率的燃煤、燃柴等常规能源消费类型。并应符合下列规定：

1. 选用符合标准的太阳能热利用产品，建筑物的设计与施工应为太阳能利用提供必备条件，既有建筑物安装太阳能装置不应影响建筑物质量与安全；

2. 可根据村庄条件选择沼气、改良的生物质燃料、液化天然气或液化石油气等气体燃料，燃气供应场站应规范选址，燃气储运不应遗留安全隐患；

3. 城市附近的村庄可就近选择城镇管道燃气。

12.1.4 新建房屋应采取节能措施，宜采用保温技术与材料、被动式太阳房技术。有条件地区的村庄应逐步对既有房屋实施节能改造。

12.1.5 应因地制宜确定能源利用形式，可采用太阳能、改良的生物质燃料及沼气等实用能源。鼓励开发先进能源利用技术及建设示范工程，宜逐步规模化和市场化。

12.2 技术措施

12.2.1 应推广使用省柴节煤炉灶，并应符合下列规定：

1. 省柴炉灶的热效率应不低于20%，北方地区"炕连灶"柴灶热能综合利用效率应不低于50%；

2. 需使用煤炭进行炊事或供暖的地区，节煤炉灶热效率不应低于25%，小型燃煤单元集中供暖锅炉房热效率不应低于50%。

12.2.2 生物质资源丰富区域，应逐步以热效率较高的生物质成型燃料替代秸秆、薪柴、煤炭等。生物质成型燃料生产厂宜根据燃料需求情况由村庄独建或多个村庄合建。

12.2.3 居住密集，且具有大中型养殖场的村庄，应由村庄或镇建设大中型沼气供气系统，并应符合下列规定：

1. 沼气生产厂的选址应位于村庄常年风向的下风向，不应占用基本农田；
2. 沼气供应系统的设计、施工、验收等应符合现行标准《沼气工程技术规范》NY/T1220的有关规定；
3. 沼液及沼渣应规范排放或综合利用，不应污染河道或地下水。

12.2.4 村庄新建公共建筑应采用太阳房，寒冷及严寒地区村庄的农民住宅宜采用被动式太阳房。

12.2.5 既有房屋的节能化改造宜根据现有建筑保温技术和材料的价格性能比，并考虑改造的方便和可操作性，分期分批实施。

12.2.6 年平均风速大于2～3m/s的地区，若具备适合风力发电机安装的场地，可考虑使用风能。

家用风力发电系统应定期维护保养。村办风力发电系统应由专人负责维护保养，维护保养员须掌握相关技术。

12.2.7 根据当地资源条件，村庄可选择实施下列其他实用技术：

1. 距电力系统较远的山区村庄，可采用微水电或小水电进行供电；
2. 距电力系统较远的沿海村庄，可采用小型潮汐发电技术进行供电；
3. 距电力系统较远、但地热资源丰富的村庄，可采用小型地热发电技术进行供电；
4. 已实现供电且地温资源丰富的村庄，可采用热泵技术供应冬季采暖或夏季制冷。

本规范用词说明

1. 为便于在执行本规范条文时区别对待，对要求严格程度不同的用词说明如下：

1）表示很严格，非这样做不可的：

正面词采用"必须"，反面词采用"严禁"；

2）表示严格，在正常情况下均应这样做的：

正面词采用"应"，反面词采用"不应"或"不得"；

3）表示允许稍有选择，在条件许可时首先应这样做的：

正面词采用"宜"，反面词采用"不宜"。

表示有选择，在一定条件下可以这样做的，采用"可"。

2. 条文中指明应按其他有关标准、规范执行时，写法为：

"应符合……规定"或"应按……执行"。

传统村落评价认定指标体系（试行）（2012）

（建村【2012】125号）

一、村落传统建筑评价指标体系

类别	序号	指标	指标分解	分值标准及释义	满分	得分
定量评估	1	久远度	现存最早建筑修建年代	明代及以前，4分；清代，3分；民国，2分；建国至1980年以前，1分。	4	
			传统建筑群集中修建年代	清代及以前，6分；民国，4分；新中国成立初期至1980年以前，3分。	6	
	2	稀缺度	文物保护单位等级	国家级，5分，超过1处每处增加2分；省级，3分，超过1处每处增加1.5分；市县级，2分，超过1处每增加处1分；列入第三次文物普查的登记范围，1分，超过1处每增加1处0.5分。满分10分。	10	
	3	规模	传统建筑占地面积	5公顷以上，15-20分；3-5公顷，10-14分；1-3公顷，5-9分；0-1公顷，0-4分。	20	
	4	比例	传统建筑用地面积占全村建设用地面积比例	60%以上，12-15分；40%-60%，8-11分；20%-40%，4-7分；0%-20%，0-3分。	15	
	5	丰富度	建筑功能种类	居住、传统商业、防御、驿站、祠堂、庙宇、书院、楼塔及其他种类。每一种得2分，满分10分。	10	
定性评估	6	完整性	现存传统建筑（群）及其建筑细部乃至周边环境保存情况	1. 现存传统建筑（群）及建筑细部乃至周边环境原貌保存完好，建筑质量良好且分布连片集中，风貌协调统一，仍有原住居民生活使用，保持了传统区的活态性，12-15分； 2. 现存传统建筑（群）及细部乃至周边环境基本上原貌保存较完好，建筑质量较好且分布连片，仍有原住居民生活使用，不协调建筑少，8-11分； 3. 现存传统建筑（群）部分倒塌，但"骨架"存在，部分建筑细部保存完好，有一定时期风貌特色，周边环境有一定破坏，不协调建筑较多，4-7分； 4. 传统建筑（群）大部分倒塌，存留部分结构构件及细部装饰，具有一定历史与地域特色风貌，周边环境破坏较为严重，0-3分。	15	

续表

类别	序号	指标	指标分解	分值标准及释义	满分	得分
定性评估	7	工艺美学价值	现存传统建筑（群）所具有的建筑造型、结构、材料或装饰等美学价值	1. 现存传统建筑（群）所具有的造型（外观、形体等）、结构、材料（配置对比、精湛加工、地域材料）、装修装饰（木雕、石雕、砖雕、彩画、铺地、门窗隔断）等具有典型地域性或民族性特色，建造工艺独特，建筑细部及装饰十分精美，工艺美学价值高，9-12分； 2. 建筑造型、结构、材料或装饰等具有本地域一般特征，代表本地文化与审美，部分建筑具有一定装饰文化，美学价值较高，5-8分； 3. 建筑造型、结构、材料或装饰等不具备典型民族或地域代表性，建造与装饰仅体现当地乡土特色，美学价值一般，0-4分。	12	
	8	传统营造工艺传承	至今仍大量应用传统技艺营造日常生活建筑	1. 至今日常生活建筑营造仍大量应用传统材料、传统工具和工艺，采用的传统建筑形式、风格与传统风貌相协调，具有传统禁忌等地方习俗，成为非物质文化遗产，技术工艺水平有典型地域性，8-10分； 2. 至今日常生活建筑营造较多应用传统材料、工具和工艺，采用的传统建筑形式、风格与传统风貌相协调，具有传统禁忌等地方习俗，技术工艺水平有地域代表性，5-7分； 3. 至今日常生活建筑营造较少应用地域性传统材料、传统工具和工艺，采用的传统建筑形式与风格或与传统风貌一定程度上协调，营造特色有地域代表性0-4分。	8	
合计					100	

二、村落选址和格局评价指标体系

类别	序号	指标	指标分解	分值标准及释义	满分	得分
定量评估	1	久远度	村落现有选址形成年代	明清及明清以前，5分；民国，3分；新中国成立后，1分。	5	
	2	丰富度	现存历史环境要素种类	古河道、商业街、公共建筑、特色公共活动场地、堡寨、城门、码头、楼阁、古树及其他历史环境要素种类。每一种得2分，满分15分。	15	
定性评估	3	格局完整性	村落传统格局保存程度	1. 村落保持良好的传统格局，街巷体系完整，传统公共设施利用率高，与生产生活保持密切联系，整体风貌完整协调，格局体系中无突出不协调新建筑，26-30分； 2. 村落基本保持了传统格局，街巷体系较为完整，传统设施活态使用，与生产生活有一定联系，格局体系中不协调新建筑少，不影响整体风貌，16-25分； 3. 村落保留了一定的集中连片格局，保持了较为完整的骨架体系，能较为完整看出原有的街巷体系，传统设施基本不使用，格局体系中不协调新建筑较多，影响了整体风貌，6-15分； 4. 传统区保持了少量的传统基本骨架体系，能零散看出原有的街巷体系，传统设施完全不使用，传统区存在较多新建不协调建筑，风貌非常混乱，0-5分。	30	

续表

类别	序号	指标	指标分解	分值标准及释义	满分	得分
定性评估	4	科学文化价值	村落选址、规划、营造反映的科学、文化、历史、考古价值	1. 村落选址、规划、营造具有典型的地域、特定历史背景或民族特色,村落与周边环境能明显体现选址所蕴含的深厚的文化或历史背景,有很高的科学、文化、历史、考古价值,25-35分; 2. 村落选址、规划、营造具有一定地域和文化价值,村落与周边环境能体现选址所蕴含的深厚的文化或历史背景,有较高的科学、文化、考古、历史价值,15-24分; 3. 村落选址、规划、营造保持本地区普遍的传统生活特色,村落与周边环境勉强体现选址所蕴含的深厚的文化或历史背景,科学、文化、历史、考古价值一般,0-14分。	35	
	5	协调性	村落与周边优美的自然山水环境或传统的田园风光保有和谐共生的关系	1. 村落周边环境保持良好,与村落和谐共生,清晰体现原有选址理念,11-15分; 2. 村落周边环境有一定程度改变,但与村落较和谐,能够体现原有选址理念,5-10分; 3. 村落周边环境遭受较为严重的破坏,与村落建设相冲突,几乎不能体现原有选址理念,0-4分。	15	
合计					100	

三、村落承载的非物质文化遗产评价指标体系

类别	序号	指标	指标分解	分值标准及释义	满分	得分
定量评估	1	稀缺度	非物质文化遗产级别	世界级15分;国家级10分;省级5分。(多项不累加)	15	
	2	丰富度	非物质文化遗产种类	省级,每项1分;国家级,每项2分。满分5分。	5	
	3	连续性	至今连续传承时间	至今连续传承100年以上,15分; 连续传承50年以上,8分。	15	
	4	规模	传承活动规模	全村参加5分;30人以上4分; 10-30人3分;10人以下2分。	5	
	5	传承人	是否有明确代表性传承人	有,且为省级以上,5分; 有,且为市级以上,3分;无,0分。	5	
定性评估	6	活态性	传承情况	1. 传承良好,具有传承活力,25分; 2. 传承一般,无专门管理,18分; 3. 传承濒危无活力,10分。	25	
	7	依存性	非物质文化遗产相关的仪式、传承人、材料、工艺以及其他实践活动等与村落及其周边环境的依存程度	1. 遗产相关生产材料、加工、活动及其空间、组织管理、工艺传承等内容与村落特定物质环境紧密相关,不可分离,26-30分; 2. 遗产活动空间、工艺传承与村落空间具有一定依赖性,活动组织与村民联系密切,具有民间管理组织,16-25分; 3. 遗产活动组织与工艺传承与村落较为密切,为本地域共有特色遗产,具有代表性,6-15分; 4. 遗产可不依赖村落保持独立传承,0-5分。	30	
合计					100	

历史文化名城名镇名村保护规划编制要求（试行）

（建规【2012】195号）

第一章 总 则

第一条 为规范历史文化名城、名镇、名村保护规划的编制工作，提高规划的科学性，根据《中华人民共和国城乡规划法》、《中华人民共和国文物保护法》、《历史文化名城名镇名村保护条例》和《中华人民共和国文物保护法实施条例》的有关规定，制定本要求。

第二条 历史文化名城、历史文化街区、历史文化名镇、名村保护规划的编制工作，适用本要求。

第三条 历史文化名城、名镇保护规划的规划范围与城市、镇总体规划的范围一致，历史文化名村保护规划与村庄规划的范围一致。

历史文化名城、名镇保护规划应单独编制。历史文化名村的保护规划与村庄规划同时编制。

凡涉及文物保护单位的，应考虑与文物保护单位保护规划相衔接。

第四条 编制历史文化名城保护规划应同时包括历史文化街区保护规划。

第五条 编制保护规划，应当保护历史文化遗产及其历史环境，保护和延续传统格局和风貌，继承和弘扬民族与地方优秀传统文化。

第六条 编制保护规划，应当以科学发展观为指导，遵循保护遗产本体及环境的真实性、完整性和保护利用的可持续性的原则，保护历史文化遗产，改善人居环境，促进经济社会协调发展。

第七条 编制保护规划，应当坚持保护为主、合理利用、改善环境、有效管理的指导思想。

第八条 历史文化名城、历史文化街区、名镇、名村保护规划的编制应遵守本要求规定，符合国家有关法律法规、标准规范的规定，采用符合国家有关规定的基础资料。

第九条 编制保护规划，应当进行科学论证，并广泛征求有关部门、专家和公众的意见。

第二章 编制基本要求

第十条 保护规划的主要任务是：提出保护目标，明确保护内容，确定保护重点，划定保护和控制范围，制定保护与利用的规划措施。

第十一条 历史文化名城、名镇、名村的保护内容，一般包括：

（一）保护和延续古城、镇、村的传统格局、历史风貌及与其相互依存的自然景观和环境；

（二）历史文化街区和其他有传统风貌的历史街巷；

（三）文物保护单位、已登记尚未核定公布为文物保护单位的不可移动文物；

（四）历史建筑，包括优秀近现代建筑；

（五）传统风貌建筑；

（六）历史环境要素，包括反映历史风貌的古井、围墙、石阶、铺地、驳岸、古树名木等；

（七）保护特色鲜明与空间相互依存的非物质文化遗产以及优秀传统文化，继承和弘扬中华民族优秀传统文化。

第十二条 编制保护规划，应当对自然与人文资源的价值、特色、现状、保护情况等进行调研与评估，一般主要包括以下内容。

（一）历史沿革：建制沿革、聚落变迁、重大历史事件等。

（二）文物保护单位、历史建筑、其他文物古迹和传统风貌建筑等的详细信息。

（三）传统格局和历史风貌：与历史形态紧密关联的地形地貌和河湖水系、传统轴线、街巷、重要公共建筑及公共空间的布局等情况。

（四）具有传统风貌的街区、镇、村：人口、用地性质，建筑物和构筑物的年代、质量、风貌、高度、材料等信息。

（五）历史环境要素：反映历史风貌的古塔、古井、牌坊、戏台、围墙、石阶、铺地、驳岸、古树名木等。

（六）传统文化及非物质文化遗产：包括方言、民间文学、传统表演艺术、传统技艺、礼仪节庆等民俗、传统体育和游艺等。

（七）基础设施、公共安全设施和公共服务设施现状。

（八）保护工作现状：保护管理机构、规章制度建设、保护规划与实施、保护资金等情况。

第十三条 编制保护规划，应对历史文化名城、历史文化街区、名镇、名村的传统格局、历史风貌、空间尺度、与其相互依存的自然景观和环境提出保护要求。

第十四条 编制保护规划，应当确定历史文化街区的保护范围和保护要求，提出保护范围内建筑物、构筑物、环境要素的分类保护整治要求和基础设施改善方案。

第十五条 编制保护规划，应当依据文物保护规划，对文物保护单位、尚未核定公布为文物保护单位的登记不可移动文物提出必要的保护措施建议。

第十六条　编制保护规划，应当对历史建筑，以及符合历史建筑认定标准、尚未被列为历史建筑的建筑物、构筑物提出总体保护要求和保护整治措施。

第十七条　编制保护规划，应当发掘传统文化内涵，对非物质文化遗产的保护和传承提出规划要求。

第十八条　在综合评价历史文化遗产价值、特色的基础上，结合现状，划定历史文化名城、历史文化街区、名镇、名村的保护范围。历史文化街区、名镇、名村保护范围包括核心保护范围和建设控制地带。

第十九条　历史文化名城、历史文化街区、名镇、名村的保护范围按照如下方法划定。

（一）各级文物保护单位的保护范围和建设控制地带以及地下文物埋藏区的界线，以各级人民政府公布的保护范围、建设控制地带为准。

（二）历史建筑的保护范围包括历史建筑本身和必要的建设控制区。

（三）历史文化街区、名镇、名村内传统格局和历史风貌较为完整、历史建筑和传统风貌建筑集中成片的地区划为核心保护范围。在核心保护范围之外划定建设控制地带。

核心保护范围和建设控制地带的确定应边界清楚，便于管理。

（四）历史文化名城的保护范围，应包括历史城区和其他需要保护、控制的地区。

第二十条　编制保护规划，应当在保护的前提下，明确历史文化遗产展示与利用的目标和内容，核定展示利用的环境容量，提出展示与合理利用的措施与建议。

第二十一条　保护规划应提出实施管理措施，包括法规、政策和资金的保障、人才的培养、宣传教育工作等。

第二十二条　在具有传统风貌的街区、镇村，对文物保护单位、尚未核定公布为文物保护单位的登记不可移动文物、历史建筑之外的建筑物、构筑物，划分为传统风貌建筑、其他建筑。

第二十三条　传统风貌建筑，指具有一定建成历史，能够反映历史风貌和地方特色的建筑物。

第二十四条　修编保护规划时，应对原保护规划实施情况进行分析总结。

第三章　历史文化名城保护规划编制

第二十五条　历史文化名城保护规划与城市总体规划的深度相一致，重点保护的地区应当进行深化。

第二十六条　历史文化名城保护规划应当包括下列内容：

（一）评估历史文化价值、特色和现状存在问题；

（二）确定总体目标和保护原则、内容和重点；

（三）提出市（县）域需要保护的内容和要求；

（四）提出城市总体层面上有利于遗产保护的规划要求；

（五）确定保护范围，包括文物保护单位、地下文物埋藏区、历史建筑、历史文化街区的保护范围，提出保护控制措施；

（六）划定历史城区的界限，提出保护名城传统格局、历史风貌、空间尺度及其相互依存的地形地貌、河湖水系等自然景观和环境的保护措施；

（七）提出继承和弘扬传统文化、保护非物质文化遗产的内容和措施；

（八）提出在保护历史文化遗产的同时完善城市功能、改善基础设施、提高环境质量的规划要求和措施；

（九）提出展示和利用的要求与措施；

（十）提出近期实施保护内容；

（十一）提出规划实施保障措施。

第二十七条 编制历史文化名城保护规划应根据历史文化名城、历史文化街区、文物保护单位和历史建筑的三个保护层次确定保护方法框架。

第二十八条 编制历史文化名城保护规划，应当对所在行政区范围内具有历史文化价值的村镇、文物保护单位、已登记尚未核定公布为文物保护单位的不可移动文物、历史建筑、古城的山川形胜及其他需要保护的内容提出保护要求。其中对文物保护单位提出的保护要求应符合文物保护规划的规定。

第二十九条 编制历史文化名城保护规划，应从总体层面上提出保护规划要求，包括城市发展方向、山川形胜、布局结构、城市风貌、道路交通、基础设施等方面，协调新区与历史城区的关系。

第三十条 编制历史文化名城保护规划，应当提出历史城区的传统格局和历史风貌的保护延续，历史街巷和视线通廊的保护控制，建筑高度和开发强度的控制等规划要求。

第四章 历史文化街区保护规划编制

第三十一条 历史文化街区保护规划，规划深度应达到详细规划的深度。

第三十二条 历史文化街区保护应当遵循下列原则：保护历史遗存的真实性，保护历史信息的真实载体；保护历史风貌的完整性，保护街区的空间环境；维持社会生活的延续性，继承文化传统，改善基础设施和居住环境，保持街区活力。

第三十三条 历史文化街区保护规划应当包括以下内容：

（一）评估历史文化价值、特点和现状存在问题；

（二）确定保护原则和保护内容；

（三）确定保护范围，包括核心保护范围和建设控制地带界线，制定相应的保护控制措施；

（四）提出保护范围内建筑物、构筑物和环境要素的分类保护整治要求；

（五）提出保持地区活力、延续传统文化的规划措施；

（六）提出改善交通和基础设施、公共服务设施、居住环境的规划方案；

（七）提出规划实施保障措施。

第三十四条 对历史文化街区保护范围内的建筑物、构筑物进行分类保护，分别采取修缮、改善、整治和更新等措施。

（一）文物保护单位：按照批准的文物保护规划的要求落实保护措施。

（二）历史建筑：按照《历史文化名城名镇名村保护条例》要求保护，改善设施。

（三）传统风貌建筑：不改变外观风貌的前提下，维护、修缮、整治，改善内部设施。

（四）其他建筑：根据对历史风貌的影响程度，分别提出保留、整治、改造要求。

第三十五条 历史文化街区核心保护范围内，按照建筑物保护分类提出建筑高度、体量、外观形象及色彩、材料等控制要求。建设控制地带应当按照与历史风貌相协调的要求控制建筑高度、体量、色彩等。

第三十六条 在不改变街道空间尺度和风貌的情况下，优化历史文化街区内的交通环境。

第三十七条 在不改变街道空间尺度和风貌的情况下，提出历史文化街区内基础设施改善和消防等防灾规划措施。

第三十八条 对户外广告、招牌、空调室外机、太阳能热水器等建筑外部设施以及垃圾箱、电话亭、铺地、检查井盖等街道公共设施的尺寸、形式、材料和位置等提出规划控制要求。

第五章 历史文化名镇名村保护规划编制

第三十九条 历史文化名镇保护规划与镇总体规划的深度要求相一致，重点保护的地区应当进行深化。历史文化名村保护规划的深度要求与村庄规划相一致，其保护要求和控制范围的规划深度应能够指导保护与建设。

第四十条 历史文化名镇名村保护规划应当包括以下内容：

（一）评估历史文化价值、特色和现状存在问题；

（二）确定保护原则、保护内容与保护重点；

（三）提出总体保护策略和镇域保护要求；

（四）提出与名镇名村密切相关的地形地貌、河湖水系、农田、乡土景观、自然生态等景观环境的保护措施；

（五）确定保护范围，包括核心保护范围和建设控制地带界线，制定相应的保护控制措施；

（六）提出保护范围内建筑物、构筑物和历史环境要素的分类保护整治要求；

（七）提出延续传统文化、保护非物质文化遗产的规划措施；

（八）提出改善基础设施、公共服务设施、生产生活环境的规划方案；

（九）保护规划分期实施方案；

（十）提出规划实施保障措施。

第四十一条 编制历史文化名镇保护规划，应当对所在行政区范围内的有历史文化价值的村、文物古迹和风景名胜等提出保护要求。

第四十二条 编制历史文化名镇、名村保护规划应提出总体保护策略和规划措施，包括：

（一）协调新镇区与老镇区、新村与老村的发展关系。

（二）保护范围内要控制机动车交通，交通性干道不应穿越保护范围，交通环境的改善不宜改变原有街巷的宽度和尺度。

（三）保护范围内市政设施，应考虑街巷的传统风貌，要采用新技术、新方法，保障安全和基本使用功能。

（四）对常规消防车辆无法通行的街巷提出特殊消防措施，对以木质材料为主的建筑应制定合理的防火安全措施。

（五）保护规划应当合理提高历史文化名镇名村的防洪能力，采取工程措施和非工程措施相结合的防洪工程改善措施。

（六）保护规划应对布置在保护范围内的生产、储存爆炸性、易燃性、放射性、毒害性、腐蚀性物品的工厂、仓库等提出迁移方案。

（七）保护规划应对保护范围内污水、废气、噪声、固体废弃物等环境污染提出具体治理措施。

第四十三条 编制历史文化名镇名村保护规划，应当对核心保护范围提出保护要求与控制措施。包括：

（一）提出街巷保护要求与控制措施。

（二）对保护范围内的建筑物、构筑物进行分类保护，分别采取以下措施：

（1）文物保护单位：按照批准的文物保护规划的要求落实保护措施。

（2）历史建筑：按照《历史文化名城名镇名村保护条例》要求保护，改善设施。

（3）传统风貌建筑：不改变外观风貌的前提下，维护、修缮、整治，改善设施。

（4）其他建筑：根据对历史风貌的影响程度，分别提出保留、整治、改造要求。

（三）对基础设施和公共服务设施的新建、扩建活动，提出规划控制措施。

第四十四条 编制历史文化名镇名村保护规划，应当对建设控制地带内的新建、扩建、改建和加建等活动，在建筑高度、体量、色彩等方面提出规划控制措施。

第四十五条 历史文化名镇名村保护规划的近期规划措施，应当包括以下内容：

（一）抢救已处于濒危状态的文物保护单位、历史建筑、重要历史环境要素；

（二）对已经或可能对历史文化名镇名村保护造成威胁的各种自然、人为因素提出规划治理措施；

（三）提出改善基础设施和生产、生活环境的近期建设项目；

（四）提出近期投资估算。

第六章 成果要求

第四十六条 保护规划的成果应当包括规划文本、规划图纸和附件，规划说明书、基础资料汇编收入附件。规划成果应当包括纸质和电子两种文件。

保护规划文本应当完整、准确地表述保护规划的各项内容。语言简洁、规范。规划说明书包括历史文化价值和特色评估、历版保护规划评估、现状问题分析、规划意图阐释等内容。调查研究和分析的资料归入基础资料汇编。

第四十七条 历史文化名城保护规划图纸要求清晰准确，图例统一，图纸表达内容应与规划文本一致。图纸应以近期测绘的现状地形图为底图进行绘制，规划图上应显示出现状和地形。图纸上应标注图名、比例尺、图例、绘制时间、规划设计单位名称。

历史文化名城保护规划的图纸要求如下：

（一）历史资料图，包括历史地图、照片和图片。

（二）现状分析图，包括现状照片和图片。

1. 区位图。

2. 市域文化遗产分布图：图中标注各类文物古迹、名镇、名村、风景名胜的名称、位置、等级。

3. 文物古迹分布图：图中标注各类文物古迹、历史文化街区、风景名胜的名称、位置、等级和已公布的保护范围。

4. 格局风貌及历史街巷现状图。

5. 用地现状图。

6. 建筑高度现状图。

（三）保护规划图。

1. 市域文化遗产保护规划图。

2. 保护区划总图。图中标绘名城保护范围，及各类保护区和控制界线，包括文物保护单位、历史文化街区、地下文物埋藏区、风景名胜的界线和保护范围。

3. 视廊和高度控制规划图。

4. 历史文化街区规划图。图中标绘历史文化街区的核心保护范围和建设控制地带，文物保护单位和历史建筑、传统风貌建筑和其他建筑。

5. 用地规划图。

6. 表达总体层次规划要求的规划图纸。

7. 近期保护规划图。

历史文化名城保护规划各项图纸比例一般用1/5000或1/10000。市域文化遗产分布图和保护规划图的比例尺可适当缩小。根据历史文化名城的不同规模和特点，规划图纸可以适当合并或增减，其比例尺、范围宜与现状分析图一致。

第四十八条 历史文化街区保护规划图纸要求清晰准确，图例统一，图纸表达内容应与规划文本一致。图纸应以近期测绘的现状地形图为底图进行绘制，规划图上应显示出现状和地形。图纸上应标注图名、比例尺、图例、绘制时间、规划设计单位名称。

历史文化街区保护规划的图纸要求如下：

（一）历史资料图。

（二）现状分析图。

1．区位图。

2．文物古迹分布图。

3．用地现状图。

4．反映建筑年代、质量、风貌、高度等的现状图。

5．历史环境要素现状图。

6．基础设施、公共安全设施与公共服务设施等现状图。

（三）保护规划图。

1．保护区划图。

2．建筑分类保护规划图。标绘文物保护单位、历史建筑、传统风貌建筑、其他建筑的分类保护措施，其中其他建筑要根据对历史风貌的影响程度再行细分。

3．高度控制规划图。

4．用地规划图。

5．道路交通规划图。

6．基础设施、公共安全设施和公共服务设施规划图。

7．主要街道立面保护整治图。

8．规划分期实施图。

历史文化街区保护规划各项图纸比例一般用1/2000，也可用1/500或1/1000。保护规划图比例尺、范围宜与现状分析图一致。

历史文化镇村保护规划图纸要求清晰准确，图例统一，图纸表达内容应与规划文本一致。图纸应以近期测绘的现状地形图为底图进行绘制，规划图上应显示出现状和地形。图纸上应标注图名、比例尺、图例、绘制时间、规划设计单位名称。

第四十九条　历史文化名镇名村保护规划的图纸要求如下：

（一）历史资料图。

（二）现状分析图。

1．区位图。

2．镇域文化遗产分布图：比例尺为1/5000～1/25000。图中标注各类文物古迹、名村、风景名胜的名称、位置、等级。

3．文物古迹分布图：图中标注各类文物古迹、风景名胜的名称、位置、等级和已公布的保护范围。

4．格局风貌及历史街巷现状图。

5．用地现状图。

6．反映建筑年代、质量、风貌、高度等的现状图。

7．历史环境要素现状图。

8．基础设施、公共安全设施与公共服务设施等现状图。

（三）保护规划图。

1. 保护区划总图。图中标绘名镇名村保护范围，及各类保护区和控制界线，包括文物保护单位、地下文物埋藏区的界线和保护范围。

2. 建筑分类保护规划图。标绘核心保护范围内文物保护单位、历史建筑、传统风貌建筑、其他建筑的分类保护措施，其中其他建筑要根据对历史风貌的影响程度再行细分。

3. 高度控制规划图。

4. 用地规划图。

5. 道路交通规划图。

6. 基础设施和公共服务设施规划图。

7. 近期保护规划图。

历史文化名镇、名村保护规划各项图纸比例一般用1/2000，也可用1/500或1/5000。保护规划图比例尺、范围宜与现状分析图一致。

第七章 附 则

第五十条 保护规划制图标准详见附件。

第五十一条 本办法自发布之日起施行。1994年9月5日原建设部和国家文物局颁布的《历史文化名城保护规划编制要求》同时废止。

附件一　保护规划制图统一标准和要求

一、现状评估主要图纸（用Auto-CAD绘图）

1. 文物古迹及历史环境要素分布图

	分层	线框层			填充层（solid）	
		层名	线形	颜色	层名	颜色
1	全国重点文物保护单位	EL-W1	PL/contin	White	EH-W1	244
2	省（自治区、直辖市）级文物保护单位	EL-W2	PL/contin	White	EH-W2	10
3	市县（区）级文物保护单位	EL-W3	PL/contin	White	EH-W3	30
4	尚未核定公布为文物保护单位的登记不可移动文物	EL-W4	PL/contin	White	EH-W4	50
5	历史建筑	EL-W5	PL/contin	White	EH-W5	210
6	传统风貌建筑	EL-W6	PL/contin	Red	EH-W6	194
7	历史环境要素	EL-T	Circle（图形）（Radius=2.5）	White	EH-T	96
8	传统街巷	EL-L	PL/contin	White	EH-H1	46
9	重要山体景观和环境	EL-G	PL-contin	White	EH-G	103
10	重要河湖水系	EL-E	PL-contin	White	EH-E	131
	其他文字	Text				

2. 现状建筑年代分类图

	分层	线框层			填充层（solid）	
		层名	线形	颜色	层名	颜色
1	明代及明代以前建筑（1644年之前）	EL-N1	PL/contin	White	EH-N1	26
2	清代建筑（1644～1911年）	EL-N2	PL/contin	White	EH-N2	10
3	民国建筑（1911～1949年）	EL-N3	PL/contin	White	EH-N3	30
4	20世纪50年代～70年代建筑（1950～1979年）	EL-N4	PL/contin	White	EH-N4	61
5	20世纪80年代之后的建筑（1980年至今）	EL-N5	PL/contin	White	EH-N5	120
	其他文字	Text				

说明：
文物保护单位及尚未核定公布为文物保护单位的登记不可移动文物的年代以公布文件为准。
其他建筑的年代评定以其结构框架主体的始建年代为准。
可根据具体情况增删或细分个别年代类型。

3. 现状建筑质量分类图

分类	评估标准	线框层			填充层（solid）	
		层名	线形	颜色	层名	颜色
好	建筑主体结构完好	EL-Q1	PL/contin	White	EH-Q1	11
一般	建筑主体结构一般	EL-Q2	PL/contin	White	EH-Q2	40
差	建筑主体结构很差	EL-Q3	PL/contin	White	EH-Q3	203
	其他文字	Text				

4. 现状建筑高度分类图

分层		线框层			填充层（solid）	
		层名	线形	颜色	层名	颜色
1	一层建筑（含局部二层或带阁楼）	EL-H1	PL/contin	White	EH-H1	51
2	二层建筑	EL-H2	PL/contin	White	EH-H2	71
3	三、四层建筑	EL-H3	PL/contin	White	EH-H3	81
4	五、六层建筑	EL-H4	PL/contin	White	EH-H4	103
5	七层以上建筑	EL-H5	PL/contin	White	EH-H5	135
	其他文字	Text				

5. 建筑风貌和历史文化价值评估分类图

分类	评估标准	线框层			填充层（solid）	
		层名	线形	颜色	层名	颜色
Ⅰ	各级文物保护单位、尚未核定公布为文物保护单位的登记不可移动文物	EL-V1	PL/contin	White	EH-V1	10
Ⅱ	历史建筑	EL-V2	PL/contin	White	EH-V2	30
Ⅲ	传统风貌建筑	EL-V3	PL/contin	White	EH-V3	51
Ⅳ	其他建筑	EL-V5	PL/contin	White	EH-V5	160
	其他文字	Text				

二、规划主要图纸（用Auto-CAD绘图）

6. 保护范围规划图

	分层	线框层			填充层（Solid）	
		层名	线形	颜色	层名	颜色
1	历史文化街区、名镇、名村核心保护范围	PL-B1	PL/dashdot	24		
2	历史文化街区、名镇、名村建设控制地带	PL-B2	PL/center2	202		
3	历史城区范围（名镇、名村环境协调区）	PL-B3	PL/center2	16		
4	文物保护单位保护范围	PL-A1	PL/dashdot	10	PH-A1	41（ANSI31）
5	文物保护单位建设控制地带	PL-A2	PL/dashdot	96	PH-A2	91（ANSI31）
6	尚未核定公布为文物保护单位的登记不可移动文物保护范围	PL-A3	PL/dashdot	30	PH-A3	16（ANSI31）
7	历史建筑保护范围	PL-A4	PL/dashdot	190	PH-A4	30（ANSI31）
8	文物保护单位的本体	PL-J1	PL/contin	White	PH-J1	10
9	尚未核定公布为文物保护单位的登记不可移动文物的本体	PL-J2	PL/contin	White	PH-J2	11
10	历史建筑的本体	PL-J3	PL/contin	White	PH-J3	30
	其他文字	Text				

7. 建筑分类保护和整治方式规划图

分类	建筑保护与更新方式分类	线框层			填充层（solid）	
		层名	线形	颜色	层名	颜色
I	保护	PL-V1	PL-contin	White	PH-V1	10
II	修缮	PL-V2	PL-contin	White	PH-V2	30
III	改善	PL-V4	PL-contin	White	PH-V4	51
IV	保留	PL-V3	PL-contin	White	PH-V3	11
V	整治改造	PL-V5	PL-contin	White	PH-V5	160
	公共绿地	PL-G	PL-contin	White	PH-G	94
	水域	PL-E	PL-contin	White	PH-E	131
	其他文字	Text				

说明：
综合考虑现状建筑风貌和建筑质量的评价，把建筑分类保护和整治方式相应地分为五类：
保护：对已公布为文物保护单位的建筑和已登记尚未核定公布为文物保护单位的不可移动文物的建筑，要依据文物保护法进行严格保护。
修缮：对历史建筑和建议历史建筑，应按照《历史文化名城名镇名村保护条例》关于历史建筑的保护要求进行修缮。
改善：对于传统风貌建筑，应保持和修缮外观风貌特征，特别是保具有历史文化价值的细部构件或装饰物，其内部允许进行改善和更新，以改善居住、使用条件，适应现代的生活方式。
保留：对于与保护区传统风貌协调的其他建筑，其建筑质量评定为"好"的，可以作为保留类建筑。
整治改造：对那些与传统风貌不协调或质量差差的其他建筑，可以采取整治、改造等措施，使其符合历史风貌要求。
"线框层"是指不同的保护与更新方式评价分类的建筑外框线，"填充层"是指对这些建筑物的填充色。

传统村落保护发展规划编制
基本要求（试行）

（建村【2013】130号）

为切实加强传统村落保护，促进城乡协调发展，根据《中华人民共和国城乡规划法》、《中华人民共和国文物保护法》、《中华人民共和国非物质文化遗产法》、《村庄和集镇规划建设管理条例》、《历史文化名城名镇名村保护条例》等有关规定，制定传统村落保护发展规划编制基本要求（试行），适用于各级传统村落保护发展规划的编制。

一、规划任务

传统村落保护发展规划必须完成以下任务：调查村落传统资源，建立传统村落档案，确定保护对象，划定保护范围并制订保护管理规定，提出传统资源保护以及村落人居环境改善的措施。

二、总体要求

编制保护发展规划，要坚持保护为主、兼顾发展，尊重传统、活态传承，符合实际、农民主体的原则，注重多专业结合的科学决策，广泛征求政府、专家和村民的意见，提高规划的实用性和质量。有条件的村落，要在满足本要求的基础上，根据村落实际需求结合经济发展条件，进一步拓展深化规划的内容和深度。

三、传统资源调查与档案建立

保护发展规划应对传统村落有保护价值的物质形态和非物质形态资源进行系统而详尽的调查，并建立传统村落档案。调查范围包括村落及其周边与村落有较为紧密的视觉、文化关联的区域。调查内容、调查要求以及档案制作参照《住房城乡建设部 文化部 财政部关于做好2013年中国传统村落保护发展工作的通知》（建村〔2013〕102号）进行。

四、传统村落特征分析与价值评价

对村落选址与自然景观环境特征、村落传统格局和整体风貌特征、传统建筑特征、历史环境要素特征、非物质文化遗产特征进行分析。通过与较大区域范围（地理区域、文化区域、民族区域）以及邻近区域内其他村落的比较，综合分析传统村落的特点，评估其历史、艺术、科学、社会等价值。对各种不利于传统资源保护的因素进行分析，并评估这些因素威胁传统村落的程度。

五、传统村落保护规划基本要求

（一）明确保护对象

依据传统村落调查与特征分析结果，明确传统资源保护对象，对各类各项传统资源分类分级进行保护。

（二）划定保护区划

传统村落应整体进行保护，将村落及与其有重要视觉、文化关联的区域整体划为保护区加以保护；村域范围内的其他传统资源亦应划定相应的保护区；要针对不同范围的保护要求制订相应的保护管理规定。保护区划的划定方法与保护管理规定可参照《历史文化名城名镇名村保护规划编制要求（试行）》。

（三）明确保护措施

明确村落自然景观环境保护要求，提出景观和生态修复措施，以及整改办法。明确村落传统格局与整体风貌保护要求，保护村落传统形态、公共空间和景观视廊等，并提出整治措施。保护传统建（构）筑物，参考《历史文化名城名镇名村保护规划编制要求（试行）》提出传统建（构）筑物分类及相应的保护措施。保护传承非物质文化遗产，提出对非物质文化遗产的传承人、场所与线路、有关实物与相关原材料的保护要求与措施，以及管理与扶持、研究与宣教等的规定与措施。

（四）提出规划实施建议

提出保障保护规划实施的各项建议。

（五）确定保护项目

明确五年内拟实施的保护项目、整治改造项目以及各项目的分年度实施计划和资金估算。提出远期实施的保护项目、整治改造项目以及各项目的分年度实施计划。

六、传统村落发展规划基本要求

（一）发展定位分析及建议

分析传统村落的发展环境、保护与发展条件的优劣势，提出村落发展定位及发展途径的建议。

（二）人居环境规划

改善居住条件，提出传统建筑在提升建筑安全、居住舒适性等方面的引导措施。完善道路交通，在不改变街道空间尺度和风貌的情况下，提出村落的路网规划、交通组织及管理、停车设施规划、公交车站设置、可能的旅游线路组织。提升人居环境，在不改变街道空间尺度和风貌的情况下，提出村落基础设施改善、公共服务提升措施，安排防灾设施。

七、传统村落保护发展规划成果基本要求

保护发展规划成果包括规划文本、规划图纸和附件、规划说明书、传统村落档案。其中规划文本、规划图纸和附件、规划说明书的具体要求参照《历史文化名城名镇名村保护规划编制要求（试行）》。保护发展规划图纸要求如下：

（一）现状分析图

1. 村落传统资源分布图。标明村落现状总平面，村落内各类有形传统资源的位置、范围，非物质文化遗产活动场所与线路，村落各主要视觉控制点上的整体风貌等。
2. 格局风貌和历史街巷现状图。
3. 反映传统建筑年代、质量、风貌、高度等的现状图。
4. 基础设施、公共安全设施及公共服务设施等现状图。

（二）保护规划图

5. 村落保护区划总图。标绘保护范围及各类保护区和控制界线。
6. 建筑分类保护规划图。标绘保护范围内文物保护单位、历史建筑、传统风貌建筑、其他建筑的分类保护措施。其中其他建筑要根据对历史风貌的影响程度进行细分。

（三）发展规划图

7. 道路交通规划图。提出村落路网、交通组织及管理、停车设施规划、公交车站设置、可能的旅游线路组织等。
8. 人居环境改善措施图。提出传统村落基础设施、公共服务设施、防灾减灾改善和提升的规划措施。

各项图纸比例一般用1/2000，也可用1/500或1/5000。地形图比例尺不足用时，应配合手绘图解进行标绘。

村庄整治规划编制办法

(建村【2013】188号)

第一章 总 则

第一条 为了规范村庄整治规划编制工作，提高村庄整治规划编制质量，根据城乡规划法等有关法律法规，制定本办法。

第二条 村庄整治规划是村庄规划广泛应用的重要类型之一，编制村庄整治规划，应当遵守本办法。

第三条 编制村庄整治规划，应当遵守国家有关标准和技术规范，依据依法批准的城乡规划，并与土地利用等规划相衔接。

第四条 村庄整治规划由乡、镇人民政府组织编制，报上一级人民政府审批。在报送审批前，应当在村庄内予以公示，并经村民会议或者村民代表会议讨论同意，经批准的村庄整治规划应在村庄内予以公布。

第五条 村庄整治规划编制单位应具备相应规划编制资质，编制人员应熟悉农村情况。

第二章 编制要求

第六条 编制村庄整治规划应以改善村庄人居环境为主要目的，以保障村民基本生活条件、治理村庄环境、提升村庄风貌为主要任务。

第七条 尊重现有格局。在村庄现有布局和格局基础上，改善村民生活条件和环境，保持乡村特色，保护和传承传统文化，方便村民生产，慎砍树、不填塘、少拆房，避免大拆大建和贪大求洋。

第八条 注重深入调查。采取实地踏勘、入户调查、召开座谈会等多种方式，全面收集基础资料，准确了解村庄实际情况和村民需求。

第九条 坚持问题导向。找准村民改善生活条件的迫切需求和村庄建设管理中的突出问题，针对问题开展规划编制，提出有针对性的整治措施。

第十条 保障村民参与。尊重村民意愿，发挥村民主体作用，在规划调研、编制等各个环节充分征询村民意见，通过简明易懂的方式公示规划成果，引导村民积极参与规划编制全过程，避免大包大揽。

第三章 编制内容

第十一条 编制村庄整治规划要按依次推进、分步实施的整治要求,因地制宜确定规划内容和深度,首先保障村庄安全和村民基本生活条件,在此基础上改善村庄公共环境和配套设施,有条件的可按照建设美丽宜居村庄的要求提升人居环境质量。

第十二条 在保障村庄安全和村民基本生活条件方面,可根据村庄实际重点规划以下内容:

(一)村庄安全防灾整治:分析村庄内存在的地质灾害隐患,提出排除隐患的目标、阶段和工程措施,明确防护要求,划定防护范围;提出预防各类灾害的措施和建设要求,划定洪水淹没范围、山体滑坡等灾害影响区域;明确村庄内避灾疏散通道和场地的设置位置、范围,并提出建设要求;划定消防通道,明确消防水源位置、容量;建立灾害应急反应机制。

(二)农房改造:提出既有农房、庭院整治方案和功能完善措施;提出危旧房抗震加固方案;提出村民自建房屋的风格、色彩、高度控制等设计指引。

(三)生活给水设施整治:合理确定给水方式、供水规模,提出水源保护要求,划定水源保护范围;确定输配水管道敷设方式、走向、管径等。

(四)道路交通安全设施整治:提出现有道路设施的整治改造措施;确定村内道路的选线、断面形式、路面宽度和材质、坡度、边坡护坡形式;确定道路及地块的竖向标高;提出停车方案及整治措施;确定道路照明方式、杆线架设位置;确定交通标志、标线等交通安全设施位置;确定公交站点的位置。

第十三条 在改善村庄公共环境和配套设施方面,可根据村庄实际重点规划以下内容:

(一)环境卫生整治:确定生活垃圾收集处理方式;引导分类利用,鼓励农村生活垃圾分类收集、资源利用,实现就地减量;对露天粪坑、杂物乱堆、破败空心房、废弃住宅、闲置宅基地及闲置用地提出整治要求和利用措施;确定秸秆等杂物、农机具堆放区域;提出畜禽养殖的废渣、污水治理方案;提出村内闲散荒废地以及现有坑塘水体的整治利用措施,明确牲口房等农用附属设施用房建设要求。

(二)排水污水处理设施:确定雨污排放和污水治理方式,提出雨水导排系统清理、疏通、完善的措施;提出污水收集和处理设施的整治、建设方案,提出小型分散式污水处理设施的建设位置、规模及建议;确定各类排水管线、沟渠的走向,确定管径、沟渠横断面尺寸等工程建设要求;雨污合流的村庄应确定截流井位置、污水截流管(渠)走向及其尺寸。年均降雨量少于600毫米的地区可考虑雨污合流系统。

(三)厕所整治:按照粪便无害化处理要求提出户厕及公共厕所整治方案和配建标准;确定卫生厕所的类型、建造和卫生管理要求。

(四)电杆线路整治:提出现状电力电信杆线整治方案;提出新增电力电信杆线的走向及线路布设方式。

（五）村庄公共服务设施完善：合理确定村委会、幼儿园、小学、卫生站、敬老院、文体活动场所和宗教殡葬等设施的类型、位置、规模、布局形式；确定小卖部、集贸市场等公共服务设施的位置、规模。

（六）村庄节能改造：确定村庄炊事、供暖、照明、生活热水等方面的清洁能源种类；提出可再生能源利用措施；提出房屋节能措施和改造方案；缺水地区村庄应明确节水措施。

第十四条 在提升村庄风貌方面，可包括以下内容：

（一）村庄风貌整治：挖掘传统民居地方特色，提出村庄环境绿化美化措施；确定沟渠水塘、壕沟寨墙、堤坝桥涵、石阶铺地、码头驳岸等的整治方案；确定本地绿化植物种类；划定绿地范围；提出村口、公共活动空间、主要街巷等重要节点的景观整治方案。防止照搬大广场、大草坪等城市建设方式。

（二）历史文化遗产和乡土特色保护：提出村庄历史文化、乡土特色和景观风貌保护方案；确定保护对象，划定保护区；确定村庄非物质文化遗产的保护方案。防止拆旧建新、嫁接杜撰。

第十五条 根据需要可提出农村生产性设施和环境的整治要求和措施。

第十六条 编制村庄整治项目库，明确项目规模、建设要求和建设时序。

第十七条 建立村庄整治长效管理机制。鼓励规划编制单位与村民共同制定村规民约，建立村庄整治长效管理机制。防止重整治建设、轻运营维护管理。

第四章 编制成果

第十八条 村庄整治规划成果应满足易懂、易用的基本要求，具有前瞻性、可实施性，能切实指导村庄建设整治，具体形式和内容可结合地方村庄整治工作实际需要进行补充、调整。

第十九条 村庄整治规划成果原则上应达到"一图二表一书"的要求。

第二十条 "一图"主要包括：

（一）整治规划图（地形图比例尺为1∶500—1∶1000）

村庄用地布局方面：明确村庄内各类用地规划范围。

安全防灾方面：标明地质灾害隐患区域范围、防护范围、防护要求；河流水体防洪范围；村内避灾疏散道路走向、避灾疏散场地的范围。

给水工程方面：标明给水水源位置、应急备用水源位置、保护范围；给水设施规模、用地范围；给水管线走向、管径、主要控制标高；提供给水工程设施建设工程示意图。

道路整治方面：标明各类道路红线或路面位置、横断面形式、交叉点坐标及标高；路灯及其架设方式；停车场地的位置和范围。

环境卫生方面：标明环卫设施（垃圾收集点、转运场、公共厕所等）、集中畜禽饲养场、沼气池等的位置、规模、用地范围；提供环卫设施建设工程示意图。

排水工程方面：标明污水处理设施规模、用地范围；排水管（渠）走向、尺寸和主要控制标高；截流井位置、标高。标明水面、坑塘及排水沟渠位置、宽度、主要控制标高；提供排水设施建设工程示意图。

电杆线路整治方面：标明电力、电信线路的走向；电力电信设施的用地范围。

公共服务设施方面：标明公共活动场所的范围；公共服务设施的类型、用地范围。

绿化景观方面：标明主要街巷、村口、水体及公共活动空间等重要节点的整治范围；提供重要节点整治示意图、绿化配置示意图、地面铺装方式示意图、水体生态护坡、硬质驳岸等的整治示意图。

文化保护方面：标明重点保护的民房、祠堂、历史建筑物与构筑物、古树名木等的位置和四至；划定保护区的范围；提供保护要求示意图。

主要整治项目分布图：标明整治项目的名称、位置。

村域设施整治方面：标明村域各生产性服务设施、公用工程设施的位置、类型、规模和整治措施。

第二十一条　"二表"主要包括：

（一）主要指标表：包括村庄用地规模、人口规模、户数、各类用地指标。

（二）整治项目表：包括整治项目的名称、内容、规模、建设要求、经费概算、总投资量以及实施进度计划等。

第二十二条　"一书"是指规划说明书，内容包括：村庄现状及问题分析，附现状图，地形图比例尺为1∶500—1∶1000；整治项目内容和整治措施说明；工程量及投资估算；规划实施保障措施以及有关政策建议等。

第五章　附　　则

第二十三条　本办法自发布之日起施行。

山东省新型农村社区建设技术导则（试行）

前　言

按照"生产发展，生活宽裕，乡风文明，村容整洁，管理民主"二十字方针的要求，根据山东省经济社会发展水平，有计划、分步骤地组织实施新型农村社区建设。通过政府统筹、政策引导、科学规划、分类指导，逐步建设居住舒适、布局合理、功能齐全、设施完善、特色鲜明的新型农村社区，促进农村居民生活方式的转变，进一步改善农村人居环境、生态环境、生产条件，提升生活质量。参照国家有关村庄规划建设的法规和技术规范制定本导则。

（一）建设思路

1. 根据山东农村住房建设与危房改造工作的要求，以新建新型农村社区为主，旧村改造、特色聚居点保护与开发建设为补充，切实改善农村居民的居住条件，提升农村人居环境；

2. 以产业发展为先导，建设新型农村社区，促进农业产业化发展以及土地资源集约利用。

（二）具体目标

1. 基本目标

社区功能和住宅功能基本完善，基础设施与公共服务设施基本配套，实现供电、通讯有保障，燃料清洁化，集中供水，垃圾集中收集与处理，生活污水经处理后排放，达到村容村貌整洁、道路平整、缆线规范、环境优美、生活舒适、生产方便的基本目标。

2. 提高目标

在基本目标的基础上，社区管理和公共服务设施齐全，功能完善，物业管理完善，环境优美，有重点地做好内涵提升和历史文化、地方民族特色的挖掘工作，加强现代化设施建设，提高乡村建设科技含量，强化乡村产业、旅游休闲功能，体现乡村建筑和环境特色，达到改善投资环境、增强休闲观光吸引力、促进农村经济与建设的互动发展的较高目标。

（三）主要内容

本导则主要内容包括：（1）总则；（2）术语；（3）社区选址、安全与防灾；（4）建设用地与规划布局；（5）社区住宅设计与建设；（6）公共服务设施配套；（7）基础设施建设；（8）绿地组织与环境建设；（9）历史文化遗产与乡土特色保护；（10）新型农村社区建设管理。

1 总则

1.1 本导则根据《中华人民共和国城乡规划法》、《中华人民共和国土地管理法》等有关法律、法规规定，参照《城市居住区规划设计规范》（GB50180-93）、《镇规划标准》（GB50188-2007）、《城镇住宅设计标准》（DB51/5018-2000）、《住宅建筑规范》（GB50368-2005）等相关技术规范，结合山东省相关指导文件与农村发展趋势拟定。本导则适用于山东省经规划确定的新型农村社区的规划、建设。旧村改造、聚居点保护性建设可参照本导则实施。

1.2 新型农村社区建设必须与当地社会经济发展程度相适应，要做到"因地制宜、因时制宜、因村制宜"。首先满足当前农民集中居住最急需的生活服务基本功能需求，基础设施建设适度超前，预留发展空间。走城市、城镇、乡村协调发展的道路。

1.3 新型农村社区规模

新型农村社区规模，应根据人口规模确定，见表1.3。

新型农村社区分类控制规模 表1.3

新型农村社区	Ⅰ类	Ⅱ类	Ⅲ类
户数	≤300	300—1000	≥1000
人口	≤1000	1000—3500	≥3500

每户平均按照3.5人计，下同。

1.4 新型农村社区的配建设施，必须与居住人口规模相对应。其配建设施的面积总指标，可根据规划布局形式统一安排、灵活使用。

1.5 新型农村社区的总体布局及建筑单体设计，应遵循以下基本原则：

1.5.1 必须结合各地实际情况，综合考虑所在地域的社会经济、气候、习俗和传统风貌等地方特点和规划用地周围的环境条件。

1.5.2 新型农村社区农民集中居住，坚持"规划先行、产业支撑、因地制宜，有利生产、方便生活，政府引导、村民自愿"的原则。根据所在地区的具体情况，对社区规模、发展形态和开发方式进行分区控制，合理确定规模和建设标准，加强与完善设施配套和生态建设。

1.5.3 应充分进行产业依托分析、论证，为农村经济社会发展创造良好的软硬环境。以农业产业化为主导，立足于农村资源和产业优势，把改善生产生活条件与提高农民素质、提高农民收入结合起来。大力发展农业生产资料交易、农产品深加工与产品增值企业和具备条件的休闲娱乐观光产业，推进农业产业化。

1.5.4 应充分利用规划用地内有保留价值的河湖水域、地形地物、植被、道路、建筑物与构筑物等，并将其纳入规划；加强对农村生态环境的保护、恢复和建设，全面提升区域生态环境质量，创造良好的人居环境。注重植被建设和水土保持。必须加大对农田耕地的监管力度，严禁未经批准占用农田耕地进行建设。

1.5.5 必须符合依法审批的各乡镇土地利用总体规划、各地新型农村社区布点规划的要求、加强建设用地规划调控并符合"节约与集约用地"的原则，优先采用当地原材料，保护与合理利用能源资源，使其用地既有利于节约土地、保护耕地，又有利于促进乡村建设发展用地需求。

1.5.6 要根据县域村镇体系规划，统筹布局区域性基础设施，道路、通讯、供水、污水处理、垃圾收集与处理等公用基础设施，必须统一规划、合理布局、合理确定规模，实现共建共享，避免重复建设，坚持资源优化配置与合理利用。充分体现集约节地、节能、节水和节材的"四节"方针，充分考虑社会、经济和环境三方面的综合效益。

1.6 各类设施建设与改造应做到安全、经济、方便使用与管理，注重实效，分类指导，不应简单套用城镇模式大兴土木、铺张浪费。

1.7 新型农村社区设计除符合本导则外，更应符合国家现行的有关法律、法规和强制性标准的规定。

1.8 新型农村社区建设由各乡镇（街道办）、社区委员会组织实施，省、市、县级相关部门监督、协调。省、市、县建设行政管理部门负责监督本导则的执行。

2 术语

2.1 新型农村社区

指在城市规划区以外，经规划建设后的基础设施完善、公共服务健全、管理科学规范、人居环境良好农民生产生活聚居点。

2.2 城边村

城市建成区之外、城市规划区之内的农村聚居村落。

2.3 城郊村

城市规划区之外并与市区联系紧密的农村聚居村落。

2.4 社区（级）路

一般指用以划分组团的道路。

2.5 宅间小路

是指住宅建筑之间连接各住宅入口的道路。

2.6 新型农村社区用地

是指新型农村社区总用地，包括居住用地和生产用地两类。

2.7 居住用地

是指住宅用地、公建用地、道路用地和公共绿地等四项用地的总称。

2.8 生产用房

是指用于养殖、生产经营、农用机具存放等的建筑用房。

2.9 绿地率

是指社区用地范围内各类绿地面积的总和占社区用地面积的比率（%）。

绿地应包括：公共绿地、宅旁绿地、公共服务设施所属绿地和道路绿地（即道路红线内的绿地），其中包括满足当地植树绿化覆土要求、方便居民出入的地下或半地下建筑的屋顶绿地，不包括屋顶、晒台的人工绿地。

2.10　公共绿地

满足规定的日照要求，适合于安排游憩活动设施的、供居民共享的集中绿地，包括社区游园、组团绿地及其他块状、带状绿地等。

2.11　配套设施

与社区人口规模与住宅规模相对应配套建设的公共服务设施、公用工程设施、道路设施和公共绿地的总称。

2.12　建筑线

一般称为建筑控制线，是建筑物基底位置的控制线。

2.13　日照间距系数

根据日照标准确定的房屋间距与遮挡房屋檐高的比值。

2.14　住宅建筑净密度

住宅建筑的基底总面积与住宅用地的比率（%）。

2.15　容积率

社区拥有的各类建筑的建筑面积或以社区总建筑面积与社区总建设用地面积的比值。

2.16　历史文化名村

由建设部和国家文物局公布的、保存文物特别丰富并具有重大历史价值或革命纪念意义，能较完整地反映一定历史时期的传统风貌和地方民族特色的村落。

2.17　停车率

指社区内居民汽车的停车位数量与居住户数的比率（%）。

2.18　消防点

指设置在新型农村社区的集中放置消防车辆、器材，并配有专职、义务或志愿消防队员的固定场所

3　社区选址、安全与防灾

3.1　新型农村社区选址应满足下列要求：

3.1.1　新型农村社区选址应综合考虑火灾、洪灾、震灾、风灾、地质灾害、雷击、雪灾和冻融等灾害影响，宜选择在地表水源充足、水质良好、通风向阳和地质条件适宜的地段，注意避开抗震不利地段、滑坡、泥石流等地质灾害区域、水库、河滩、陡坡、风口、低洼易涝等易受自然灾害影响的地段，贯彻预防为主，防、抗、避、救相结合的方针，坚持灾害综合防御、群防群治的原则，综合整治、平灾结合，保障可持续发展和村民生命安全。

对潜在危险性或其他限制使用条件尚未查明或难以查明的建设用地，应作为新型社

区建设的限制性用地。下列危险性地段，禁止进行农民住宅和公共建筑建设，既有建筑工程必须进行拆除迁建，基础设施线状工程无法避开时，应采取有效措施减轻场地破坏作用，满足工程建设要求：

（1）可能发生滑坡、崩塌、地陷、地裂、泥石流等的场地；

（2）地震断裂带上可能发生地表错位的部位；

（3）行洪河道；

（4）其他难以整治和防御的灾害高危害影响区。

3.1.2 新型农村社区建设应优先选择交通方便，位置适中，可利用现有用地、供水、排水、环境等条件较好的村庄，统筹产业优势和教育、医疗资源等因素，既有利生产又方便生活，使生产与生活相互结合，又不相互干扰。

3.1.3 新型农村社区选址应满足平原地区农业耕作半径一般不大于3000米，丘陵、山区一般不大于1500米。

3.1.4 新型农村社区应布置在大气污染源的上风向、常年最小风向频率的下风侧。

3.1.5 新型农村社区位于丘陵和山区时，应布置在向阳坡，并避开风口和窝风地段。

3.1.6 新型农村社区应后退重要基础设施管线（管廊）控制线不低于50米。

3.2 应充分考虑各类安全和灾害因素的连锁性和相互影响，并应符合下列规定：

3.2.1 应按各项灾害整治和避灾疏散的防灾要求，对各类次生灾害源点进行综合整治。

3.2.2 应按照火灾、水灾、毒气泄漏扩散、爆炸、放射性污染等次生灾害危险源的种类和分布，对需要保障防灾安全的重要区域和源点，分类分级采取防护措施，综合整治。

3.2.3 应考虑公共卫生突发事件灾后流行性传染病和疫情，建立临时隔离、救治设施。

3.3 积极推进消防工作社会化，针对消防安全布局、消防站、消防供水、消防通信、消防通道、消防装备、建筑防火等内容进行综合整治。新型农村社区应设置义务消防值班室和义务消防组织，5000人以上的新型农村社区应成立社区消防工作组，设置消防点，配备相应的通信设备和消防设备。

3.4 打谷场和易燃、可燃材料堆场，汽车、大型拖拉机车库，村庄的集贸市场或营业摊点的设置以及村庄与成片林的间距应符合农村建筑防火的有关规定，不得堵塞消防通道和影响消火栓的使用。

3.5 社区消防通道应符合现行国家标准《建筑设计防火规范》GB 500016及农村建筑防火的有关规定，并应符合下列规定：

3.5.1 消防通道可利用交通道路，应与其他公路相连通，并能承受消防车的压力。消防通道上禁止设立影响消防车通行的隔离桩、栏杆等障碍物。当管架、栈桥等障碍物跨越道路时，净高不应小于4米。

3.5.2 消防通道宽度不宜小于4米，转弯半径不宜小于8米；同时考虑在大型社区主要道路上设置消火栓。

3.5.3 建房、挖坑、堆柴草饲料等活动，不得影响消防车通行。

3.5.4 消防通道宜成环状布置或设置平坦的回车场。尽端式消防回车场不应小于15米×15米，并应满足相应的消防规范要求。

3.6 受河、湖、海、山洪、内涝威胁的村庄应进行防洪整治，并应符合下列规定：

3.6.1 防洪整治应结合实际，遵循综合治理、确保重点；防汛与抗旱相结合、工程措施与非工程措施相结合的原则。根据洪灾类型确定防洪标准：

（1）沿江河湖泊村庄防洪标准应不低于其所处江河流域的防洪标准。

（2）邻近大型或重要工矿企业、交通运输设施、动力设施、通信设施、文物古迹和旅游设施等防护对象的村庄，当不能分别进行防护时，应按"就高不就低"的原则确定设防标准及防洪设施。

3.6.2 应合理利用岸线，防洪设施选线应适应防洪现状和天然岸线走向。

3.6.3 受台风、暴雨、潮汐威胁的村庄，整治时应符合防御台风、暴雨、潮汐的要求。

3.6.4 根据历史降水资料易形成内涝的平原、洼地、山谷、盆地等地区的村庄应完善除涝排水系统。

3.7 村庄排涝整治措施包括扩大坑塘水体调节容量、疏浚河道、扩建排涝泵站等，应符合下列规定：

3.7.1 排涝标准应与服务区域人口规模、经济发展状况相适应，重现期可采用5-20年；

3.7.2 具有旱涝调节功能的坑塘应按排涝设计标准控制坑塘水体的调节容量及调节水位，坑塘常水位与调节水位差宜控制在0.5-1.0米；

3.7.3 排涝整治应优先考虑扩大坑塘水体调节容量，强化坑塘旱涝调节功能。主要方法包括：

（1）将原有单一渔业养殖功能坑塘改为养殖与旱涝调节兼顾的综合功能坑塘。

（2）调整农业用地结构，将地势低洼的原有耕地改为旱涝调节坑塘。

（3）受土地条件限制地区，宜采用疏浚河道、新（扩）建排涝泵站的建设方式。

3.8 防洪救援系统，应包括应急疏散点、救生机械（船只）、医疗救护、物资储备和报警装置等，防洪通讯报警信号必须能送达每户家庭，并应能告知村庄区域内每个人。

3.9 地质灾害综合整治应符合下列规定：

3.9.1 应按照省、市、县（市）地质灾害防治规划确定的地质灾害类型、易发区和防治分区进行地质灾害防治工作。山区村庄以防治崩塌、滑坡和泥石流为主，平原村庄以防治地面沉降为主，岩溶发育地区以防治岩溶塌陷为主，构造发育地区以防治构造地裂缝为主，矿区村庄以防治采空塌陷及伴生地裂缝为主，沿海地区村庄以防治海（咸）水入侵为主。

3.9.2 地质灾害易发区内村庄应进行地质灾害危险性评估，根据评估结论采取有效的防治措施，保证村民生命和财产安全。

3.9.3 地质灾害危险区内禁止爆破、削坡、进行工程建设以及从事其他可能引发地质灾害的活动。

3.10 雷暴多发地区村庄内部易燃易爆场所、物资仓储、通信和广播电视设施、电力设施、电子设备、村民住宅及其他需要防雷的建（构）筑物、场所和设施，必须安装避雷、防雷设施。

3.11 村庄避灾疏散应综合考虑各种灾害的防御要求，统筹进行避灾疏散场所与避灾疏散道路的设置。道路出入口数量不宜少于2个，3000人以上的新型农村社区与出入口相连的主干道公路等级不低于四级公路标准，避灾疏散场所内外的避灾疏散主通道的有效宽度不宜小于4米。

3.12 避灾疏散场地应与村庄内部的晾晒场地、空旷地、绿地或其他建设用地等综合考虑，与火灾、水灾、海啸、滑坡、山崩、场地液化、矿山采空区塌陷等其他防灾要求相结合。

3.13 避灾疏散场所距次生灾害危险源的距离应满足国家现行有关标准要求，四周有次生火灾或爆炸危险源时，应设防火隔离带或防火林带。避灾疏散场所与周围易燃建筑等一般火灾危险源之间应设置宽度不少于30米的防火安全带。

4 建设用地与规划布局

4.1 新型农村社区建设用地应包括居住用地和生产用地两类。居住用地包括住宅用地、公建用地、道路用地、绿地。

4.2 居住用地

4.2.1 为集约节约用地，按照分类情况划分，新型农村社区人均居住建设用地标应符合表4.2.1要求。

新型农村社区人均居住用地控制指标（单位：米²/人） 表4.2.1

分类	I类	II类	III类
低层（1-3层）	30-40	35-42	36-45
多层（4-6层）	22-32	27-35	28-37

4.2.2 新型农村社区用地平衡表的格式，应符合表4.2.2的要求。社区用地平衡的用地应为构成社区用地的四项用地，其他用地不参与平衡。

新型农村社区居住用地平衡控制指标（%） 表4.2.2

用地构成	I类	II类	III类
住宅用地	35-45	30-40	25-35
公建用地	10-15	12-18	15-20

续表

用地构成	I类	II类	III类
道路用地	10-15	10-18	10-20
公共绿地	≥25	≥30	≥35
社区用地	100	100	100

4.3 生产用地规模

新型农村社区修建的生产用房的用地规模，在集约节约用地的原则下根据各乡镇实际情况而定，不计入新型农村社区建设用地指标内。

4.4 新型农村社区的规划布局，应综合考虑社区周边环境、路网结构、公建与住宅布局、群体组合、绿地系统、建筑的使用性质及火灾的危险性，构成一个完善的、相对独立的有机整体，并遵循以下原则：

4.4.1 乡、镇驻地之外的新型农村社区禁止沿过境交通两侧夹道建设，靠近乡、镇驻地的社区尽量避免沿过境交通两侧夹道建设，如不能避免，要设置过街天桥、地下通道等。

4.4.2 组织与居住人口规模相对应的公共活动中心，方便经营、使用和社会化服务。

4.4.3 方便居民生活，有利于社区安全防卫和管理。

4.4.4 合理组织人流、车流和车辆停放，创造安全、方便、田园式的居住环境。

4.4.5 绿地布置宜采用集中与分散相结合，见缝插针、点线面结合，系统组织。

4.4.6 交通便利，便于布置各类基础设施，且易于与各类上行辐射管线相衔接。

5 社区住宅设计与建设

5.1 建筑

5.1.1 新型农村社区内建筑应包括住宅建筑、公建设施建筑和生产建筑三部分。生产建筑应与住宅分离，且相对集中；其他建筑的设置，应符合无污染、远离居住区的要求。

5.1.2 各类建筑的建设应按照"先规划报审批、后实施建设"的原则进行。

5.1.3 建筑必须体现地方乡土特色，与周边环境相协调，杜绝出现千村一面。

5.1.4 建筑设计应符合现行标准《建筑抗震设计规范》（GB50011）、《建筑设计防火规范》GB 50016、《农村防火规范》（GB50039）、《建筑结构荷载规范》（GB50009）、《建筑地基基础设计规范》（GB50007）等的要求。

5.2 住宅建筑建设应符合以下规定：

5.2.1 应综合考虑用地条件、选型、朝向、间距、绿地、层数与密度的布置、群体组合、空间环境、使用者要求等多方面因素。采用院落组合、街坊组团等多形式灵活布置。家庭养殖等生产用房（建筑）与住宅宜分开布置。

5.2.2 住宅应以科学设计为支撑，提高建筑质量。充分考虑农民的生活习惯和生产生活需要，搞好单体设计，坚持适用、经济、美观、安全、卫生的原则，对房屋位置、结构、走道、庭院、围墙、门户、卫生设施、畜禽圈等合理布局、科学设计，体现多样性和统一性。做到住宅套型合理，功能完善。低层建筑应采用由山东省住房和城乡建设厅组织编制的《山东省新型农居设计图集》的所推荐图纸或省、市、县编制的农村住宅优秀设计方案。深化设计应由正规设计单位完成，满足结构安全要求。

5.2.3 应建设一定比例的老年人住宅，按老年居住建筑规范实施。

5.2.4 低层住宅屋顶需要设置考虑一定面积的平屋顶用以曝晒粮食，并考虑设置杠杆等机械装置上下运送农产品。

5.2.5 住宅建筑要达到"安全用水、卫生用厕、清洁用能、房屋安全、风格协调"的基本要求。供电、光纤、供水应入户，每户应建水冲式卫生厕所，生活污水排入污水管网集中收集处理或排入沼气池等污水处理设施处理。住宅用地应符合当地宅基地政策，并结合农用机具、车辆停放需要设计。

5.2.6 住宅建筑层数

新型农村社区以联排式低层住宅和单元式多层住宅为主。联排式农居控制在2-3层，单元式住宅不超过6层；鼓励建设多层，严控1层。

5.2.7 住宅建筑风格

整洁大方，建筑立面丰富，应配有必要的阳台、窗台、雨篷等构件。必须重视对传统民俗文化的继承和利用，且与当地环境和田园风光相协调。

5.2.8 住宅建筑色彩

社区整体协调、局部统一，色彩明快。社区色彩采用建筑效果图进行报批以确定色彩，色彩应与当地环境、特色建筑相呼应、协调。色彩宜参照《建筑常用色》、《中国建筑色卡》确定。

5.2.9 住宅建筑节能

应以满足日照要求为基础，综合考虑采光、通风、消防、防灾、管线埋设、视觉卫生等要求确定。提倡自然采光和自然通风，对局部小气候的利用、特色绿化（经济作物）的利用等。必须推进住宅产业现代化和省地节能环保型住宅建设，高度重视对节能、节地、节水、节材等重点技术和新材料、新技术、新工艺、新产品（四新）的成果应用，全面普及利用太阳能。

5.3 住宅建筑建设应符合以下规定：

5.3.1 新型农村社区项目修建性规划和建筑设计成果，必须报经当地县级建设行政主管部门审批后才能实施修建。

"统规统建"房屋，应当按照我省有关规定审批确定抗震设防要求，并有具有相应资质的勘察、设计单位进行勘查、设计，经施工图审查后，严格按设计修建。

5.3.2 住宅空间

5.3.2.1 每套住宅应设卧室、起居室（厅）、厨房和卫生间等基本空间。每套住宅至少应有一个居住空间达到大寒日两小时的日照标准，老年人住宅不应低于冬至日日照2小时的标准。

5.3.2.2 厨房应设置炉灶、洗涤池、案台、排油烟机等或预留位置。

5.3.2.3 卫生间不应直接布置在下层住户的卧室、起居室（厅）、厨房、餐厅的上层。卫生间地面和局部墙面必须有防水构造。卫生间应设置便器、洗浴器、洗面器等设施或预留位置；布置便器的卫生间的门不应直接开在厨房内。

5.3.2.4 尊重农村习惯，住宅空间必须设置储藏室，储藏室的面积要根据具体社区居民的生产与生活方式而定。

5.3.2.5 住宅厨房和卫生间的排水立管应分别设置。排水管道不得穿越卧室。

5.3.2.6 外窗窗台距楼面、地面的净高低于0.90米时，应有防护设施。六层及六层以下住宅的阳台栏杆、女儿墙净高不应低于1.05米。阳台栏杆应有防护措施。防护栏杆的垂直杆件间净距不应大于0.11米。

5.3.2.7 尊重农村习惯，卧室、起居室（厅）的室内净高不应低于2.7米，宜为2.8-2.9米，不应高于3.6米。局部净高小于2.7米的面积不应大于室内使用面积的1/3。利用坡屋顶内空间作卧室、起居室（厅）时，其1/3使用面积的室内净高不宜低于2.40米。

5.3.2.8 卧室、起居室（厅）、厨房应设置外窗，窗地面积比不应小于1/7。

5.3.2.9 住宅应能自然通风，每套住宅的通风开口面积不应小于地面面积的5%。

5.3.2.10 阳台地面构造应有排水措施。

5.3.2.11 住宅与附建公共用房的出入口应分开布置。住宅的公共出入口位于阳台、外廊及开敞楼梯平台的下部时，应采取防止物体坠落伤人的安全措施。

5.3.2.12 确定太阳能设施的安装位置，注意美观、协调（且考虑太阳能与建筑一体化设计）。

5.3.3 结构

5.3.3.1 住宅结构的设计使用年限不应少于50年，其安全等级不应低于二级。

5.3.3.2 根据国家规范《建筑抗震设计规范》规定的相应烈度抗震设防烈度为6度及以上地区的住宅结构必须进行抗震设计，其抗震设防类别不应低于丙类。

5.3.3.3 住宅结构应能承受在正常建造和正常使用过程中可能发生的各种作用和环境影响。在结构设计使用年限内，住宅结构和结构构件必须满足安全性、适用性和耐久性要求。

5.3.3.4 住宅结构不应产生影响结构安全的裂缝。

5.3.3.5 住宅结构材料应具有规定的物理、力学性能和耐久性能，并应符合节约资源和保护环境的原则。因地制宜以当地材料为主，充分开发利用地方建材资源优势，采用先进、适用的技术、材料、工艺和产品，积极推广使用新型墙体（材）与屋顶材料。

5.3.3.6 住宅结构材料的强度标准值应具有不低于95%的保证率；抗震设防地区的住宅，其结构用钢材应符合抗震性能要求。

5.3.3.7 住宅结构用混凝土的强度等级（应根据混凝土构件所处的环境类别、结构计算，根据《混凝土结构设计规范》选用）不应低于C20；用于基础的混凝土强度等级不应低于C25（30）。

5.3.3.8 住宅结构用钢材应具有抗拉强度、屈服强度、伸长率和硫、磷含量的合格保证；对焊接钢结构用钢材，尚应具有碳含量、冷弯试验的合格保证。

5.3.3.9 住宅结构中承重砌体材料的强度应符合下列规定：

（1）烧结砖、烧结多孔砖、蒸压灰砂砖、蒸压粉煤灰砖的强度等级不应低于MU10；混凝土砌块的强度等级不应低于MU7.5（并符合《砌体结构设计规范》相关要求）；

（2）砖砌体的砂浆强度等级，抗震设计时不应低于M5；非抗震设计时，对低于五层的住宅不应低于M2.5（5），对五层及五层以上的住宅不应低于M5。砌块砌体的砂浆强度等级，抗震设计时不应低于M7.5。

5.3.3.10 木结构住宅中，承重木材的强度等级不应低于TC11（针叶树种）或TB11（阔叶树种），其设计指标应考虑含水率的不利影响；承重结构用胶的胶合强度不应低于木材顺纹抗剪强度和横纹抗拉强度。

5.3.3.11 住宅的地基、基础应满足承载力和稳定性要求，地基变形应保证住宅的结构安全和正常使用。

5.3.3.12 基坑开挖及其支护应保证其自身及其周边环境的安全。

5.3.3.13 抗震设防地区的住宅不可采用严重不规则的设计方案。抗震设防地区的住宅，应进行结构、结构构件的抗震验算，并应根据结构材料、结构体系、房屋高度、抗震设防要求、场地类别等因素，采取可靠的抗震措施。

5.3.3.14 住宅的砌体结构，应采取有效的措施保证其整体性；在抗震设防地区应满足抗震性能要求。

5.3.3.15 住宅中的混凝土结构构件，其混凝土保护层厚度和配筋构造应满足受力性能和耐久性要求。

5.3.3.16 住宅木结构构件应采取有效的防火、防潮、防腐、防虫措施。

5.4 社区农户住宅在经济条件允许的情况下，应积极采取一定的建筑节能措施尽量采用环保材料、保温材料，并通过试点示范，力争达到或接近节能指标。

5.5 鼓励城市设计、施工、生产企业为农民自建住房提供技术指导、图纸深化设计以及建筑材料等，提高服务水平和建设质量。

6 公共服务设施配套

6.1 新型农村社区公共服务设施（也称配套公建），原则上按规划要求配套，应达到"规模适度、相对集中、布局合理、服务配套、环境优美"的基本要求。公共服务设施应包括：教育、医疗卫生、文化体育、商业服务、金融邮电、社区服务、市政公用和行政管理及其他八类设施。

6.2 新型农村社区配套公建的配建水平，必须与居住人口规模相对应。并应与住宅同步规划、同步建设和同时投入使用。

6.3 新型农村社区配套公建的项目见表6.3.1、表6.3.2：

公共服务设施分级配建表（▲〈必设〉；△〈宜设〉）　　　表6.3.1

类别	项目	社区规模		
		Ⅲ类	Ⅱ类	Ⅰ类
社区行政管理及社区综合服务	社区办公服务中心	▲	▲	▲
	殡仪馆	△	△	△
教育	托儿所、幼儿园	▲	▲	▲
	小学	▲	▲	—
	成人职业培训	△	—	—
医疗卫生	卫生站	▲	▲	▲
文化体育	文体活动室	▲	▲	▲
	社区公共电子阅览室	▲	▲	▲
	社区图书阅览室	▲	▲	▲
	老年活动中心	▲	▲	—
	文化健身广场	▲	▲	▲
	公园绿地	▲	▲	▲
商业服务	集贸市场	▲	▲	▲
	餐饮	▲	▲	▲
	社区超市	▲	▲	▲
	农资超市	▲	▲	▲
金融邮电	邮政所	▲	▲	—
	储蓄所	▲	▲	—
市政公用	垃圾收集点	▲	▲	▲
	公厕	▲	▲	▲
	公交点	△	△	—
	变电室	▲	▲	▲
	供热站或热交换站	△	△	△
	燃气调压站	△	△	△
	水泵房	△	△	△
	小型污水处理站	△	△	△
	停车场	▲	▲	▲
	公共消防器材箱	▲	▲	▲
	农具统一存放站	△	△	△

公共服务设施建设指标

表6.3.2

类别	设施名称	服务内容	建设规定与规模要求
社区行政管理及社区综合服务	社区办公服务中心	具备社区"八室"（社区组织办公室、慈善联络室、规划环卫室、信访调解室、警务室、图书阅览室、文体活动室、多媒体室），"四站"（卫生计生站、劳动保障站、公共服务站、流动人口服务管理站）	每社区一处，建筑面积500平方米以上
	殡仪馆	社区举办白事的场所位置	每社区一处，建筑面积50-150平方米
教育	托儿所、幼儿园	保教学龄前儿童	按30生/千人口，20-35生/班，3班以上规模用地应满足相应规模园舍建设、室外活动、绿化等用地需要，一般不低于22平方米/生。按照《幼儿园建筑设计规范》及《山东省幼儿园基本办园条件标准》（试行）实施规划、设计、建设。宜独立设置，应有独立院落和独立出入口
	小学	小学适龄儿童入学	按照《农村普通中小学建设标准》（建标109-2008），结合中小学校布局规划，按60生/千人口及40-45生/千人口测算办学规模
	成人职业培训	职业教育、农村继续教育	建筑面积90平方米以上，结合社区服务中心设置
医疗卫生	卫生站	社区卫生服务站	建筑面积200平方米以上
文化体育	文体活动室	书画、文娱、健身等活动	建筑面积80平方米以上，结合社区服务中心设置
	社区公共电子阅览室	公益性网络文化服务	终端计算机10台，能正常开展网络服务
	社区图书阅览室	书报阅览	建筑面积50平方米以上，结合社区服务中心设置
	老年活动中心	——	结合设置，建筑面积不小于200平方米
	文化健身广场	各种球类活动场地，社区居民活动健身场地	占地不小于1000平方米
	公园绿地	——	
商业服务	集贸市场	销售粮油、副食、蔬菜、干鲜果品、小商品	占地面积大于200平方米
	餐饮	主食、早点、举办婚丧宴	按规划设置
	社区超市	烟酒糖茶等百货、日杂货	按80平方米/千人配置
	农资超市	化肥、农具、农药等销售点	建筑面积80平方米以上
金融邮电	邮政所	邮电综合服务	建筑面积20平方米以上
	储蓄所	储蓄为主	

续表

类别	设施名称	服务内容	建设规定与规模要求
市政公用	垃圾收集点	——	服务半径不大于70米，宜采用分类收集
	公厕	——	每2千人1座，建设标准应不低于20-30平方米/千人，设置人流集中处，公厕应考虑无障碍设计
	公交点	——	按规划设置
	变电室	——	每个变电室负荷半径不应大于250米；尽可能设于其他建筑内，建筑面积30-50平方米
	供热站或热交换站	——	根据采暖方式确定
	燃气调压站	——	按每个中低压调压站负荷半径500米设置
	水泵房	——	非集中供水区域内社区设置
	小型污水处理站	——	按规划设置
	停车场	存放机动车辆、农业机械	服务半径不宜大于150米
	公共消防器材箱	——	配备灭火器、消防水带、消防水枪、消防斧、救生绳、消火栓扳手等消防器材
	农具统一存放站	农具统一存放	结合停车场设置，每千人1座，建筑面积500平方米以上

6.4 根据配套公建项目的使用性质和新型农村社区的规划布局，宜采用相对集中与适当分散相结合的方式建设，并应利于发挥设施效益、方便经营管理、使用和减少干扰。商业服务与邮政储蓄、文体、公共绿地等有关项目宜集中建设，形成社区级公共活动中心。

6.5 基层服务设施的建设应方便居民、满足服务半径的要求。

6.6 配套公建的规划布局和设计应考虑发展需要。

6.7 停车

6.7.1 社区公共活动中心、集贸市场和人流较多的公建，必须相应配建的公共停车场。

6.7.2 配建公共停车场的停车位控制指标，应符合表6.7.2规定。

配建公共停车场停车位控制指标　　　　表6.7.2

名称	单位	自行车（辆）	机动车（辆）
社区中心	车位数/每百平方米建筑面积	≥10	≥0.5
社区超市	车位数/每百平方米建筑面积	≥10	≥0.5

续表

名称	单位	自行车（辆）	机动车（辆）
集贸市场	车位数/每百平方米建筑面积	≥15	≥0.5
餐饮店	车位数/每百平方米建筑面积	≥8	≥0.5
医疗站	车位数/每百平方米建筑面积	≥15	≥0.5

注：①本表机动车停车车位以小型汽车为标准当量表示；
②其他类型的车辆停车位的换算办法，应符合国家相关技术规范。

6.7.3 配建公共停车场应就近设置。

7 基础设施建设

7.1 道路改造与建设

7.1.1 新型农村社区道路路面必须硬化、绿化，平原、丘陵、山地地区与外部道路连接公路等级不低于四级公路标准。远期规划大于该宽度的应预留用地。

新型农村社区路面宽度不小于6-8米，组团路面宽度不小于4-6米，均按规划预留拓宽空间。道路两侧必须设置排水沟渠。车行道路应隔一定距离设会车场。宅间路路面宽不应小于3米。

道路基本类型：主、次道路为混凝土或沥青路面，宅间路可因地制宜选取简易材料铺装，如三合土、卵石或石板路面。

7.1.2 主、次道路应通达顺畅，应打通主要道路的尽端路。

7.1.3 新型农村社区道路标高原则上应低于两侧宅基地场院标高，并结合各类工程管线改造要求统一考虑。

7.1.4 新型农村社区道路与过境公路、铁路等交通设施平交时，应符合有关规定。

7.1.5 新型农村社区主要道路平面交叉时应尽量正交，必须斜交时，锐角应大于60°。近期难以满足上述要求的，应通过加大交叉口锐角一侧缘石半径，清除视距三角形范围内阻碍视线的障碍物等方式保证车辆通行安全。

7.1.6 新型农村社区道路纵坡控制指标应符合表7.1.6的规定。

社区内道路纵坡控制指标（%） 表7.1.6

道路类别	最小纵坡	最大纵坡
机动车道	≥0.3	≤8.0，L≤200米
非机动车道	≥0.3	≤3.0，L≤50米
步行道	≥0.3	≤8.0

注：L为坡长（米）。

7.1.7 新型农村社区道路横断面应设置横坡，坡度大小在1%-3%之间。

7.1.8 进入组团的道路，既应方便居民出行和利于消防车、救护车的通行，又应维护院落的完整性和利于治安保卫。消防通道的设置应符合相关要求。

7.1.9 在社区公共活动中心，应设置为残疾人通行的无障碍通道。通行轮椅车的坡道宽度不应小于2.5米，纵坡不应大于2.5%。

7.1.10 社区道路边缘至建筑物、构筑物的最小距离，应符合表7.1.10规定。

道路边缘至建筑物、构筑物最小距离（米） 表7.1.10

与建、构筑物关系	建、构筑物层数	社区（级）路	社区组团（级）路
建筑物面向道路	低层	3	2
	多层	4	3
建筑物山墙面向道路	低层	1.5	1
	多层	2.5	1.5
围墙面向道路	不限	1	1

7.2 给水

7.2.1 新型农村社区给水工程建设，应符合当地农村饮水安全总体规划，积极采用适宜的先进供水技术，实现社区集中供水，供水入户、入厕、入厨，满足农村地区人畜安全、方便饮用。供水应优先满足生活用水、公共设施用水及消防用水，水源允许的地区可考虑生产用水。

7.2.2 新型农村社区水源应遵循优水优用，先地下水、后地表水的原则。把选择合格水源作为首要环节，从源头上保证供水安全，保证水源的可持续利用。水源水质应符合《生活饮用水水源水质标准》（CJ3020-93）规定，水源地应划定饮用水水源地保护区，周围设立警示标志，并做好水源地卫生防护、供水设施的日常维护等工作。供水水质必须符合《生活饮用水卫生标准》（GB5749-2006）规定。

7.2.3 邻近城镇的新型农村社区，应优先考虑连接城镇供水管网供水到户，实行集中供水。有条件的地区，要实现区域管网联村联片集中供水。

7.2.4 套内分户用水点的给水压力不应小于0.05MPa，入户管的给水压力不应大于0.35MPa；室外供水管网压力不应低于0.1MPa。

7.2.5 新型农村社区给水工程的设计规模参考《镇规划标准》（GB50188-2007）、《室外给水设计规范》（GB50013-2006）和《村镇供水工程技术规范》（SL310-2004），人均生活用水量指标为：

基本型：生活用水定额50-90L/人·日（最高日）

提高型：生活用水定额100-160L/人·日（最高日）

7.2.6 新型农村社区已纳入农村安全饮水区域供水规划范围，目前暂无条件建设集中供水设施的，要采取多种措施加快建设，严格控制分散供水。临时性分散取水，应加强对分散式水源（水井、水池、水窖、手压机井等）的卫生防护，水源地周围100-300米范围内，应清除污染源（粪坑、渗水厕所、垃圾堆、牲畜圈等），并综合整治环境卫生，达到安全饮水标准。如需就地取用地下水，应事前对水量进行严格论证，地下水水质符合《生活饮用水水源水质标准》（CJ3020-93）规定或经处理后水质满足《生活饮用水卫生标准》（GB5749-2006）的要求。

7.2.7 新型农村社区的给水管线应沿主要道路一侧布置，并按规范要求设置消火栓，间距不应大于120米。

7.2.8 给水管道与污水排放沟渠或管道的间距应不小于1.0米，垂直间距不应小于0.4米。给水管线与其他管线及建（构）筑物的间距，应根据《室外排水设计规范》（GB50013-2006）的要求确定。

7.2.9 利用屋顶有组织排水或建造人工集雨场及水窖收集雨水，经存贮净化处理后，可作为新型农村社区生活用水的补充水源或消防水源。

7.3 排水及污水处理

7.3.1 排水体制：各社区应综合考虑城镇总体规划、环境保护以及当地的自然条件，结合社区的污水量、水质、所接纳的水体以及原有的排水设施来选取适合的排水体制。新型农村社区排水工程建设，原则上可采用"雨污分流"制。

7.3.2 排水量的确定：污水量可根据综合用水量乘以排放系数0.7-0.9确定，雨水量应根据暴雨强度、汇水面积、地面平均径流系数计算确定。

7.3.3 污水处理方式：禁止污水未经处理直接排放。靠近城镇的社区可采用区域统一处理方式，排放至污水处理厂集中处理。远离城镇的社区鼓励采用先进的小型无动力或微动力污水处理技术。社区应配套独立的集中污水处理设施（设备），生活污水经处理达标排放。

污水排放及利用标准：出水主要指标应达到GB18918-2002一级B标以上；有条件进行污水再生利用的地区，再生水水质应符合污水再生利用标准。

7.3.4 雨水处理方式：新型农村社区雨水排放可根据地方实际采用明沟或暗渠方式。排水沟渠应充分结合地形，以雨水及时排放与利用为目标，或就近排入池塘、河流或湖泊等水体，或集中存储净化利用。

7.3.5 排水沟渠的设计及养护

7.3.5.1 排水沟渠的纵坡应不小于0.3%，排水沟渠的宽度及深度应根据各地降雨量确定，宽度不宜小于300毫米，深度不小于150毫米。

7.3.5.2 排水沟渠砌筑可根据各地实际选用混凝土或砖石、鹅卵石、条石等地方材料。

7.3.5.3 加强排水沟渠日常清理维护，防止生活垃圾、淤泥淤积堵塞，保证排水通畅，可结合排水沟渠砌筑形式进行沿沟绿化。

7.3.5.4 房屋四周宜设置排水沟渠；外墙外地面应设置散水，宽度不小于0.5米，外墙勒脚高度不低于0.45米。

7.4 强、弱电

7.4.1 统筹电力、广电、通讯、信息网络系统的基本配置，并确保今后扩展的可能性。积极采用安全防范、管理与设备监控系统，暂时不能采用智能技术的乡村，宜预留管网位置，为扩充改造提供条件。

7.4.2 社区主要道路应设照明设施。

7.4.3 供电网络齐全，居民生活用电做到"一户一表"；供电线路应保证生活生产需要，并留有余地。

7.4.4 网络线路配套齐全。电话、有线电视入户率平原90%以上，丘陵80%以上，山区70%以上。有条件的地方，首先考虑以ADSL形式上网，其次考虑宽带网络入户。

7.5 燃气

有条件的地方应同步实施天然气管网敷设。暂不具备条件的应按规划预留管网位置。对不具备管道天然气条件的，应尽可能采用沼气能源或其他清洁燃料。

7.6 厕所

7.6.1 公厕和户厕的建设、管理和粪便处理，均应符合国家现行有关技术标准的要求。

7.6.2 公厕应采用粪槽排至三格式化粪池的形式，与沼气发酵池结合建造。公厕的大便口和取粪口均应加盖密闭，并确保粪池不渗不漏。

7.6.3 公厕的小便池宜改用简易的小便斗，尿液直接排至粪池，禁止大面积尿池开敞暴露而导致臭气污染环境。

7.6.4 集中的禽畜饲养场应与沼气利用设施相结合，禽畜粪尿可直接排入沼气发酵池内，适当推广厕所、畜圈、沼气池"三位一体"的综合利用设施。

7.6.5 户厕应为冲水式厕所或其他环保型厕所。卫生器具和配件应采用节水型产品，不得使用一次冲水量大于5L的坐便器。户厕排污须联结到社区排污系统。

7.6.6 对公厕、禽畜饲养场（点），均应建立并严格执行及时清扫和清毒等防控疫病等管理制度。

7.6.7 公共厕所建设标准应不低于25-50平方米/千人，每厕最低建筑面积应不低于25平方米。公厕应考虑无障碍设计。

7.7 垃圾处理

7.7.1 倡导垃圾分类处理。生活垃圾及其他垃圾均要及时、定点、分类收集，密闭贮存、运输，最终由垃圾处理场进行无害化处理。

7.7.2 生活垃圾收集点的服务半径不宜超过70米，生活垃圾收集点可放置垃圾容器或建造垃圾容器间。市场、车站及其他产生生活垃圾量较大的设施附近应单独设置生活垃圾收集点。

7.7.3 农村生活垃圾收集点、垃圾转运站的建设应做到密闭、防雨、防渗、防漏，并与村容村貌相协调。

7.7.4 医疗垃圾等固体危险废弃物必须单独收集、单独运输、单独处理。

7.7.5 新型农村社区生活垃圾卫生填埋场应由县（市、区）统一规划，合理布局。

7.7.6 重视对村民生态文明意识、环保意识的培养，使村民具有良好的环境保护意识和行为习惯。

7.8 管线综合

7.8.1 社区给水、雨水、污水、电力管线等宜采用地下敷设方式。地下管线的走向，宜沿社区（级）路、组团路建设，力求线型顺直、短捷和适当集中，尽量减少转弯，并应使管线之间及管线与道路之间尽量较少交叉。

7.8.2 各种管线的埋设顺序应符合下列要求：

7.8.2.1 离建筑物、构筑物的水平排序：由近及远应为：电力管或电信管、燃气管、给水管、雨水管、污水管。

7.8.2.2 各类管线的垂直顺序：由浅入深应为：电信管、电力管、燃气管、给水管、雨水管、污水管。

7.8.3 应根据各类管线的不同特征和设置要求综合布置，各类管线间的水平与垂直净距应符表7.8.3-1和表7.8.3-2的规定。

新型农村社区各类管线之间最小水平净距（米） 表7.8.3-1

管线名称	给水管	排水管	燃气管	热力管	电力管	电信管
排水管	1.5	1.5	——	——	——	——
燃气管	1.0	1.5	——	——	——	——
热力管	1.5	1.5	1.0	——	——	——
电力管	1.0	1.0	0.5	2.0	——	——
电信管	1.5	1.0	1.0	2.0	0.5	——

注：①表中给水管与排水管之间的净距适用于管径小于或等于200毫米。
②表中的燃气管指低压管线，即小于或等于0.005MPa的管线。

新型农村社区各类管线之间最小垂直净距（米） 表7.8.3-2

管线名称	给水管	排水管	燃气管	热力管	电力管	电信管
给水管	0.15	——	——	——	——	——
排水管	0.40	0.20	——	——	——	——
燃气管	0.20	0.20	0.20	——	——	——
热力管	0.20	0.50	0.20	0.20	——	——
电力管	0.20	0.50	0.50	0.50	0.50	——
电信管	0.20	0.20	0.20	0.20	0.50	0.30
明沟沟底	0.50	0.50	0.50	0.20	0.50	0.50

7.8.4 管线建设应考虑不影响建筑物安全和防止管线受腐蚀、沉陷、震动或重压。各类管线与建（构）筑物之间的最小间距，应符合表7.8.4规定。

新型农村社区各类管线与建、构筑物之间的最小水平间距（米）　　表7.8.4

管线名称	建筑物基础	照明地上杆柱（中心）	铁路（中心）	道路边缘	公路边缘
给水管	3.0	1.0	5.0	1.5	1.0
排水管	2.5	1.5	5.0	1.5	1.0
燃气管	1.5	1.0	3.75	1.5	1.0
热力管	2.5	1.0	3.75	1.5	1.0
电力管	0.6	0.6	3.75	1.5	1.0
电信管	0.6	0.5	3.75	1.5	1.0

注：表中的燃气管指低压管线，即小于或等于0.005MPa的管线。

7.8.5　电力管与电信管应远离，并按照电力电缆在道路东侧或南侧、电信在道路西侧或北侧的原则建设。

7.8.6　管线建设遇到矛盾时，应按下列原则处理：临时管线避让永久管线；小管线避让大管线；压力管线避让重力流管线；可弯曲管线避让不可弯曲管线。

7.8.7　地下埋设管线不应横穿公共绿地和庭院绿地。与绿化树种间的最小间距的最小水平净距，应符合表7.8.7中的规定。

管线、其他设施与绿化树种之间的最小水平间距（米）　　表7.8.7

管线名称	乔木中心	灌木中心	草地
给水管、闸井	1.5	1.5	0.5
排水管、探井	1.5	1.5	0.5
燃气管、探井	1.5	1.2	0.5
热力管	2	2	1
电力管、电信管	1.5	1.0	0.5
地上杆柱（中心）	2.0	2.0	0.5
消防龙头	1.5	1.2	1.2
道路侧石边缘	0.5	0.5	——

8　绿地组织与环境建设

8.1　绿地组织

8.1.1　社区绿地主要包括社区公共绿地、宅旁绿地、道路绿地等，新型农村社区绿化应体现当地的地域特色风貌和良好的生态效益。

8.1.2　鼓励墙面绿化、屋面绿化，并且把绿化和种植宅院作物、种植蔬菜等结合起来，实现宅院绿化、美化。

8.1.3　社区内主次干道两侧、河渠两岸绿化良好，社区外围应配以乡土常绿树种为主的生态防护林带。道路与建、构筑物之间宜种植花草树木，做到环境优美，整洁卫生。

8.1.4 新型农村社区内公共绿地应根据居住区规划布局形式统一安排、灵活使用。农村新型社区出入口、村民集中活动场所可适当设置集中绿地，应利用不宜建设的场地改造成小型绿地。道路、边沟应布置绿化带或行道树，绿化带宽度以1.5-2米为宜。植物应选择适宜当地生长、符合农村要求、具有经济生态效果的品种。

8.1.5 新型农村社区植物配置要统一规划，反映地域田园特色与文化特色，优先选用当地经济、美观的乡土树种，一切可绿化的用地均应绿化、重点发展垂直绿化。

8.1.6 社区内的公共绿地，应根据社区的规划布局形式设置相应的中心绿地，以及老年人、儿童活动场地和其他的块状、带状公共绿地。

8.1.6.1 一个小区一般有2至3个公共绿地，平面布置形式以规则为主的混合式为好，宜采用"草铺底、乔遮荫、花藤灌木巧点缀"的公园式绿化模式。

8.1.6.2 中心绿地的设置应符合下列规定：

（1）中心绿地应满足面积不小于500平方米的要求；

（2）至少应有一个边与社区道路相邻；

（3）绿地内可设置花木草坪、花坛水面、雕塑、老幼活动设施、铺装地面等；

（4）便于居民休憩、散步和交往之用，宜采用开敞式，采用绿篱或其他通透式院墙栏杆做分隔。

8.1.7 社区公共绿地要结合社区周围的苗圃、农林、农田等乡村绿地结合起来统一建设。

8.2 空间与景观环境设计

8.2.1 空间布局和建筑应体现地方特色，与周围环境、建筑风貌相协调。同社区住宅风格应基本一致，色彩明快。

8.2.2 住宅应以坡屋顶为主，尽量采用地方建筑材料，形成鲜明的地方特色，连排住宅长度不宜超过50米。

8.2.3 精心设置建筑小品，丰富与美化环境。建筑小品主要包括场地铺装、围栏、花坛、园灯、座椅、雕塑、宣传栏、废物箱等。各类小品主要布置于道路两侧或公共绿地等公共空间，尺度适宜，与环境协调。场地铺装，形式应简洁，用材应乡土化，利于排水。围栏设计美观大方，采用通透式。路灯、指示牌、废物箱等风格应统一协调。

8.2.4 注重景观和空间的完整性，公用配套设施等宜与住宅或公建结合安排。供电、电讯、路灯等管线因地制宜架空或地下埋设。

8.2.5 公共活动空间的环境设计，应处理好建筑、道路、广场、院落、绿地和建筑小品之间及与人们活动之间的相互关系。

8.3 生态建设

8.3.1 充分利用路旁、宅院及宅间空地，种植经济作物等绿色植物，防止水土流失。

8.3.2 考虑农村居民生产生活需要，坚持人类居住区与畜禽养殖区、农具存储区分离。

8.3.3 积极推广太阳能、沼气、生物质能等新能源。集中连片建设的农房，应采取与建筑一体化的太阳能热水系统；鼓励建设集中式沼气池和秸秆气化设施，解决农村居民采暖、炊事用能，实现柴草、垃圾、粪便等废气资源的回收及综合利用。

8.3.4 积极推广农村社区小型污水垃圾处理设施建设，改善农村居住环境。

9 历史文化遗产与乡土特色保护

9.1 新型农村社区建设应严格、科学保护历史文化遗产和乡土特色，延续与弘扬优秀的历史文化传统和农村特色、地域特色。对于国家历史文化名村和其他各级文物保护单位，应按照相关法律法规的规定划定保护范围，严格进行保护。

9.2 本导则所称历史文化遗产包括物质文化遗产和非物质文化遗产。物质文化遗产是具有历史、艺术和科学价值的文物，包含国家级、省级、市级、县级等各级文物保护单位和已知文物点、名人故居、工业遗产、乡土建筑等历史建筑；历史文化街区、历史文化镇（村）；地下文物埋藏区、馆藏文物、民间收藏文物等。

非物质文化遗产是指各种以非物质形态存在的与群众生活密切相关、世代相承的传统文化表现形式。包括口头传统、传统表演艺术、民俗活动和礼仪与节庆、有关自然界和宇宙的民间传统知识和实践、传统手工艺技能等，以及与上述传统文化表现形式相关的文化空间。

9.3 历史文化遗产与乡土特色应严格、科学进行保护，并符合以下规定：

9.3.1 下列内容应按照现行相关法律、法规、标准的规定划定保护范围，科学进行管理，保护范围内严禁从事破坏历史文化遗产和乡土特色的活动：

（1）国家、省、市、县级文物保护单位；

（2）国家历史文化名村；

（3）树龄在100年以上的古树以及在历史上或社会上有重大影响的中外历代名人、领袖人物所植或者具有极其重要的历史、文化价值、纪念意义的名木。

9.3.2 其他具有历史文化价值的古遗址、建（构）筑物、村庄格局和具有农村特色、地域特色以及民族特色的建筑风貌、场所空间和自然景观应经过认定，严格进行保护，历史文化建筑及街区周边新建建筑物，其体量、高度、形式、材质、色彩均应与传统建筑协调统一。

9.3.3 具备保护修缮需求和相应技术、经济条件的村庄，应按照历史文化遗产与乡土特色保护要求制定和实施保护修缮措施。

9.3.4 暂不具备保护修缮需求和技术、经济条件的村庄，应严格保护遗存与特色现状、严禁随意拆除翻新，可视病害情况严重程度适当采取临时性、可再处理的抢救性保护措施。

9.4 村庄历史文化遗产和乡土特色保护工作应包括：调查、甄别、认定保护对象；制定保护及管理措施。

9.5 新型农村社区建设应注重保护具有乡土特色的建（构）筑物风貌、山水植被等自然景观、地质遗迹及与村庄风俗、节庆、纪念等活动密切关联的特定建筑、场所和地点等，并保持与乡土特色风貌的和谐。

文物保护单位、历史文化名村保护范围及建设控制地带内的新型农村社区建设应符合国家有关文物保护法律法规的规定，并应与编制的文物保护规划和历史文化名村保护规划相衔接。不得破坏或改变经认定应予以保护的历史文化遗产，建设活动应确保遗存的安全性和遗产环境的和谐性。历史文化遗产分布区内的社区建设应制定专项方案，并会同文物行政部门论证通过后方可实施；涉及文物保护单位的整治措施应符合国家文物保护法律法规的相关规定。

9.6 历史文化遗产与乡土特色保护措施，应以保护历史遗存、保存历史和乡土文化信息、延续和传承传统、特色风貌为目标，主要包括下列内容：

9.6.1 历史遗存保护主要采取保养维护、现状修整、重点修复、抢险加固、搬迁及破坏性依附物清理等保护措施；

9.6.2 建（构）筑物特色风貌保护主要采取不改变外观特征，调整、完善内部布局及设施的改善措施；

9.6.3 村庄特色场所空间保护主要采取完整保护特定的活动场所与环境，重点改善安全保障和完善基础设施的保护措施；

9.6.4 自然景观特色风貌保护主要采取保护自然形貌、维护生态功能的保护措施。

9.7 历史文化遗产的周边环境应实施景观整治，周边的建（构）筑物形象和绿化景观应保持乡土特色并与历史文化遗产的历史环境和传统风貌相和谐。

9.8 历史文化名村的建设工作中应保护村庄的历史文化遗产、历史功能布局、道路系统、传统空间尺度及传统景观风貌。并应按照国家法律法规的有关规定制定、实施保护和整治措施。

10 新型农村社区建设管理

10.1 实施新型农村社区建设必须坚持政府指导、村民自治的原则，乡镇（街道办）应建立相应的建设管理制度。

10.2 新型农村社区的建设要充分尊重农民意愿，对项目的实施由社区代表小组实行"一事一议"。其实施方案应经社区委员会或社区代表大会同意。

10.3 新型农村社区规划范围内的各项建设必须服从规划管理。不得在规划范围之外审批宅基地；未做出规划的村，必须按要求完成规划，未编制规划的农村社区，必须按要求完成规划；完成规划编制前，暂停宅基地和建房审批；建设施工前必须进行文物考古调查、勘探等相关保护工作。

10.4 凡迁建到新型农村社区规划范围内建新房的农户，必须拆除老宅基地上的旧房，否则不予办理新宅的房屋产权登记。

10.5 县级建设行政主管部门统筹指导和监管新型农村社区工程建设，所有农房集中建设改造项目，都要按照基本建设程序，认真办理各项手续，并主动接受和配合职能部门的监管和指导。所有农房集中建设改造项目，都必须由县以上建设行政主管部门纳入工程建设程序，实施全过程监管，在项目选址、地质勘察、建筑设计、施工图审查、工程招标、施工许可、施工组织、建材选用、质量监督、工程监理、竣工验收等关键环节严格把关，确保工程质量和施工安全。

10.6 新型农村社区建筑设计应坚持适用、经济、安全、卫生、美观的原则，符合国家和地区有关节约土地、资源、能源及抗御自然灾害等规定，保持地方特色，与周围环境相协调。

新型农村社区规划范围内投资30万元以上或单体建筑面积300平方米以上的建设工程，以及市政设施、公共建筑、两层以上的建筑，必须由具有相应资质的单位进行勘察设计、施工和监理；低层建筑可选用通用设计、标准设计。

10.7 新型农村社区规划范围内的工程建设，必须由具有相应资质的施工单位或工匠承担施工任务，工程完工后，建设单位应当组织竣工验收，验收不合格的，不得投入使用。

10.8 加强新型农村社区内道路的管理，对已修建的道路不得进行损坏，不得在道路上设置路障，不得侵占道路和堆放杂物。各类建设不得侵占道路红线及红线上空。

10.9 健全新型农村社区环境卫生管理制度。制定环境卫生管理标准、落实责任区的划分，坚持检查制度、奖罚制度，落实家禽圈养、公共场所的日常管理等。制度经社区委员会议讨论通过后，必须坚决执行。

10.10 实行房前屋后"三包"（包清扫、包清运、包清净）责任制，定期进行检查评比，奖惩兑现。

10.11 不允许任何人破坏公共绿地，新栽的花草树木要加强管理，确保成活。对新型农村社区中的古树名木实行统一管理，分别养护。

10.12 建设行政主管部门定期对村镇建设工作人员和村镇建筑工匠进行业务技术培训和安全知识教育。

10.13 建设管理部门和乡镇政府建立健全村镇建设台账制度，加强新型农村社区建设的统计报表和资料归档管理。

10.14 健全新型农村社区消防安全管理制度。建立社区消防工作组织机构，确定消防安全管理人。制定并落实消防宣传教育、防火检查、用火用电用油用气管理、消防设施器材配置及维护管理、灭火和应急疏散预案等消防安全制度及村（居）民防火安全公约。

11 附　则

11.1 本导则由山东省住房和城乡建设厅负责解释。

11.2 本导则自发布之日起施行。

第四篇
附 录

关于公布第一批"乡村记忆"工程文化遗产名单的通知

(鲁文发【2015】61号)

各市委宣传部、精神文明建设委员会办公室、发展和改革委员会、财政局、住房和城乡建设局、农业局、文广新局、旅游局、文物局，省直有关单位：

经报省政府同意，现公布山东省第一批"乡村记忆"工程文化遗产名单。

"乡村记忆"工程是"记得住乡愁"、"留得住乡情"的载体工程，是我省深入贯彻习近平总书记系列重要讲话精神，探索新型城镇化建设中乡村文化遗产保护、传承弘扬优秀传统文化模式的创新尝试。为扎实推进"乡村记忆"工程，各地在普查的基础上，推报了第一批"乡村记忆"工程文化遗产名单，按照"乡村记忆"工程实施方案和技术标准，经"乡村记忆"工程专家委员会评审，遴选了第一批"乡村记忆"工程文化遗产300个，其中乡镇7个，村落（街区）171个，民居66个，博物馆（传习所）56个。各级、各有关部门要进一步提高乡村文化遗产保护意识，创新文化遗产保护利用模式，推进有文化记忆的新型城镇化建设，为加快经济文化强省建设作出新的更大贡献。

中共山东省委宣传部
山东省精神文明建设委员会办公室
山东省发展和改革委员会
山东省财政厅
山东省住房和城乡建设厅
山东省农业厅
山东省文化厅
山东省旅游局
山东省文物局

2015年5月15日

附件：山东省第一批"乡村记忆"工程文化遗产名单（300个）

传统文化乡镇（7个）

淄博市（2个）
淄博市淄川区太河镇
淄博市博山区八陡镇

枣庄市（1个）
枣庄市山亭区徐庄镇

泰安市（1个）
泰安市泰山景区大津口乡

威海市（1个）
威海市荣成市俚岛镇

临沂市（1个）
临沂市蒙阴县岱崮镇

滨州市（1个）
滨州市沾化县古城镇

传统文化村落、街区（171个）

济南市（9个）
济南市章丘市普集镇博平村
济南市章丘市相公庄镇梭庄村
济南市章丘市文祖镇三德范村
济南市章丘市双山街道三涧溪村
济南市章丘市官庄乡朱家峪村
济南市历城区柳埠镇黄巢村
济南市平阴县洪范池镇东峪南崖村
济南市平阴县榆山街道东蛮子村贤子峪村
济南市长清区孝里镇方峪村

青岛市（7个）
青岛市即墨市丰城镇雄崖所村
青岛市即墨市金口镇凤凰古村
青岛市即墨市金口镇李家周疃村
青岛市即墨市七级镇大欧戈庄村
青岛市黄岛区大场镇西寺村
青岛市莱西市姜山镇西三都河村
青岛市崂山区王哥庄街道青山渔村

淄博市（25个）
淄博市淄川区太河镇梦泉村
淄博市淄川区太河镇上端士村
淄博市淄川区太河镇纱帽村
淄博市淄川区太河镇西岛坪村
淄博市淄川区太河镇西股村
淄博市淄川区太河镇柏树村
淄博市淄川区太河镇土泉村
淄博市淄川区太河镇罗圈村
淄博市淄川区太河镇双井村
淄博市淄川区太河镇石安峪村
淄博市淄川区太河镇杨家庄村
淄博市淄川区洪山镇蒲家庄村
淄博市淄川区洪山镇土峪村
淄博市博山区八陡镇福山村
淄博市博山区八陡镇双凤村
淄博市博山区山头街道河南东村
淄博市博山区山头街道古窑村
淄博市博山区源泉镇岳西村
淄博市博山区开发区下虎村
淄博市周村区王村镇万家村
淄博市周村区王村镇李家疃村
淄博市周村区南郊镇韩家窝村
淄博市桓台县新城镇城南村

淄博市桓台县新城镇城东村
淄博市临淄区金山镇黎金山村

枣庄市（9个）
枣庄市滕州市羊庄镇北台村
枣庄市滕州市羊庄镇东辛庄村
枣庄市滕州市木石镇粮峪村
枣庄市滕州市姜屯镇东滕城村
枣庄市滕州市柴胡店镇葫芦套村
枣庄市山亭区山城街道兴隆庄村
枣庄市山亭区徐庄镇邢山顶村
枣庄市山亭区徐庄镇高山顶村
枣庄市薛城区邹坞镇中陈郝村

东营市（1个）
东营市垦利县胜坨镇东王村

烟台市（33个）
烟台市招远市张星镇奶子场村
烟台市招远市张星镇徐家村
烟台市招远市张星镇北栾家河村
烟台市招远市张星镇川里林家村
烟台市招远市张星镇丛家村
烟台市招远市张星镇界沟姜家村
烟台市招远市张星镇口后王家村
烟台市招远市张星镇上院村
烟台市招远市张星镇石棚村
烟台市招远市辛庄镇高家庄子村
烟台市招远市辛庄镇大涝洼村
烟台市招远市辛庄镇徐家疃村
烟台市招远市辛庄镇孟格庄村
烟台市招远市蚕庄镇东曲城村
烟台市招远市蚕庄镇河东王家
烟台市招远市蚕庄镇山后冯家村
烟台市海阳市郭城镇北朱村
烟台市海阳市郭城镇肖家庄村
烟台市海阳市郭城镇西鲁家夼村
烟台市海阳市核电装备制造工业园区霞河头村
烟台市莱州市沙河镇湾头村
烟台市莱州市金城镇城后万家村
烟台市莱州市三山岛街道王贾村
烟台市莱州市城港路街道朱旺村
烟台市莱州市虎头崖镇朱流村
烟台市莱阳市万第镇梁家夼村
烟台市莱阳市万第镇后石庙村
烟台市栖霞市中桥镇南桥村
烟台市栖霞市苏家店镇后寨村
烟台市栖霞市臧家庄镇马陵家村
烟台市长岛县砣矶镇大口东山村
烟台市龙口市诸由观镇西河阳村
烟台市牟平区姜格庄街道里口山村

潍坊市（15个）
潍坊市安丘市辉渠镇雹泉村
潍坊市安丘市辉渠镇西沟村
潍坊市安丘市辉渠镇下涝坡村
潍坊市安丘市辉渠镇黄石板坡村
潍坊市安丘市石埠子镇庵上村
潍坊市安丘市柘山镇薛家庄村
潍坊市青州市弥河镇上院村
潍坊市青州市王坟镇赵家峪村
潍坊市青州市王府街道井塘村
潍坊市青州市云门山街道昭德古街
潍坊市昌邑市龙池镇齐西村
潍坊市昌乐县乔官镇响水崖村
潍坊市寿光市双王城生态经济园区朱头镇村
潍坊市坊子区坊安街道东王松村
潍坊市寒亭区寒亭街道西杨家埠村

济宁市（15个）
济宁市邹城市石墙镇上九山村

济宁市邹城市郭里镇高李村
济宁市邹城市郭里镇庙东村
济宁市邹城市城前镇越峰村
济宁市嘉祥县马集镇沈庄村
济宁市嘉祥县马村镇张家垓村
济宁市嘉祥县孟姑集镇岳楼村
济宁市嘉祥县卧龙山街道双凤村
济宁市曲阜市小雪街道凫村
济宁市曲阜市吴村镇葫芦套村
济宁市曲阜市尼山镇夫子洞村
济宁市梁山县水泊街道刘集村
济宁市梁山县黑虎庙镇西小吴村
济宁市泗水县泗张镇梅鹿村
济宁市泗水县泗张镇王家庄

泰安市（9个）
泰安市东平县接山镇常庄村
泰安市东平县接山镇中套村
泰安市东平县接山镇前口头村
泰安市东平县银山镇东腊山村
泰安市东平县老湖镇梁林村
泰安市肥城市仪阳镇鱼山村
泰安市肥城市孙伯镇南栾村
泰安市岱岳区满庄镇上泉村
泰安市岱岳区大汶口镇山西街村

威海市（13个）
威海市荣成市宁津街道留村
威海市荣成市宁津街道东墩村
威海市荣成市宁津街道渠隔村
威海市荣成市宁津街道东楮岛村
威海市荣成市俚岛镇烟墩角村
威海市荣成市俚岛镇项家寨村
威海市荣成市俚岛镇大庄许家村
威海市荣成市俚岛镇东烟墩社区
威海市荣成市港西镇小西村
威海市荣成市港西镇巍巍村
威海市荣成市港西镇鸡鸣岛村
威海市文登区高村镇万家村
威海市乳山市乳山寨镇南司马庄村

日照市（4个）
日照市莒县桑园镇柏庄村
日照市莒县碁山镇天城寨村
日照市五莲县街头镇李崮寨村
日照市东港区三庄镇上卜落崮

莱芜市（7个）
莱芜市莱城区苗山镇南文字村
莱芜市莱城区苗山镇五色崖村
莱芜市莱城区茶业口镇逯家岭村
莱芜市莱城区茶业口镇卧铺村
莱芜市莱城区和庄镇青石关村
莱芜市钢城区颜庄镇黄花店村
莱芜市钢城区羊里镇城子县村

临沂市（14个）
临沂市沂水县夏蔚镇王庄村
临沂市沂水县马站镇关顶村
临沂市沂水县院东头镇西墙峪村
临沂市沂水县院东头镇桃棵子村
临沂市沂南县铜井镇竹泉村
临沂市沂南县马牧池乡常山庄村
临沂市平邑县卞桥镇李家石屋村
临沂市平邑县地方镇九间棚村
临沂市费县梁邱镇邵庄村
临沂市费县薛庄镇大良村
临沂市蒙阴县岱崮镇丁家庄村
临沂市莒南县大店镇庄氏庄园（七、八、九村）
临沂市临沭县曹庄镇朱村
临沂市蒙山旅游区柏林镇鬼谷子村

德州市（3个）

德州市武城县李家户镇魏庄村
德州市武城县四女寺镇四女寺村
德州市临邑县德平镇闫家村

聊城市（3个）

聊城市阳谷县乔润街道迷魂阵村
聊城市阳谷县七级镇七级运河古街区
聊城市东昌府区堂邑镇路西村

滨州市（1个）

滨州市无棣县海丰街道城里村

菏泽市（3个）

菏泽市巨野县核桃园镇付庙村
菏泽市巨野县核桃园镇前王庄村
菏泽市牡丹区马岭岗镇穆李村

传统民居（66个）

济南市（6个）

济南市历城区唐王镇娄家庄村娄家祠堂
济南市历城区西营镇天晴峪村传统民居
济南市平阴县安城乡兴隆镇村民居
济南市平阴县孔村镇前转湾村廉家大院
济南市长清区张夏镇小娄峪村古建筑群
济南市济阳县回河镇举人王村卢氏旧居

青岛市（3个）

青岛市平度市田庄镇东潘家埠村传统民居
青岛市平度市田庄镇张舍盆李家村传统民居
青岛市黄岛区张家楼镇西崔家滩村传统民居

淄博市（6个）

淄博市淄川区昆仑镇泗村古楼
淄博市淄川区昆仑镇康家坞村传统民居
淄博市淄川区磁村镇张李村传统民居
淄博市周村区北郊镇大七村石氏庄园
淄博市周村区王村镇西埔村毕自严故居
淄博市博山区石马镇东石村传统民居

枣庄市（3个）

枣庄市滕州市大坞镇大坞村张氏祠堂
枣庄市山亭区北庄镇抱犊崮古建筑
枣庄市薛城区周营镇牛山村孙氏宗祠

东营市（3个）

东营市广饶县大王镇田门村田氏祠堂
东营市广饶县大王镇东张庄村传统民居
东营市广饶县乐安街道寨村泉顺院

烟台市（4个）

烟台市栖霞市臧家庄镇马陵家村李氏庄园
烟台市海阳市留格庄镇霞河头村霞河头庄园
烟台市莱州市永安路街道海庙于家村海草屋
烟台市牟平区姜格庄镇北头村都氏宗祠

潍坊市（4个）

潍坊市昌邑市卜庄镇姜泊村民居
潍坊市潍城区乐埠山生态经济发展区范家村范企奭大院
潍坊市昌乐县宝都街道田老村明楼
潍坊市诸城市龙都街道孔戈庄二村徐会沣故居

济宁市（6个）

济宁市泗水县济河街道鲁舒村传统民居
济宁市泗水县济河街道五里庙村苏家大院
济宁市泗水县金庄镇乔家村传统民居
济宁市泗水县金庄镇西岩店村乔氏庄园
济宁市梁山县拳铺镇拳北村传统民居
济宁市梁山县水泊街道张坊村张氏家祠

泰安市（3个）
泰安市东平县接山镇常庄村民居
泰安市东平县梯门镇前山西屯大队部
泰安市泰山景区大津口乡李家泉村传统民居

日照市（3个）
日照市东港区三庄镇大夏家岭村四合院
日照市经济技术开发区北京路街道大韩家村王献唐故居
日照市岚山区碑廓镇碑廓二村山东军区军事工作会议旧址

莱芜市（3个）
莱芜市莱城区高庄街道东沟里村李文珂故居
莱芜市莱城区方下镇石家泉村民宅
莱芜市钢城区颜庄镇下北港村段氏建筑群

临沂市（6个）
临沂市兰陵县向城镇杭头村传统民居
临沂市兰陵县庄坞镇河西村传统民居
临沂市兰陵县金岭镇压油沟村传统民居
临沂市莒南县十字路镇石泉湖村传统民居
临沂市郯城马头镇源兴涌商号
临沂市费县探沂镇王家后峪村民居

德州市（4个）
德州市宁津县相衙镇村27号民居
德州市宁津县刘营伍乡刘营伍村民居
德州市宁津县柴胡店镇闫集村25号民居
德州市齐河县赵官镇北一村孟氏民居

聊城市（6个）
聊城市东阿县铜城街道郑于村传统民居
聊城市东阿县鱼山乡青苔铺村传统民居
聊城市阳谷县张秋镇张秋陈氏民居
聊城市阳谷县张秋镇张秋山陕会馆
聊城市冠县冠城镇南街村南街民居（中共鲁西北地委旧址）
聊城市茌平县博平镇仰山书院

滨州市（2个）
滨州市惠民县魏集镇魏集村魏氏庄园
滨州市惠民县魏集镇丁河圈村丁氏故居

菏泽市（4个）
菏泽市巨野县章缝镇章西村田氏家祠
菏泽市巨野县陶庙镇后董楼村董氏民居
菏泽市成武县伯乐集镇邵继楼村传统民居
菏泽市鄄城县红船镇孙老家祠堂

乡村（社区）博物馆（传习所）（56个）
山东民俗文化博物馆
山东省非物质文化遗产传习厅和精品陈列厅
山东建筑大学"乡村记忆"研究展示基地

济南市（4个）
济南市章丘市刁镇旧军乡村博物馆
济南市历城区相公庄民俗博物馆
济南市商河县鼓子秧歌传习所
济南市中国阿胶博物馆

青岛市（4个）
青岛市胶州市九兴博物馆
青岛非物质文化遗产博览园
青岛市平度市勇华民俗馆
青岛市莱西市胶东民俗文化博物馆

淄博市（2个）
淄博市周村区周村大街博物馆群
淄博市五音戏传承保护中心

枣庄市（1个）
枣庄市市中区齐村砂陶大作坊传习所

东营市（1个）
东营市东营区吕剧传习所

烟台市（3个）
烟台市福山区张格庄民俗博物馆
招远市夏甸镇青龙夼村知青博物馆
烟台市剪纸传习所

潍坊市（4个）
潍坊市高密市土地文化博物馆
潍坊鸢都红木嵌银漆器博物馆
潍坊市昌邑市绿博园民间收藏博物馆
潍坊市杨家埠民间艺术大观园

济宁市（4个）
济宁市微山微山湖民俗博物馆
济宁市曲阜市大庄村博物馆
济宁市汶上县杨柳店民俗文化展馆
济宁市梁山非物质文化遗产博物馆

泰安市（4个）
泰安市泰山景区大津口乡李家泉村知青博物馆
泰安市泰山景区大津口乡沙岭村泰山挑山工博物馆
泰安市泰山景区大津口乡艾洼村泰山石敢当博物馆
泰山驴油火烧民俗文化博物馆

威海市（3个）
威海市荣成市俚岛镇大庄许家乡村记忆馆
威海市荣成市斥山街道西火塘寨乡村记忆馆
威海市鲁绣博物馆

日照市（3个）
日照市东港区日照记忆馆
日照市莒县浮来山镇浮来山风景区刘勰故里民俗生态博物馆
日照市莒县阎庄镇大北林村剪纸博物馆

莱芜市（5个）
山东山歌榨油博物馆
莱芜华山民俗博物馆
莱芜市天缘民俗文化博物馆
莱芜市雪野旅游区房干村村史展览馆
莱芜市山东亓氏酱香源民俗博物馆

临沂市（5个）
临沂市临沭县曹庄镇朱村博物馆
临沂市平邑东山民俗博物馆
临沂市兰陵县沂蒙山农耕博物馆
临沂市罗庄宝泉民俗博物馆
临沂市柳琴戏传习所

德州市（1个）
德州市梁子黑陶博物馆

聊城市（1个）
聊城市东昌府民间艺术博物馆

滨州市（3个）
滨州市惠民惠风民俗博物馆
滨州市沾化县民俗馆
滨州市阳信县鼓书院

菏泽市（5个）
菏泽市乡村记忆博物馆
菏泽市郓城传递红色文化博物馆
菏泽市郓城传统民居博物馆
菏泽市曹州面塑艺术馆
菏泽市中国鲁锦博物馆